時と我

道元とデカルトの哲学

側瀬　登
GAWASE NOBORU

北樹出版

目次

時と我

道元とデカルトの哲学

序

本書のタイトル「時と我」は、サブタイトルの「道元とデカルトの哲学」に対応している。「時」は道元に、「我」はデカルトに対応した哲学で、道元の時間論とデカルトの自我論を意味する。

なぜ「時」で「時間論」か。それは、道元が幼く七歳で母と死別し、無常の風を感じて、一三歳にして、世俗を離れ仏門に入って、無常克服の道を目指した、その喪失・無常にある。母の喪失も、世の無常も「時」のもたらすもの。

道元だけでなく、私達のパトスとしてもある。古くは「この世をばむなしきものと知るときし、いよよますます悲しかりけり」（大伴旅人）。「つひにゆく道とはかねて聞きしかど、きのふ今日とは思はざりしを」（在原業平）。「ゆく河の流れは絶えずして、しかももとの水にあらず」（鴨長明）。「あすありと思ふ心の徒桜《あだざくら》、夜半《よわ》に嵐の吹かぬものかは」（親鸞）。「『サヨナラ』ダケガ人生ダ」（井伏鱒二。于武陵《うぶりょう》「人生別離たる」の訳。八苦の「愛別離苦」。「会者定離」）。「年年歳歳、花相似、歳歳年年人不同」（劉廷芝《りゅうていし》）。「人生如夢」（「邯鄲之夢」枕中記から）。あるいは「朝《あした》に紅顔ありて、夕《ゆうべ》に白骨となれる身なり」（蓮如）。

世の移り変りも激しい。東日本大震災からの復興、ウエラブルのウォッチ型端末の登場、ＡＩＩＢでの中国・人民元の台頭、ＩＳＩＳの斬首放映での恐怖……歴史の一齣もまた「時」のもたらすもの。

では、次になぜ「我」で「自我論」か。それは、デカルトが神・教会による旧来の陋習ともいうべきものに疑いをもち、我から我が納得する確たるものの基点を求めた、その発端にある。「われ思う、故に我あり」のコギト・エルゴ・スムである。この「我」が、近代の哲学を特徴づけ、デカルトの後に「統覚」としてカント、「事行」としてフィヒテのドイツ観念論へと続いたと言ってよい。

開国した明治維新では、幕藩体制を改め天皇中心による明治政府が近代国家を目指した。植民地化を防ぐためのもので、鹿鳴館に象徴される欧化主義である。そこでは「一身独立して一国独立す」（福沢諭吉）と、「我」の自立が、国を植民地化されない、独立をもたらすものと喧伝・推進された。「為せば成る、なさねばならぬ何事も」。西洋近代の「我」の日本移植である。

それでは、なぜ「道元の時間論」と「デカルトの自我論」か。

「道元の時間論」は、基本的に大乗仏教の時間論を引き継いでいる。「物に因るが故に時あらば、物を離るれば何ぞ時あらん」（『中論』第一九章）と存在（事物）に因って時間があると、有と時の相即を、継承している。この羅什訳は「因物故有時、離物何有時」で既に、有名な道元の「有時《ゆうじ》」がみてとれる。今日、ともすると常識とされるところの存在と時間の乖離はそこにない。尺度として独立したもの、ニュートン、カントの絶対時間はない。そうではなく、「時に別体なし、法によって立つ」（『華厳五教章匡真抄』）で、「空っぽの宇宙に変化なし」で、マッハ、アインシュタインの相対時間があるだけである。この相対時間で、道元は端的に「つらなりながら時々なり」と時間構造を表現してしまう。これは、波多野精一の時間構造でも、ほぼ同一事態を、文化的時間（歴史、客観時間を含む）と自然的時間で表わしている。即ち、前者の「つらなり」は〝連続〟として、後者の「時々なり」は〝非連続〟としてである。道元七歳での母の喪失は常なるもののない、無常の「時々なり」で、〝非連続〟で、自然的時間においてである。生きることと時は切り離せられない。生は時で、時は生の有時相即である。有事乖離は、病的様相をもたらす。少なくとも、生ある「人」、生き物では、こう言い得るであろう。

そこで、この有事相即という時間構造にある「我」はどう考えられるか。

開国した明治維新からの、日本移植の近代的自我は、端的にヨーロッパ発で、更に言えば、デカルトにその起点をもつと言ってよいであろう。先の言及どおりである。一七世紀フランスのデカルトの第一命題「われ思う、故に我あり」が、時として今もって真理の根拠とされたり、自明性が声高に主張されるのも、その確固不動の疑い得ない基盤と信じられるからである。

本当にそうか。

否である。多くの人は、一〇歳代で「われ思う、故に我あり」の命題に触れ、その由来と理由を知り、更には『方法序説』を読んだかもしれない。私もその一人である。だが、本当に主著『省察』も含め、その根本を考えただろうか。徹底して疑ってみただろうか。

年齢的に成熟し、社会経験ももち、哲学的にも私なりのものをもち、じっくりと考える時間も私なりに得た。それで、デカルト第一命題を能う限りじっくり考えてみた。

第一命題「われ思う、故に我あり」は、結論を先どりするなら、〝われ思うイデア〟である。考える、思考し、疑う観念のイデアである。細かくは、デカルトは観念を三分するが、その一つ、イデアの外界からくる外来観念ではなく、また二つ、構造され、作られた観念でもなく、三つのまさに人が生れつきもっている「生具の観念」イデア・インネイトのことである（『省察』Ⅲ―7）。

プラトンで確立されたイデア・観念であると言ってよい。プラトン哲学だけが、哲学であるとされたり、ヨーロッパの哲学はプラトンの一連の脚注であると主張されるのも、また永遠の真理をコギトに考えるのも、神の真実在、永遠性を補強するとするのも、イデアの根源性にあるからであろう（イデアは、後に述べる有部の「自性《じしょう》」に通じる）。

では、イデアはどこから由来したのか。

プラトンは師ソクラテスに学び、対話して著書を遺した。その対話、ディアロゴスのロゴスを重んじた。そのロゴスの先蹤者にヘラクレイトスがいた。紀元前六世紀である。ヘラクレイトスは言う。「私にではなく、ロゴスに耳を傾けよ。万物即一のロゴスと一致することが、即ち智である。」（fr.50）。私的でなく公共的なロゴス、それは言葉で論理で理性で尺度で、それを議論、対話で求めなさいという。万物を統べる一つのロゴスと一致すること、ホモロゲインすることがホモロゲーマ、一致点を見出すことで、それが智恵である。無私の無知の自覚から公共的なロゴスへ変り得るので彼いう〝独《ひと》り善《よ》がりの狂気〟でなく、デマゴギーでもない。思うて学ばざるの殆《あやう》しでもない。得られたロゴスは差し当たりの仮のロゴス、ヒポテーシスのロゴスであって固定したものでない。仮の変り得るロゴスなので冒険のロゴスでもある。この〝智恵《ソピア》を愛する《ピロス》〟営みが「哲学」のもともとにある。その人が愛智者、哲学者である。この「万物即一のロゴス」の探求が、「イデア」へと、ソクラテス・プラトンを通じてなされた。「ロゴス」から「イデア」へ、である。そして「イデア」は西洋哲学を貫く、とも言われる。

では「イデア」とは何か。

「イデア」とは、一般に、「それ自身」「そのもの」を意味する。元来、古代ギリシア語の動詞イディン idein「見る」に由来する〈姿〉〈形〉のことを言う。更には、現象する個物を、共通するとして名づけ、名づけをそれたらしめるもの、を言う。例えば、三角形のイデアは、現象の三角定規、三角洲（デルタ）、三角貿易と三角を形作るものを《して》、現象を超越・離在して名づけられ《超え》、共通してもつ分有の性質・属性から《足らしめる》ものであると定義される。現象する個物を《して》、名づけで個物を《超え》、内角の和が二直角というような、《足らしめる》性質をもつものを言う。個々の現象を《して》名づけで個を《超え》、その名に共有される《足らしめる》性質、属性、本質である。現象の《して》は、超越の外へ《超え》内在の内へ《足らしめる》ところのイデアである。

デカルトの「われ思う、故に我あり」は、〝われ思うイデア〟である。考え、疑うという思考、思惟は、イデアとして真実在するオントス・オンのものとされ、それが「考える私」だ、とした。命題末尾の「……我あり」の「我」は思惟で、「考える私」I am a thinking thing である。思惟 thought という性質、属性の《足らしめる》が「我」という《超え》をもたらす、その個を《して》「われ」を表わす。思惟の本質が存在を引き出す。本質（述語的、第二実体）が、実体（主語的基体のヒュポケイメノン）を導出している。このように理解してもよいであろう。

先に、ヘラクレイトスのロゴスから、プラトンのイデアへと辿り、デカルトでコギト（コギタティオ）へと至り、更には、カントの「統覚」である Ich denke へと継承されている、とも考えた。

しかし、ヘラクレイトスには、これらと対立する、矛盾する言葉もある。それは「万物流転す」（パンタ・レイ）のプラトン対話篇（『クラテュロス』402A）での要約である。「すべては去りつつあり、何ものも止《とど》まらない」。それを川の流れに喩えて「汝は同じ川に二度と足を踏み入れることはできないであろう。」とも言う。これを、ヘラクレイトス自身の言葉では凡そ次のようである。〝万物は火の代物であり、火は万物の代物〟で、〝太陽は日ごとに新し〟く、〝火は土の死を生き、空気は火の死を生き、水は空気の死を生き、土は水の死を生く〟、〝下り坂は上り坂に同じ〟で、〝互に他の死を生き、他の生を死ぬ〟万物は絶対に相容れない生死的な矛盾関係にある。〝戦いが万物の父であり、万物の王である〃。かく「万物流転す」（パンタ・レイ）。これは、かの「ゆく河の流れは絶えずして、しかももとの水にあらず」（鴨長明）を連想させる（これをイデアに対する現象のように受けとるアリストテレス（『形而上学』第一巻987Ｂ）などの解釈もあるが、私は採らない。むしろ、断じて矛盾をそのまま受け止めたのがヘラクレイトスその人と言いたい）。

そうすると、ヘラクレイトスは、相容れない矛盾をそのまま受け止め、それに耐えていた。一つは「万物即一のロゴス」を求めた。他は「万物流転す」（パンタ・レイ）に耐えた。〃ロゴス〃はイデアへと西洋哲学の基幹をなす回路であり、他の〃流転〃は、少し後の、地を換え、伝承は有無不明だが、ブッダに表現された、と考えられる。

ブッダの時代、バラモン教は梵我一如を求めるのが通常の修行であったが、ブッダはそれに反逆し、我・アートマンの常一主宰というミニ・コスモスを拒否した。梵・ブラフマンのマクロ・コスモスと一体化することを拒んだ。むしろ「既に自己は自分のものではない」（『ダンマパダ』62）と無い己、無我に目覚めていた。〃流転〃にある我は縁りて起るのであって、実在する存在ではない、と。ミニ・コスモスのアートマンではない、と。かくて、〃流転〃からの脱出の道が探られる。その一つが「身心脱落」の色から空へであろう。この「身心脱落」は道元の表現である。これを更に「身心脱落、脱落身心」とすると、前段は「出離」を、後段は「還帰」を意味している（西谷啓治）。「十牛図」にもほぼ同様のことがある。このことは、何あろう、「色即是空、空即是色」の『般若心経』の有名句のことである。これが、もう一つの回路である。

そうすると、ヘラクレイトスは矛盾する二つの回路を懐き続けた思想家となる。これを、端的に、私は「ヘラクレイトス矛盾の二回路」と称したい。真のアポリアを懐き続けることが、偉大な思想を生むもとにある。

ついでながら、「われ思う、故に我あり」（コギト・エルゴ・スム）の「我」存在は、どう求めても得られないという主張を指摘しておきたい。それは、龍樹『中論』第二二章観如来品にある（他に、第一〇と一四章にもある）。龍樹は「如来」（修行完成者で仏）を五つの見方で、その存在、実在を求めていっても得られないと主張する。それで「五求門破《ごぐもんは》」と言う。現象する人間の要素は、色《しき》・受《じゅ》・想《そう》・行《ぎょう》・識《しき》とされる「五蘊《ごうん》」から成り立っている。色は外界の物質・肉体である。受は感受作用、想は表象作用、行は意志作用、識は識別作用を言う。デカルトの「考える我」は、（色を除いた）受・想・行・識に相応し、内界の心で精神に当たる。そこで、「五蘊」から「如来」の存在、実在を求めても論破される、と言う。要約すると、〝如来は五蘊と同一でなく①、異なるでもなく②、内に五蘊なく③、反対に五蘊は如来を含まず④、所有せず⑤。〟である。①から⑤の五つの見方で如来は捉えられない。①は不一、②は不異、③は不拠、④は不依、⑤は不所有のこと（月称の注釈）。ここで、龍樹は「如来」について考察するが、他の「火と薪の考察」（第一〇―一四章）でも同様に「五求門破《ごぐもんは》」を適用している。従って、火の如き「煩悩」とそれを燃す「我」にも適用できる。そうすると、こう言い得る。〝我は五蘊でなく①、異なるでなく②、内に五蘊なく③、反対に五蘊は我を含まず④、所有せず⑤。〟となる。①②は不一、不異。③は不拠で《足らしめる》のでない、④は不依で《超え》るのでない、⑤は不所有で《して》いるのでない、でないだろうか。とするとイデアの定義である、現象の同一を《して》、超越性・離在性の《超え》、性質、属性、本質の《足らしめる》を、夫々否定している。イデアはデカルトの〝われ思うイデア〟と解したので、従って「われ思う、故に我あり」の「我」は否定される。「考える我」の存在、実在性は否定される。イデアはない。イデアレスとなる。そして、「我」は無いだけでなく「五蘊」と同一でもなく（不一）、異なるでもない（不異）。デカルトに、龍樹はこうも言うであろうか。デカルト、あなたは、あなた自身に執したため、執着からの「我」を妄想し造りあげた、と。コギト・エルゴ・スムとコギトを確たる根源の存在スムと妄想した、と。仮にある「我」主体を我語取したので平静になり、

「縁起を説きたまえる」ブッダのように瞑想、坐禅しなさい、と。〝立って「我」なので、坐って「我なし」〟の「私は私ならずして私である。」（上田閑照）。そうすれば、ブッダと同様に、己なき無我の目覚めに至る、と。イデアレスの空に無自性に至る、と。そこでは〝他に依存して成り立つ〟因縁生起の世界が現出しよう。縁起による仮の「我」を、常住する常なる存在としてはならない。如来も薪も同様であるように。かく、龍樹はデカルトに言うであろうか。それは、また龍樹に代えて、道元がデカルトに言うことでもあろう。

　このように考えてくると、初めともすると奇妙に感じられたかもしれない、道元の時間論とデカルトの自我論の繋がりが、凡そではあるが納得いただけるであろうか。そして、奇妙に感じられたのは、旧来の固定枠である西洋哲学、東洋思想の区分から考えるからである。素直に我々の内に堆積した思想群を顧みれば自ずと明らかになるのではなかろうか。

　換言するなら、積み重なった堆積層のように、あるいはタコ壺に入ったタコのように、区分鎮座させている。それをシャッフル消化し、ミツバチの蜜のようにはできないものか。蚕の吐き出す繭からのシルクのようにはできないものか。それら西洋哲学、東洋思想が纏まっていないのであれば、その対立・矛盾に決着をつけるため、考え、疑い、対話し、対決させようとするのは、至極、当然のことで、奇妙でも何でもないことなのである。

　道元は、一三世紀、鎌倉初期の仏僧で、日本曹洞宗《そうとうしゅう》の開祖にして、宋に渡り如浄の下、得法して、帰国し、禅を弘めた。福井県の永平寺町に永平寺を開く。のち横浜市鶴見区に瑩山《けいざん》により、総持寺が開かれた。主著は『正法眼蔵《しょうぼうげんぞう》』で、広く読まれているものに弟子の懐奘《えじょう》による聞き書きの『正法眼蔵随聞記』がある。道元は一二〇〇年京都に生まれ、一二五三年京都に入滅するも遺骨は永平寺に帰る。

デカルトは、一五九六年、フランスに生まれ、一六五〇年北欧スウェーデンのストックホルムに客死するも、遺体はフランスに戻る。一七世紀、デカルトは、近代哲学の祖とされ、「大陸合理論」の始まりとされるが、彼の以後の影響は、少し前の近代科学の父とされるガリレオ・ガリレイが科学にもたらしたように大きなものだった。ただ、二七歳年少のパスカルは、彼の直観による「繊細の精神」から、デカルトを「幾何学的精神」によることから許さないとし、また三六歳年少の英国ジョン・ロックは、彼の認識の経験に始まることから、デカルトのア・プリオリな「生具観念」を否定して、「英国経験論」を確立した。経験は感覚からで、知性でそれを処理する「経験論」empiricism を成す。対する先の合理（理性）は、経験に先だつ（先験的）理性からで、経験したものを理性で処理するという「合理論」rationalism を成す。カントの区分用語では、これは、ア・プリオリとなり、前者の感覚・経験由来のものはア・ポステリオリとされた。この経験を内容とし、それに形式の統覚 Ich denke で統一する。ここに、ア・プリオリの「自我」が継承されている。ともあれ、近代・モダンのエポック・メーキングをなしたのは、（近代）科学ではガリレイであったように、哲学ではデカルトであった。ガリレイは、地動説を、対極であるプトレマイオスの天動説に対し、天体望遠鏡の観測から主張した。神によりそのように創造され、神学と教会で護られた被造物のデカルトは、何とその我から神を証明し、世界を捉え、説明しようとした。領主はもとより、国王も我から説明される。理性・ラティオは等しく与えられている。それが、我からの根拠である。そして、今日はこの近代の思想の基本上にある。そう言ってよいであろう（略年譜を、道元とデカルトのものとして後部に添えたので参照されたい）。

この本の全体をガイドしておきたい。全体は第Ⅰ部の道元の時間論と、第Ⅱ部のデカルトの自我論から構成される。前後ほぼ一〇年間にわたり書いたもの。

第I部は、第一章から第六章までの六篇の論文から成る。書かれた比較思想学会、日本倫理学会での発表の順、そのままで並べた（年、月は後部の初出一覧をみられたい）。発表の印刷原稿もしくは集録の要旨印刷からのもので、若干手を入れたが、基本的には変らない。

第I部第一章は、……道元とキリスト教ユニテリアンの宗教哲学者、波多野精一との夫々の時間構造を明らかにし、比較対応を検討した。そこでのキー・フレーズは道元の「つらなりながら時々なり」である。「つらなり」が波多野精一の「文化的時間」に対応し、「ながら」が「先験的同一性」に対応し、「時々なり」が「自然的時間性」に対応していることの解明である。それは、また「つらなり」が連続を意味し、「時々なり」が非連続を意味していると考えられるので、「つらなりながら時々なり」は〝非連続の連続性〟とも言い得ることである。まとめとして、〝串団子の比喩〟を挙げた。このメタファーは、〝串団子〟の串が「つらなり」の連続で、経歴《きようりやく》する文化的に整序された時間の性質を喩え、〝串団子〟の団子が「時々なり」の非連続で、前後際断する自然の時間性を喩えている（また、串を縦からみて穴とすれば、二重同心円の座がね、ワッシャーともみてとれる。ただ、これはのちの第I部第三章（唯識）の準備メタファーである）。

第I部第二章は、……時間論の展開としては、異質である。この異質は第六章の「四摂事《ししようじ》」も同様である。この第二章は、「始覚」の〝修行〟（己）を扱うが、第六章の「四摂事」は〝倫理〟（倫）を扱う。

この第二章は、道元の主著『正法眼蔵』の重要な「現成公案」の巻の冒頭四段を究明している。まずは、諸家の解釈をみる。西有穆山《ぼくざん》、安谷白雲、内山興正、西谷啓治の諸家である。この諸家の解釈を比較、検討しながらも、異解の「始覚」からの新釈を試みる。そのキー・ワードは「修行」（已）である。この管見の根拠は、〝三対語三反復〟にある。〝修行〟の「始覚」からとするのは『大乗起信論』の不覚、始覚、本覚からと捉えたからである。〝修行〟の「始覚」が本覚すなわち悟りとみた。怠りなく修行なされよ、の声が聞こえた。ここには、道元の修証一等（一如）もあろうか。すなわち〝すでに修の証であるから証に終りなく、証の修であるから修に始めない〟である。少し後の「始本不二」（一遍）とも言われることであろう。

第Ⅰ部第三章は、……時間論に戻って、先の比喩、〝串団子〟と〝座がね〟は〝ばね座がね〟と〝ラセン的運動〟へと転化される。スタティックな〝座がね〟は、ダイナミックな〝ばね座がね〟としてラセン運動的になる。それは唯識思想の「三法展転《さんぼうちんでん》因果同時」による。アーラヤ識の種子《しゅうじ》が現行《げんぎょう》を生み、その現行が種子として本《もと》のアーラヤ識に熏習《くんじゅう》する、そのとき等流果《とうるか》するか異熟果するか。それで同一か異なるズレのギャップを生むかで同時か異時となり、異時が〝ばね座がね〟のダイナミズムを生む。そのとき、三法の「種子」、「現行」、「熏種子」を、道元の「前後際断」、「行持現成」、「有時の而今《しきん》」に読み込み、道元の「現在」構造を明らかにした。この唯識思想は大乗仏教の二大学派の一つとされる。すなわち、義浄は〝大乗は二流を出でず〟として、中観派（空観）と唯識派の二大学派を挙げた。

第Ⅰ部第四章は、……続いての時間論だが、道元の「現在」である「而今《しきん》」を、華厳の思想から考える。華厳の「隔法《やくほう》異《い》成《じょう》」とは、「十世《じっせき》隔法異成」のことで、「十世」とは、過去・未来・現在を夫々過未現で三分し九世とし、更にそれら総てを一世とし（総句）合わせて十世とする。この十世は別々の「隔法」でありながらも、同時に「異成」して縁起を成立せしめている。法界無礙縁起と言う。十玄縁起があり、論理的根拠は縁起相由である。相即相入の即入して仏祖ブッダの正覚を顕す、という。それは、「永遠の時間が一瞬に収まり、一瞬が永遠の時間を包む。」ところの「現在する永遠」と言えるところのもので、よく言われる「永遠の今」ではないだろう。神の天地創造に始まり、救済で終る救済史観（一回史観）ではない。また同じことが繰り返す回帰史観（循環史観）でもない。現在する永遠で、今の永遠で、疲れを知らないこどもの遊びにも似た現在・今である。内にある痴聖人を働かせて雪を運び井戸に投げ入れ、投げ入れて飽くことない、そのような現在・今である。褒められもせず、苦にもされない、その現在・今である。また「この里に手毬《てまり》つきつつ子供らと遊ぶ春日は暮れずともよし」（良寛）の現在・今でもあろうか。そこには、カミュが描くシジフォスの神話で、罰せられた者が山の上に石を運んでも運んでも、落下されるところの永劫の業罰・徒労感はない。したいからする無垢の遊びがあるだけの現在・今の「舒摂同時」にして「一念摂劫・劫摂一念」があるだけである。比喩としては、コイルばね coild spring が、ばね座がねのラセン的運動の立体的ダイナミズムとして展開されよう。その同時化したのが、正覚のブッダなのであろう。

第I部第五章は、……無常の流転するサンサーラの課題克服は正覚のブッダにあり、古く『金剛般若経』にも説かれる。それをみた龍樹で理論化されるが、『金剛般若経』に空の字は見当たらない。それは空の発見前の故とされる。この空性をみて「即非の論理」としたのが、鈴木大拙である。有時相即のAは即ちAに非ずによりAであるというもので、総ての限定は否定である、と言ってもよいことである。限定されるAは、常なき縁りて起る無常の流転である。言葉は事象を限定し名づけ、Aともする。発せられた言葉は妄想で、我語取である。執着の「取」を四分したのを「四取」というが、その一つである「我語取」である。縄を蛇と妄想し、言葉に執着する。この因縁生起する仮名・仮設の俗諦を否定して空性が顕れる。仮のAはAでない。それで、我らはAと言う。鏡に映るAはかりそめの仮名・仮設で、すぐに消える。それと同じく八識に捉えられるAもまた展転していく。八識の仮名・仮設であるAを否定する、裏打ちする、映し出す鏡に空性はある。それは舒摂同時の正覚であろう。これを道元は「前後ありといへども、前後際断せり」の有時《うじ》のキー・フレーズで表現したと思われる。

第I部第六章は、……時間論としては、第二章と同様に異質で、第二章が〝修行〟の個で己の行ない、己の成熟を論じたのに対し、この第六章は〝倫理〟の倫《とも》（なかま）とのありようを論じている。ブッダの言葉とも思われる「慈《いつく》しみと平静とあわれみと解脱と喜びとを時に応じて修し、一切世間に背《そむ》くことなく、犀の角のようにただ独り歩め。」（『スッタニパータ』73）の四無量心から、この四摂事は説かれ続けてきたと思われる。四摂事は布施、愛語、利行、同事とされ、他の人と共に人の社会にある、世間にある、そのありようを説く。道元も『正法眼蔵』の中で「菩提薩埵《ぼだいさった》四《し》摂法《しょうぼう》」の巻で具体的に解読する。二〇一一年三月一一日東日本大震災の後一年ほどの間に拙論は書かれ、四摂事を言い代え今日的にも試みた。いわく「任意から voluntary」「声かけ」「手助け」「人ごとならず」と。

以上の第I部道元の時間論を整理する。道元の時間論との比較考察で、第一章は波多野宗教哲学の時間論と、第二章は趣きを変え、修行を現成公案と大乗起信論の「始覚」から、第三章は戻って、道元の時間論との比較考察を唯識思想から、第四章は華厳思想から、第五章は空観の空性の「即非の論理」から、第六章はまた趣きを変え、社会規範を「四摂事」の倫理から考察した。

第Ⅱ部のデカルトの自我論に移る。これは、二〇一四年一〇月脱稿のもので、それ以前ほぼ一年の間に書かれた。かつて、波多野宗教哲学の時間論で、関心が時間に集中していって、それが道元の時間論に繋がって一〇年余りとなった。デカルトの考察はそれ以前からなので合わせて四〇年余り前となる（その後に書いた拙著『時間と対話的原理―波多野精一とマルチン・ブーバー―』のI死と時間性（一九七〇年）を参照。二〇〇〇年一一月刊）。両者波多野とブーバーを考究していく中で、どうしても避けられない近代的自我――就中デカルト哲学――との対決が迫られた。大きくは、私達、日本人の近代人として、自覚していることとの対決である。その生活基盤の自覚を揺るがす対決、反省である。大雑把には一五〇年余の日本近代の反省であり、明治以前との接続の問題である。従って象徴的には廃仏毀釈の正当性を問う問いかけでもある。

デカルト哲学の根本は、第一命題の「われ思う、故に我あり」である。この第一命題こそが問われる。端的に、この命題は、疑っても疑っても、疑っているそのことは疑えない、という。しかし、本当にそうだろうか。そうではない。疑っているそのこと、とは言い換えれば、疑うことという思惟のイデアである。そのこと、とは、それ自身、そのものでもあるイデアである。このイデアは、語源にあるようにイディン idein という一つになることを意味する。個人と個人の避け難い軋轢いらだちを解消するのは、共にもつ一なるものを見出すことである。ヤスパースも言うように、一なるものを永遠なるものとすることで諍いを解消し、安心できるようにしたのが、ヨーロッパの哲学の根源にあり宗教だと解明する。ここには、一と永遠がある。しかし、アジア、特にインドでは一に先立つゼロを見出す。一がもつ矛盾を指摘してゼロ・空 śūnya を見出す。空性で、即非で、ブッダに発し龍樹で理論化し、禅の菩提達磨も、その法統につながる道元も、同じくゼロ・空を見出す。端的な理由は、例えば火という事象。火は紙や油など可燃物を燃す。これは火の働きとして抽象 abstract され、それを帰納して火は燃すものとして、本質規定、定義される。これが一である。しかし、どうだろう。火は火自《みずか》らを燃すだろうか。否である。火は自らを燃さないから、他のものを燃す本質規定がなされたのである。それを矛盾として見出すのがゼロ・空である。火は火それ自身を燃さないから火なのである。燃さないで、燃すので即ち非をもつのである。

このことは、疑っても疑っても、疑っていることは疑えない、ということを否定する。疑っても疑っていることは疑えるのである。疑うこと、思惟のイデアは疑える、否定できるのである。そのこと、それ自身はそこから出発する抽象だが、一として纏める。だが、そのとき捨象（abstract. 英語では抽象のみあり、捨象の意味はない）されたものは考慮外の圏外である。例えば、常識で考慮外は非常識だが、圏外の非常識により常識は成り立つ。美人コンテストで、投票の多い美人は抽出されるが、落選者は、考慮外の圏外である。採用政策は、力のある大声のものが採り上げられ、声なき声は考慮外の圏外である。その捨象を拾いあげることでの矛盾である。従って、そこでは、イデアが否定されるイデアレスであり、一が否定されるゼロ・空である。一からの出発でなく、ゼロ・空からの出発である。存在論の前に空観があり、基礎づけがある。プレ・オントロギーであり、メタ・メタフィジカである。

われ思うはイデアである、ということは、それをイデアレスと言うなら、われ思わない、ということである。思う、思惟はない。思うということ・思惟 thought はない。〝終日、見るが見ることがない〟（『無心論』）ように、終日、思う考えるが、考えていることはない。あたかも鏡の前を通り過ぎるものの映像のようにいっ時に映る、いっ時で消える。影を宿すだけが鏡であり、心である。汚れなき心が清浄心で、外界に投影するのが八識で、投影されたダルマが、法で外界を造る。

イデアレスの思惟なら、近代で個人に当然とされる生命、財産、自由はどうなるか。総じて、仮名・仮設で、それらは主張され得る。仮の生命として、ここに縁りて起り、ある。エゴとして強烈に執着されるものでない。財産も、ある人もない人も仮に、ここに停《とど》まるに止《と》まる。それ故、渡り歩く御足とも古来言うのも頷ける。自由はどうか。実践理性を説いて、カントは神の存在、霊魂の不滅を挙げて、かつ意志の自由を要請した。深入りはできないが、意志の自由は決定的にはない。オプションの選択肢はあるが、方向づけのバイアスが働き、かつ詳細につめるなら然るべく然って、一つに落ちつく。それを今、あえて説明するなら、縁りて起るところの縁起である。これ生ずに縁り、かれ生じ、これあるに縁り、かれある、である。と言いながら、生命、財産、自由を軽視してよいということではない。縁起の世界で、俗諦でしっかりと守られるべきと位置づけるべきである。それなら何ら変らないのでないかと言うかもしれない。そうではない。飽くまでも仮名・仮設の仮のものとして、というのが根本的な相違なのである。一を基礎づけるゼロ・空なのである。そこから、かのグリーディーなウォール街も、去るダボス会議での予測、一％の人が世界の富の五割近くをもつに至るだろうという予測も、また反省され得る基盤が提供されるだろう。

細かくみる。

第Ⅱ部のデカルトの自我論は、コギトを無自性とみる。この無自性とは、仏教の用語だが、イデアレスを意味している。コギト即ち、われ思うはイデアであるを否定して、イデアレスとしている。

そこで、第一章は、コギトの自性として、われ思うはイデアである。自性とは、仏教の説一切有部でスバブハーバーの漢訳されたもので、それ自身で存在する本体、常に固有の同一性をもつ実体を言う。五位七十五法とする。のち、大乗経典、その理論化した龍樹により否定され、無自性とされる。それは、空観にして中観で縁起に依る。

小乗の説一切有部の無我（三法印の諸法無我）が徹底された、ととってもよいであろう。

デカルトの哲学を、できるだけその時代、デカルト研究者の成果を踏まえ、全体の概要、特に『省察』Ⅰ、Ⅱ、Ⅲ部を、パラグラフに即して要約した。

第二章は、コギトは必然で確実か、として疑問を投げかける。デカルト研究者はコギトを疑わないか、疑いが生じるも解消の方向で補強するか、である。また、道元や菩提達磨や龍樹や総じて仏教研究者は、デカルトの実体肯定であることを否定するだけで、それ以上関わらない、ことが多い。そうではなく、デカルト哲学の肝心の第一命題コギトを取り出し、その論拠を明らかにすることが、まず必要とされ、それを比較・検討するものとして、何故《なにゆえ》の実体否定かを対決、追求、考察が必要とされる、と思われる。それを、第一章のゴギトの自性に継いで果たしたのが、この第二章のコギトは確実かの疑問である。

第三章はコギトの無自性として、疑いに留まらず、空観、イデアレスからの解である。それを細分して、(1)「われ思う」の「疑う」は「疑わず」であり、(2)「故に」は「縁《よ》りて働く」であり、(3)「我あり」は「仮名《けみょう》・仮設《けせつ》」とした。第一命題「われ思う、故に我あり」に対する龍樹『中論』からの応答であり、解である。

再度、整理・要約しておきたい。『中論』には、見事に対応すると私には思われる、所謂「五求門破《ごぐもんは》」がある。拠り所を五つに求めても得られない、ということで、それは不一不異の二つに、不所有、不依、不拠の三つによる。この後の三つは、イデアの定義とされる〈……して〉、〈……超え〉、〈……たらしめる〉の見事な否定である。耳慣れないイデアレスを使う理由は、ここにある。そして、龍樹、それ以前にギリシア思想との交流もしくは流入はあったのか。少なくとも、このイデアとイデアレスでは解らない。しかし、気になる言葉が龍樹『中論』の冒頭いわゆる帰敬序《ききょうじょ》としてある。それは、戯論寂滅である。戯論とはイデア論で、寂滅はイデアの否定で、従ってイデアレスと言い得る、と。しかし、気になる、に留まる。それ以上ではない（プロパーの研究者は勿論、有部等の小乗仏教に戯論を見ようとするであろうから）。

そして、もう一つ。紀元前五世紀のブッダも、紀元前四・五世紀のソクラテス・プラトンも、それに先立つエフェソスの暗き人と呼ばれたヘラクレイトスが、僅か先だが紀元前六世紀にいる。ヘラクレイトスは、プラトンの対話篇では万物流転の哲学者として捉えられ、ロゴスの哲学者としても思われている。ロゴスからイデアへと万物流転の否定的展開である。しかし、そうか。そうでもあろうが、もう一つの万物流転のパンタ・レイも継承されたのでないか。もしくは全くの別天地インドで発祥したのでないか。継承、発祥のいずれでもよいが、これを、「ヘラクレイトス矛盾の二回路」と、私は言いたい。万物流転のパンタ・レイの回路と万物即一のロゴスの回路とである。流転と即一の、「無常から空観」と「ロゴスからイデア」への二回路である。

第Ⅰ部　道元の時間論

第一章　道元と波多野精一における時間構造

一　はじめに――無去来、無飛去《ひこ》、無客観としての時間性

この小論は、道元（一二〇〇―一二五三）が思惟した「時間の構造」を闡明しようとする。その際に波多野精一（一八七七―一九五〇）の時間究明を照明として用いる。このことで、どの程度クリアになり、リニューアルされたかが当面の課題となる。

照らし出す波多野精一の時間究明は、道元の思惟に対しいわば一部にせよフレームを提供するわけだから、当然ながら結果として共通項を浮かびあがらせることにもなる。その意味では鎌倉時代の日本曹洞宗開祖でブッダの正法を伝えると自負する道元禅師という仏教哲学者と、その後約七〇〇年を経た日本近代の西洋哲学の考えられ得る最も正統な継承者の一人である波多野精一博士というキリスト教哲学者との比較による共通項抽出の試みでもある。そこでなされる共通項抽出は、今日の慢性的虚無的課題に一石を投じうるのではないかと密かに期待するところでもある。

「時間」は、鎌倉時代、室町時代と言われる歴史的な時間だけではなく、巻き返しのきかない自己の過ぎ去った幼年期、青年期もまた時間である。後者は「取り戻す術のない」時間であり、「昔を今になす由もない」時間であり、故事に言う「覆水盆に返らず」の時間である。この時間性格を、「不可逆性」として波多野精一は捉え、最も根源的、基本的（phusis）な時間であるところから「自然的時間性」と言う（参照、拙著『時間と対話的原理――波多野精一とマルチン・ブーバー――』のI、晃洋書房）。

この「自然的時間性」は、いわば過ぎ去る方へ向かっていることから〈現在→過去〉のベクトルとして、方向づけができる。今の意識の過去方向化であり、「過去への現在」である。

これに反し、鎌倉時代のような歴史の時間は、むしろ〈過去→現在〉のベクトルをもつと言える。「過去からの現在」である。波多野精一は、これを「文化的時間性」と称し、「歴史」だけでなく、「科学」の「客観的時間」とプラトン「哲学」の「無時間性」をも変種としてここに含める。「客観的時間」は欠陥を「極みなき連続性によって塡補」し続けることで「無終極性」（Endlosigkeit）を実現しようとする「科学」の時間性であり、またプラトン「哲学」は「観想《テオーリア》」の徹底によって「無時間性」（Zeitlosigkeit）に至る。共に「文化的時間性」として波多野精一は捉える。

「過去」は、その言葉が表わすように「過ぎ去った」時であるから過去であり、したがって「現在」ではない。また「未来」は「未だ来ていない」時であるから未来であり、したがって「現在」ではない。言葉が誤用されていなければこう言い得る。「過去」も「未来」もこの限りでは「現に存在」していない、のである。では「現在」はどうか。

「現在」は「今」とも表現され、「現に在る」であって、英語でみてもpresentは「現在」のほかに「出席」「贈り物」の意味もあり、presenceは「存在」であるのは言うまでもないであろうし、ラテン語でみてもpreが「前に」、esseが「ある」、これらの合成語である。とするならありそうだが、しかし一秒前は詳細にはその一秒を「特定」したとき思考回路の経過時間から過去となり既にない。現在の一秒の定義、セシウム133の原子のマイクロ波の振動数による基準（国際原子時）でいくとするなら、一瞬の現在の過去化で殆ど現在とは人間に捉えられるのかという疑問にもなる。機械観測による1／10秒、1／100秒と微小化していっても同様である。過去と未来との境である「瞬間」としても今の一瞬は過去の一瞬となっているようだ。「無限分割」を時間に施せば、今は限りなくゼロつまり無に近づく当然の結果である。これは「時間」のいわば空間的把握による「客観的時間」からの帰結である。しかし日常生活の常識に戻り、差し当たりは「今」「現在」はありそう、なければ「このような機会」もないので、一応は「現在」はあることとしておく。

では、このような「時間」の常識的見解から、自らの考察へと読者を導いていったアウグスティヌスと道元をみてみたい。

アウグスティヌスは有名なことだが次のように述べる。

……時間とは何であるか。だれもわたしに問わなければ、わたしは知っている。しかし、だれか問うものに説明しようとすると、わたしは知らないのである。（『告白』服部英次郎訳、岩波文庫(下)）

道元もほぼ同様のことを、私には新鮮な発見であったが、次のように表現する。

去来《こらい》の方跡あきらかなるによりて、人これを疑著《ぎぢゃ》せず、疑著せざれどもしれるにあらず。（『正法眼蔵』「有時」の巻第二段、水野弥穂子校注、岩波文庫(二)により段付けをした。また旧字は新字にした。特に断りないときは以下同じ。）

要約すれば、人は一日一日と日をおくり疑わないが、疑わないのは疑わないで日をおくれるからで、知っているからではない、と鋭い。

続いて、道元は常識的見解で誤りやすい三例を注意として次に示す。一つは凡夫の見解《けんげ》として、

あるときは三頭八臂《さんてうはつぴ》となれりき、あるときは丈六八尺となれりき。たとへば、河をすぎ、山をすぎしがごとくなりと。（「有時」の巻第五段）

要約すると、あるときは「三頭八臂」即ち仏教守護の不動明王または阿修羅（Aとする）であり、あるときは「丈六八尺」即ち立って一丈六尺、坐って八尺の仏身（Bとする）であると受けとることが「有時」に対する凡夫の見解だ、と。ある時点でAであり、ある時点でBであるという見解である。この誤りは「有時《いうじ》」という現在と存在の相即を捉えていないところからくる常識的見解で、一応、道元は理解を示しながら、これ「のみにあらず」（第六段）と言う。これは私たちの科学的常識でもあり、「地理」「歴史」を区分して捉える捉え方と同一である（本来「地理」「歴史」は一体で、地理面を時間系で切った一つが古地図であり、最新地図である。いうなれば、ここでの「河」

であり「山」である。他方、歴史面を空間系で切った一つは郷土史であり、世界史である。いうなればAであり、Bである。ただ、〈空間←視覚〉と〈時間←聴覚〉とするなら、双方のみ限定の批判が「総体的一体性」からあり得よう）。捉えやすい便宜からのもので、これから脱するのは道元とともに真に迫るため不可欠となる。偏倚抽象を具体本然に捉える本来性の獲得である。

誤りの二つは、

時は飛去《ひこ》するとのみ解会《げゑ》すべからず、飛去は時の能とのみは学すべからず。時もし飛去に一任せば、間隙《けんぎやく》ありぬべし。
（「有時」の巻第八段）

要約すれば「時」は飛び去ってしまうだけのものではない。飛び去るだけのものなら風に飛ばされた「紙くず」のように、その前後に隙間があるはずだが、ないのだから、と。人は常々時間を意識しない。意識した時間だけを時間とすれば、このような誤りになると道元は言う。楽しい旅のメモリーだけが時間ではないし、辛苦の傷ついた痕跡としての記憶だけが時間でもない。総じて記憶の滞留だけが時間ではない。機械的ではあるがデジタル表示も微分的表示の一つとしては同一に考えられようか。

誤りやすい三つは、

経歴《きやうりやく》といふは、風雨《ふうう》の東西するがごとく学しきたるべからず。（「有時」の巻第十三段）

である。「経歴《きやうりやく》」（ルビは古い読みで、意味は一応ここでは時間の本性とする）というのは、風雨が西から東へと去来するように流れ、流動推移するように受けとってはならない、と。時の変化を川の流れ、流動推移に見立てることの多い私達の伝統的感性にとって、そうではないというのだから、この指摘は強烈である。

これら常識的見解の誤りはいずれも時間でないというのではなく、これらは時間の本来でないというのである。三点はそれぞれ時間についてだが、主語が〈一つ〉は「有時《いうじ》」で〈無客観〉を、〈二つ〉は「時」で〈無飛去《ひこ》〉を、〈三つ〉は「経歴《きやうりやく》」で〈無去来〉であることは後のために留意しておきたい。道元によると本来の時間は〈無去来〉〈無飛去〉〈無客観〉なのである。

それでは、何故テーマの「時間構造」が問題になるのか。

波多野精一は「時間性は人間性の最も本質的なる特徴である。」（『時と永遠』第一章三、岩波書店）と言い「時は生の存在の最も基本的なる性格」（同二）とも言う。生きることの基本に時間があるという、認識である。時間を常時意識すれば、時間が生きることの代名詞ともなる。過去化に偏すれば有限な死への重さ（Schwere）となり、逆に未来化に偏すれば無限な非人間の軽さ（Leicht）になる、とも言い得る。ともあれ、そこから波多野精一は人間学の三類型を導出し、そのそれぞれに対応する本質構造の時間性を示す。それが「自然的生」では「自然的時間性」であり、「文化的生」では「文化的時間性」であり、それに「宗教的生」では「宗教的時間性」の「永遠性」であると言う（「未来」は将に来る「将来」となる。「将来」の勝義）。

一方、道元は人は「須《すべから》く回光返照《えこうへんしょう》の退歩《たいほ》を学《まな》ぶべし。」（『普勧坐禅儀』）と言う。これをウィズドローアル（withdrawal. 撤退）というアーノルド・トインビーの言葉を引いて、その「反省」の重要性を解説する仏教学者もいる。更には、道元の有名な言葉に次のものがある。

仏道をならふといふは、自己をならふ也。自己をならふといふは、自己をわする、なり。（「現成公案」の巻第七段）

道元にとり真の生は仏道であり、己をよく知ること己事究明であって、「自己を習ふ」ことだとする。生の真相は自己を探ねる「退歩《ウイズドローアル》」の「反省《リ・フレクシヨン》」を深めることと言ってよい。その「反省」の体験行・覚として菩提達磨の「大乗壁観《へきかん》」に連なる「非思量」（薬山）の「只管打坐」（『随聞記』三―二一）があると言ってよいであろう。

ここでは、かのソクラテスが哲学のモットーにしたとされるアポロン神殿に掲げられた「汝自らを知れ」（gnōthi seauton）を彷彿とさせ、道元の「自己を習ふ」こととの親近性をみてとれる。

二　有時《いうじ》相即――現在と存在の同義性

有限な「自己存在」と「時間」はどう関わるのかを次に考えてみたい。

いはゆる有時《いうじ》は、時すでにこれ有《いう》なり、有はみな時なり。（「有時」の巻第二段）

「有《いう》」は「存在」で、「時《じ》」は「時間」で、これらを一単語「有時《いうじ》」（「うじ」のルビもある。中国音からとすると有は yǒu の発音記号で今日の片仮名に当てるなら「イオウ」か「ヨウ」の方が近い）と表現し一体としている。先にまとめた常識的誤り三点のうち、第一点目のある時点でAと、ある時点でBと捉える誤りは、この一体性を剝離したことからくると言えるのではなかろうか。即ち時間はあたかも無限に経由してゆくとした中で、自己のあり方を、あるときAでどう、あるときBでどう、と孤立化させ（Es für sich）不確定の中で迷わせ曇らせていると言ってよいのではなかろうか。この時間即ち剝離する「有時乖離」がアンニュイやボードレールの表現する時が血をすすり肥りはびこる仇敵の病的様相の根にあるように思われる。この時間はもはや生の意義の湧出口でなくなり、生を脅かすクレバスのように開く。至るところ「荒礒《ありそ》」ありだ。（ただ久松真一はニヒリズムを転換し肯定して「他律性、神律性を否定」することに向かう。『絶対主体道』著作集2の二六〇頁）。道元にとって、自己存在は時間と不離不即、表裏一体にあり「有時相即」なのである。「一方を証するときは一方はくらし。」（「現成公案」の巻第六段）ということがあるだけである。

道元は、次のようにも表現する。

山も時なり、海も時なり。……時もし壊《ゑ》すれば山海《せんがい》も壊す、時もし不壊《ふゑ》なれば山海も不壊なり。（「有時」の巻第十八段）

ここでは時間の面から存在を捉える。時間が壊れれば存在が壊れ、反対に時間が壊れなければ存在も壊れない、と。そのような今、現在の一瞬は存在に裏打ちされた表裏の一枚岩である。

一方、波多野精一もほぼ同様のことを次のように言う。「現に生きる即ち実在する主体にとっては『現在』と真実の存在とは同義語である。」（『時と永遠』第一章二）。現在と真の自己存在とは同義語である、と言う。つまり自己存在と現在の同義性を言っている。

波多野精一は、この同義性を損なう「客観的時間」に対して「悪しき」こととして批判する。「終りなき果てしなき客観的時間は『悪しき永遠性』と呼び得るであらうが、……欠陥の延長である点を思へば、『偽りの永遠性』の名が或は一層当を得たものでもあらうか。」（『時と永遠』第三章十七）。

このように波多野精一は「現在」と「存在」の同義性から、客観的時間を「偽りの永遠性」と批判し、他方、道元はそれを「有時相即」から誤れる見解《けんげ》として注意する。両者にとって時間の「無終極性」に生きるというような「有時乖離」はない。

蜃気楼を求める錯覚の道をどこまでも人は進むのではなく、ただ、歩むクレバスをわたる一歩一歩の現在に自己存在があると言ってよい。

三　「つらなりながら時々なり」——非連続の連続性

道元は「有時相即」を有（存在）の面から捉えて、「つらなりながら時々なり」と言う。

要をとりていはば、尽界にあらゆる尽有は、つらなりながら時々なり。有時なるによりて吾有時《ごいうじ》なり。

（「有時」の巻第八段）

要約すれば、全世界の全存在は連なっていながら、その時々で、その有時として自己もまた存在している、と。ここに道元の思惟する時間の二構造が端的に示されている。即ち「つらなり」と表わされた存在がもつ時間の「連続性」と「時々なり」と表わされた時間の「非連続性」とである。また道元は「つらなり」を「経歴《きやうりやく》」とし、「時々なり」を「前後際断」とし、「ながら」を「功徳」として説明していると私は解する。一般に時間の「連続にして非連続」と言われ、或いは、「非連続の連続」と言われることでもある。

一方、波多野精一は道元の言う「つらなり」「経歴《きやうりやく》」を「文化的時間性」として連続性を表わし、また「時々なり」「前後際断」を「自然的時間性」として非連続性を表わしたと私はとる。（「連」か「列」の漢字を「つらなり」に当てると、「時々」との間で対になるがそうはせず、平仮名にしたのには理由があったと推察するが今は詮索しない）。また、波多野精一の「先験的同一性」は道元の「ながら」「功徳」と同一と捉える（末尾の**図解**参照）。「先験的同一性」

は「先験的回想」（『時と永遠』第二章十）に依存し、その「回想」（記憶）はアウグスティヌスの思惟に遠く由来していると言える。またライプニッツは「記憶は精神に一種の連絡作用を与える。」（『単子論』26）とし、この機能解明も付言しうる。ともあれ、波多野精一は言う。この「回想の内容としての過去は無に帰した有の再現である。」（『時と永遠』第二章十二）（帰着無、再現有）。かくて「非存在が存在に向ひ無より有が呼び起されつつ、自然的時間《ママ》においてとは正反対の方向に存在の移動が行はれるといふ現象が発生する」（同所）のである（呼応無、転回有）。出起《しゅったい》する「出来事」（Geschichte）と、記述される「歴史」（Historie）の区分もほぼ同根であろう。（参照、拙著『ニーチェのニヒリズムと超人』驢馬出版、五四頁）。

1　「つらなり」は経歴《きやうりやく》――文化的時間性

一方、道元の「つらなり」は、時間の連続性であり、それを「経歴《きやうりやく》」と先に解した。

有時に経歴《きやうりやく》の功徳《くどく》あり。（「有時」の巻第九段）

経歴は、たとへば春のごとし。春に許多般《こたはん》の様子《やうす》あり、これを経歴といふ。（「有時」の巻第十三段）

「経歴《きやうりやく》」は例えば芽吹き、花開くなど、あまたの様子が春をひく、もたらすようなものである。これを逆に春が来たから芽吹き、花開くことと考えてはならない、という。それを、「昨今の道理」は、「千峰万峰をみわたす時節なり、すぎぬるにあらず。三頭八臂もすなはちわが有時にて一経《きやう》す、」（「有時」の巻第七段）と言う。この「一経」が三頭八臂であり丈六八尺であり、芽吹きであり開花である。これら「一経」を一部分とするのが「みわたす時節」「すぎぬるにあらず」の「経歴《きやうりやく》」なのである。「時々」の「様子」である「みわたす時節」に過去はなく、あるのは現在だけという道理である。このように、有時に「経歴《きやうりやく》」が働き、その限りで、有時の本性なのであり、その働きは「功徳《くどく》」のもたらすものと言える。

道元はそこで「経歴《きやうりやく》」の向き、ベクトルを示している。

波多野精一は、このベクトルを異なる段階区分により明確にした点と時間の構造を究明したことの二点において時間論での功績があったと言ってよい。即ち「時の方向は将来より現在を経て過去へ向ふとも、また反対に過去より将来へ向ふとも考へられる。この矛盾は時の観念の中に伏在する問題を示唆する……時間性の異なつた段階を区分することによつてのみ解決をみる。」と斬新であると私は思う（『時と永遠』第一章四）。（「時の観念」と自然的時間性にも空間的表現の入らざるを得ないことは留意しておきたい）。直接的影響は目下のところ考え難いが、その思惟の先蹤に道元がいたと言い得よう。

道元は「有時に経歴《きやうりやく》の功徳《くどく》あり。」に続けて、「いはゆる今日より明日へ経歴す、今日より昨日に経歴す、昨日より今日へ経歴す。」（「有時」の巻第九段）と言う。ここでの「○○より○○へ（に）」は時の過ぎ去る流動推移と受けとりがちだが、そうではなく先に「経歴《きやうりやく》」を「みわたす時節」「様子」とみたように「すぎぬるにあらず」と受けとるべきであろう。それは「時々」を「様子」にした方向づけのみの表現と受けとるべきであろうからである。

「今日より明日へ経歴す、……昨日より今日へ経歴す」は、波多野精一の「文化的時間性」の〈過去→現在→未来〉のベクトルとして、また、「今日より昨日に経歴す」は、「自然的時間性」の〈現在→過去〉のベクトルと照応すると言える（「○○へ」は未来へと、「○○に」は過去にと使用区分あり）。詳細にみるならば、条件をつけての異同指摘になり、また両者に表現の「根源的空間性」克服困難性をみてとれるが、大筋類同とは言い得よう。

２　「ながら」は功徳——先験的同一性

波多野精一の「自然的時間性」で過去に没し去ったのを浮かびあがらせ、取り出すのが「文化的時間性」であるが（帰着無、再現有）、その浮上をさせ取り出し回想（記憶）させるのが「先験的同一性」である（呼応無、転回有）。この「先験的同一性」に相応するのが道元では「ながら」であり「功徳《くどく》」であると先に解した。時間の連続性と非連続性の「接続助詞」「ながら」である。

「ながら」は「乍ら」とも書き、連体修飾を表わす上代の助詞「な」に、ものの性質・資質を表わす体言「から」のついた語であるが、①「それ全部があるまま後に続くことを示す」「そっくりそのまま」という意味と、②他方では「……ではあるが」「……けれども」の二つの意味がある（例えば、①は「涙ながらに話す」と、②は「悪いことと知りながらする」）。即ち、「ながら」は①「呼応」の内容相続と、②「転回」の反転する媒介の接続助詞として受けとれる。ここでは両者の「呼応無、転回有」である。（『広辞苑』『国語大辞典』）。

「功徳」とは梵語のGuṇaからの訳で一般に功能（能力）、福徳を意味していて善行の果報を言う。無所得の心による善行は悪の心が尽きるを「功」と言い、善の心が満つるを「徳」とする。菩提達磨は梁の仏教の外護者・武帝に問われ、武帝の働きは「無功徳」としたことはつとに有名である（『伝灯録』巻三）。仏教の外護それ自体が「功《く》徳《どく》」と解するのが一般である。道元のここでの「功徳《くどく》」を西有穆山は「あたりまへ、持ち前」と読む（『正法眼蔵啓迪』（上）四二六頁）。

道元は「有時」の巻で帰省《きせい》禅師の恁麽《いんも》attainmentと道得《どうて》expressを意と句で示し考察し（無礙とし）た箇所で次の言葉を吐く。

礙《げ》は礙を礙するなり、これ時なり。(「有時」の巻第二十段)

「礙《げ》」とは「さえる」ことで、「塞《せ》きとめる」「さえぎる」の意味で、般若心経の「罣礙」、五障の「五礙」、自由自在の「縦横無礙」のように使用される。概して「さまたげ」「バリアー」「障害」「拘束」「限定」hindrance である。

この「礙《げ》」の反対語は「無礙」で「自由」(無限定)である。そこでいま仮に「自由」を「礙」に代えて入れてみると、「自由は自由を自由するなり、……」となる。奇妙に聞こえる表現だが、「自由」という言葉のもつ根源的性格を指摘できないだろうか。つまり「自由」という言葉は、その言葉自身を〝自由〟にしてしまう働きをもつ、と。「自由」はその言葉の中に、「自由」それ自身を打ち破る〝自由〟、即ち最初の「自由」にとって〝不自由〟という否定する働きの要素をもつこともあることの指摘である。「自由」には「自由」を制限する〝自由〟つまり〝拘束、不自由〟という因子も総てではないが含むと受けとれないだろうか。現実に自由を守るために、自由を破壊するテロを、防止(不自由)するというようにである。

これを「礙《げ》」に戻し、また仮に〝不自由、拘束〟である「限定」を入れると、「限定は限定を限定するなり、……」となり、「限定」の否定因子を導き出し、〝無礙〟つまり〝自由〟も含有する意味と受けとれないだろうか。

これら両者は例えば、言論自由の中で、言論統制を掲げる主張の自由も排除できないという自由のもつ矛盾であろうし、逆に、言論統制の中で、言論統制という主張の自由がなければ言論統制ができないという統制のもつ矛盾とも同様であろう。独裁政治には独裁者一人の自由が不可欠であり、民主政治には独裁待望者を許容せざるを得ない不自由が不可欠であるのと同様であろう。ただ具体例で現実的には、この許容幅を狭めなければならない時もあるであろうし、広げることのできる幸福な時もあり、リスク回避のパワーの政治問題となるであろう。

ともあれ波多野精一は「先験的同一性」という術語の「先験的」にtranszendentalというドイツ語を添えて用いている（『時と永遠』第二章十）。この「先験的」の語に或るヒンターランドに擬えられる思いを込め論理的整合性を保ちたかったのだと受けとり、また〝稲光り〟するものを波多野精一に私は読む。

それでは道元が「有時に経歴《きやうりやく》の功徳《くどく》あり」と表現するところの「功徳《くどく》」に類似した〝底光り〟をみるのは私だけではないだろう、と想像するのと同一である。言い換えると十界の地獄、餓鬼、畜生、修羅から抜け出し、さしあたり智を保持することを得た「人間界」にあることの「功徳《くどく》」をである。

それでは元に戻って、「礙《げ》」論の一般性としては、どうか。

もっとも「自由」という言葉が、不自由の否定因子をもち、「限定」が自由という否定因子をもつということは、言語矛盾で言語の意味をもたないとも言える。むしろこのアリストテレス流の硬質言語観が一般である。

しかし困難な問題ではあるが、言語を道具の一つとし、事象を取り込む器と考えてよいのなら、軟らかい言語観で、言語に必ずしも執われない、直に世界と対峙できる方向づけ（orientierung）のツールとして使用することはできまいか。象徴的に言うのなら、ロゴスから不立文字（因言遺言）許容の言語にである。沈黙・無記を有意味とする器の言語に、言語を万能としない言語にである。

また、メタファーになるが、山頂の分水嶺に到達する登頂のステップ上昇方式と下山のステップ下降方式とは逆転するが、これを時間の連続と非連続の結節点の比喩にできまいか。接続助詞「ながら」「功徳《くどく》」と「先験的同一性」に相当するとしてである。最初は水平的、因果的志向で進んだとするのなら、最後には、垂直的、非因果的思考を要求するように、である（井筒俊彦は禅問答の「本源的非言語の垂直的言語化の場」を指摘する。『意識と本質』

四二三頁）。

３　「時々なり」は前後際断——自然的時間性

「つらなりながら時々なり」の「時々なり」に当たる「前後際断」という言葉は、『正法眼蔵』の「現成公案」の巻第十段にある。

たき木《薪》、はひ《灰》となる、さらにかへりてたき木《薪》となるべきにあらず。しかあるを、灰はのち《後》、薪《たきぎ》はさき《先》と見取すべからず。しるべし、薪は薪の法位《ほふゐ》に住して、さき《先》ありのち《後》あり。前後ありといへども、前後際断せり。灰は灰の法位にありて、のち《後》ありさき《先》あり。（添えた漢字は筆者による）

要約すれば、「たき木」は燃えて灰に変化すると常識から取りがちだが、そうではなく「たき木」には「たき木」の位（法位）があり、その位は前と後を際断した中にあり、また「灰」にしても同様である、となる。「たき木」には位（法位。『法華経』方便品にある。岩波文庫（上）以下同）があり、「灰」もまた位（法位）があり、それぞれの際で断絶され「独立無伴」である。「たき木」には確かに、常識では前のもの「生木《なまき》」があり、後のもの「灰」があるが、しかし前後から際断された中に「たき木」という位（法位）がある。

位（法位）とは「真如」（tathatā）、僧位でもあろうが、ここではむしろ「自己を習ふ」「反省《リ・フレクション》」した結果の一つの位で、宇宙における自己、自性の分限、分際に安んじる居場所、安住地を言うべきと解する。「たき木」には「たき木」としての一つの位置があり、「灰」には「灰」の位置があり、また「人」には「人」の宇宙における一つの位置がある、と。従って、人は生きては生の位置にあり、死んでは死の位置にあり、生滅しない「不生不滅」

である、こととなる。芽吹き、開花は夫々で「それ」であるのであり、春はその同一レベルにはない。春はそこに後で包括してつけられた名にすぎない。「すぎない名」という春からみるから、芽吹きから開花へと移りゆく、流動推移かと誤る。正しくは「時々なり」なのである。

「前後際断」とは、改めて言うと「たき木」では「前際」にある「生木《なまき》」と「後際」にある「灰」を「中際」において断絶していると言えるが、「中際」で全く別のものであるという「非連続性」である。

「たき木」と「灰」の間には経験知の即ち「すぎない名」の知の「燃焼」という火の働きがあるが、ここに有名な『法華経』譬喩品の「欻（忽）然火起《こつねんとしてひおこる》」があると言えよう。火が起きるのは、生木が「乾く」薪と同様に比喩ながら「際断」を導く「深淵」（Abgrund）であると私は捉える。

ここには「前後際断」という「非連続性」が「連続性」の境を断ち切る底意がみえる。「業苦」「辛苦」の境を断ち切り、「生死」の境を断ち切る。かくて、悪業因果からの脱出、生滅しない「不生不滅」の常住となると言える。

波多野精一の「自然的時間性」は、不可逆的な現在の過去化である。過去化は現在の「内部構造」である。あるのは「現在」であり過去化をその内部に構造としてもつだけである。波多野精一にとって「自然的時間性」は「文化的時間性」を経た最終の「宗教的時間性」の準備的要素をもつと受けとるのが通説だろうが、私にとってはそれに留まらない根源的な時間性格である。

四　まとめ——串団子の比喩

これまで道元の思惟した「時間構造」を波多野精一のそれをフレームとして照らし出そうと試みた。しかし、道元の思惟を中心としたために、一部分道元のものが先行した箇所も出ざるを得なかった。

ともあれ、それは結局、波多野精一の「自然的時間性」から道元の「時々なり」と「前後際断」つまり非連続性をみるとクリアになり、また「文化的時間性」から「つらなり」と「経歴《きやうりやく》」つまり連続性をみると判然となると言える。そして、それら両者の媒介として「先験的同一性」で「ながら」と「功徳《くどく》」を取り出すと時間の構造がより判明となるというものだった。また、ともすると矛盾する表現から理解困難な時間の「非連続の連続性」の解明をした一つの試みでもあった。

もとより、道元と波多野精一両者のコンテクストが異なるので詳細には及ばなかったところもあるし、また不必要なときもある。

しかし、驚きの発見もあった。波多野精一と道元の①存在と時間の同義性と有時相即を両者が共にもつ確認と連動して不乖離からの今日の虚無的課題の指摘、②両者の二時間性の構造類似の発見、③二時間性のベクトル共通性が双方にあり、「過去からの現在」と「過去への現在」の方向性とを見出したこと、④「ながら」に従来一般の「非連続の連続」と異なる媒介性の積極的意義を「先験的同一性」と「功徳《くどく》」として見出し、更に「礙《げ》」論として不十分ながら考察したことである。(「隔法異成」(華厳)、「三法展転、因果同時」(唯識)との関連言及は避けた)。

最後に⑤として、身近の〈串団子の比喩〉でしめくくりたい。「有時」を「串団子」に喩えると、「串」は「つらなり」「経歴《きやうりやく》」「文化的時間性」の「連続性」を、他方「団子」は「時々なり」「前後際断」「自然的時間性」の「非連続性」を当てることができる。その際、団子が串から抜け落ちないように支えている「粘着性」は「ながら」「功徳」「先験的同一性」の媒介性として働いていると比喩できようか。

転がりし　きょうだい団子も串一つ　つらぬき通してかたちととのう。

信仰に関わりのある人なら「串団子」よりむしろ煩悩の数とされる一〇八個の珠を紐で繋いだ「数珠《じゅず》」（念珠）か或いはカトリックで普通一六五個の珠を紐で繋いだ「ロザリオ」を比喩として挙げるかもしれない。

〈主な参考書目〉

和辻哲郎『沙門道元』（『改訂日本精神史研究』所収）昭和一五年六月（大正九―一二年）、岩波書店
西有穆山提唱『正法眼蔵啓迪』昭和五年一〇月、代々木書院
秋山範二『道元の研究』昭和一〇年九月、岩波書店
田辺元『正法眼蔵の哲学私観』昭和一四年五月、岩波書店
中山延二《のぶじ》『仏教に於ける時の研究』、昭和一八年四月、百華苑
増永霊鳳『仏教における時間論』昭和四一年二月、山喜房佛書林
安谷白雲『正法眼蔵参究―山水経・有時』昭和四三年一〇月、春秋社
高橋賢陳《まさのぶ》訳『全巻現代訳正法眼蔵』昭和四六年九月、理想社
西嶋和夫『現代語訳正法眼蔵』昭和五四年六月、金沢文庫
西谷啓治『正法眼蔵講話三』平成元年六月、筑摩書房
中村宗一『正法眼蔵用語辞典』昭和五〇年二月、誠信書房
菅沼晃編『道元辞典』昭和五二年一一月、東京堂出版

〈付〉時間構造の図解

	時間の空間性	時間の媒介性	時間の時間性	出典
波多野精一（一八七七―一九五〇）	「文化的時間性」 Ⓑ 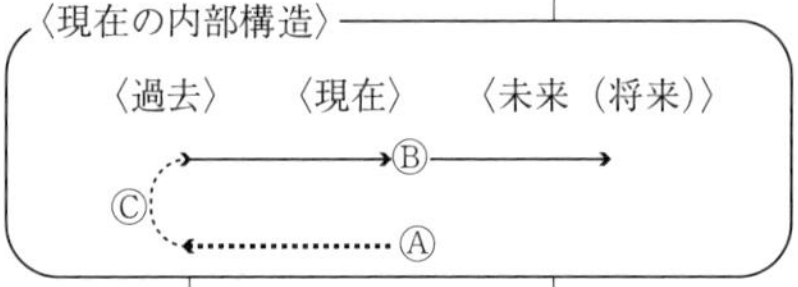 変種：無終極性 無時間性	「先験的同一性」 Ⓒ	「自然的時間性」 Ⓐ	『時と永遠』（昭 18.6） 第１～３章
道元（一二〇〇―一二五三）	尽有は 「つらなり 「経歴《きゃうりゃく》」㋑㋩ 	ながら 「功徳《くどく》」㋥	時々なり。」 「前後際断」㋺	『正法眼蔵』「有時」の巻 第８段 「有時に経歴《きゃうりゃく》の功徳《くどく》あり」 （「有時」の巻第９段） 「いはゆる㋑今日より明日へ経歴す、㋺今日より昨日に経歴す‥‥」（同上） 「礙《げ》は礙を礙するなり…」 （「有時」の巻第 20 段）
メモ	「連続性」 「時間の再現性」 〈串団子の比喩〉Ⓑ 「である時間」	「時間の転回性」 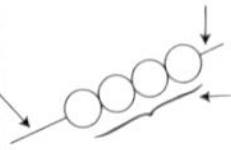	「非連続性」 「時間の本源性」 Ⓐ 「がある時間」	

第二章　道元の『正法眼蔵』現成公案冒頭における解釈の比較考察

一　はじめに
二　諸家の解釈
　西有穆山　安谷白雲　内山興正　西谷啓治
三　「始覚」新釈の試みとその根拠
　理由　展開　三対語三反復　修行　詳解　相違点
四　結論
〈付〉「現成公案」抄と釈／『大乗起信論』抄と〈図解〉／「狭き門」

一　はじめに

道元の主著『正法眼蔵』は、道元自身の目論みでは一〇〇巻を構想した（「八大人覚」の巻懐奘《えじょう》の奥書き）というが、現存の流布本では九五巻となっている。その目論みからすれば『正法眼蔵』は「未完の書」である。

しかし一〇〇巻を断念した道元自身が、生前の意思として編集を永平寺二世の懐奘に指示したとみることができるものに、七五巻（七五帖）本がある。そこでは編集の第一番目に「正法眼蔵第一」として「現成公案《げんじやうこうあん》」の巻が置かれている。従って「現成公案」の巻は少なくとも道元の意思としては、その位置から「導入部」、イントロダクションの役割を担っていると捉えることができる。

　他方、「現成公案」の巻は導入の役割だけでなく、『正法眼蔵』全体の中で最も重要なものとして捉えることもできる。例えば、西谷啓治は自著『正法眼蔵講話三』で「……この『現成公案』は、いわば『正法眼蔵』全体の核、核心といったもの、いちばん根本的なものを語っている」（三頁）と言う。また、内山興正は自著『正法眼蔵現成公案を味わう』で、「『現成公案』巻は、いわば正法眼蔵の総論でもあると同時にエキスでもあるとは、古来から言われております。」（一八五頁）として、古来の見方を紹介し、それを支持している。その古来の見方の代表として、西有穆山《ぼくざん》の提唱『正法眼蔵啓迪《けいてき》』がある。そこで西有穆山は「此御巻は開山の皮肉骨髄ぢや……根本……御一代の佛法は此一巻で盡る、九十五巻は此巻の分身ぢや……」（上、二四七頁）と言い、道元の教えの根本で、九五巻は、この巻の分身という。趙州の達磨西来意への答え「庭前柏樹」のような「前人未発の一句」「鉄語」が、開山である道元の「現成公案」だとする。「差別、無差別みな現成公案ぢや」（上、二四八頁）、「その有は有にして現成公案、空は空にして現成公案」（同）という。総じて〝造作のない〟〝眼横鼻直《がんのうびちょく》〟のごときこととして「現成公案」を西有穆山は受けとっていると言い得よう。

　このように「現成公案」の巻は『正法眼蔵』の中で、「第一」として導入の役割があり、他方では「核、核心」「根本的なもの」「エキス」という重要性が指摘されてもいる。

　ここで「現成公案」の巻を『正法眼蔵』の①「導入」とする前者のみと位置づけるか、後者のみの②「核心」とするか、またはその両者③「導入」「核心」とするか。三通りの受けとり方があり得る。①「導入」とする主な理由は「第一」の初めにある位置づけを限定してそう受け止めることにある。②「核心」とする主な理由は道元のよくとる筆法に肝心、要を始めに述べてしまうことによる。③は両者の総合である。そこで私は②③を保留して、①の受けとり方に注目したい。理由は道元の意思が、初めに置くこととした「第一」であるのは、「導入」ととり得る極く自然なとり方であるからである。②③は『正法眼蔵』全体に関わる、ひいては道元全思惟に関わることなので、ここでの課題を越えるからである。課題とするなら後日を期することとなる。また「弁道話」の巻を「入門」とするとり方も他方ではあるが、「弁道話」は後世に編集されたときに、内容上そう位置づけられたので、ここでは考慮外とする。

そこで、更にこの「現成公案」の冒頭の部分、特に第一〜第四段がよく問題にされる。西谷啓治も言うように「……『正法眼蔵現成公案』では初めの部分がいちばんよく引かれ、いちばんよく問題にされるところです。」と言い、それだけ「わかりにくい」（三頁）と言う。西有穆山《ぼくざん》も言う。「現成公案」の「総名代」が、その第一段である、と。もとより第一段は順次第四段へと展開する。

それでは、まずは原文を岩波文庫'90年版（水野弥穂子校註）から引きたい。以下、原文はこの版に統一して拠ったが、他の版、特に岩波思想大系・道元上・下を必要に応じて参照した。

正法眼蔵第一　現成公案《げんじやうこうあん》

1 諸法の仏法なる時節、すなはち迷悟あり、修行あり、生《しやう》あり、死あり、諸仏あり、衆生《しゆじやう》あり。

2 万法《まんぼふ》ともにわれにあらざる時節、まどひなくさとりなく、諸仏なく衆生なく、生《しやう》なく滅《めつ》なし。

3 仏道もとより豊倹《ほうけん》より跳出《てうしゆつ》せるゆゑに、生滅《しやうめつ》あり、迷悟あり、生仏《しやうぶつ》あり。

4 しかもかくのごとくなりといへども、花は愛惜《あいじやく》にちり、草は棄嫌《きけん》におふるのみなり。

ここでは仮に第一段を1と表記し、以下同じようにして、4を第四段として私なりの区分をする。

この小論のねらいは、この全四段を、諸家はどう読んできたかを紹介し、それに対し、私なりの読み方、見解を示そうとするところにある。私が仏道浅学ゆえ思わぬ誤解があれば正して読まれるであろうから、この独自の見解をここで述べるのはあながち許されないことではないであろう。

「重箱の隅を楊枝でほじくる」の愚を回避しようと努めながら、なお「独り自己の専門に閉じ籠もることによってのみ、……仕事を成し遂げた……という深い喜びを感ずることができる。」（M・ウェーバー）こととなるように努めたい。

管見の概略を、まずここで結論めくが予め示したい。その後で諸家の紹介と、それと異なる私の読み方、見解とその理由を述べることとしたい。

〈管見〉概略

1　……を私は「仏法」とし、〈仏縁〉からの記述として捉えたい。仏法と縁をもちえた有縁の世界（諸法）は、どうあり、どう見えるかを述べているからであり、それはまた〈仏縁〉からの「仏見」世界の記述であると考えるからである。（「**本覚**《ほんがく》」）
2　……を私は「自然」とし、仏法と〈無縁〉となったところからの記述として捉えたい。仏法（普くと万法）のない世界（諸法）はどうなのかを述べているからであり、それはまた仏法と〈無縁〉となった例えば言うところの動物的世界の記述即ち「俗見」の世界の記述であると考えるからである。（「**不覚**」）
3　……を私は「仏道」とし、〈修行〉からの記述として捉えたい。仏法の行為化即ち仏道である〈修行〉とはどうということかを述べているからであり、それはまた端的に①「仏法」、②「自然」という「時節」から離れた仏法への行為としての「跳出」する「仏行」の記述であると考えるからである。(「始覚」)

④……を私は「比喩」とし、〈仏花〉からの記述として捉えたい。仏法とその実践の仏道の比喩表現で、仏花俗草の〈仏花〉の難しさを述べているからであり、それはまた②の「自然」に呼応して〈仏縁〉から〈無縁〉となる「俗草」に繁茂の屡々《しばしば》である世界の記述であると考えるからである。「草茫茫《くさぼうぼう》」の自然へ戻る無仏法を気遣うところに専一な只管打坐の先ゆきが暗示されているととる。

以上の管見概略は、諸家の捉え方とどこで大きく異なるかというと、諸家の捉え方が、仏法の一つの枠組みを既に前提または枠組みから捉えようとするのに反し、管見は素朴な仏縁のない人にも結縁できる導入として、また初心者、修行開始者に向けていると捉えようとする点にある。もとより難語多く、律動的で品位ある文章だが、しかし文章の精神はナイーブな仏縁少ない人、ビギナーに向けているととる。イメージとしては当時新興の武士階級とそれに類する農民庶民階級に向けて書いたのであろうからととる。

理由は、表面的に七五巻本の劈頭に置かれたということの他にまず一点のみを挙げるとするなら、「現成公案」の末尾部分の奥書きに「これは天福元年中秋のころ、かきて鎮西《ちんぜい》の俗弟子《ぞくでし》楊光秀にあたふ。」と「俗弟子《ぞくでし》」のために書かれているという記述による。この書かれた年は、道元三四歳の一二三三年で、宋から帰国して間もない頃で京都深草に「興聖寺《こうしょうじ》」を開創し、新しい禅を日本に弘めようとしていた年のことである。ここでの「俗弟子楊光秀」は大久保道舟『増改・道元禅師伝の研究』(二五三頁)によると詳らかでないというが、この「現成公案」が与えられたことから、「かなり禅学にも精通していたに相違ない」というコメントをしている。

二　諸家の解釈

『正法眼蔵』の「現成公案」の巻、冒頭の第一～第四段を、どのように解釈するか、代表的な諸家の見解を次に概要整理する。刊行年次順とする。

道元の直《じき》弟子詮慧《せんえ(ね)》に随判した経豪《きょうごう》の『正法眼蔵抄』をはじめ、面山瑞方《めんざんずいほう》の綿密だが講釈調だという『正法眼蔵聞《もん》解《げ》』、瞎道本光《かつどうほんこう》の学者で高尚な見の『参註』（以下略記）、『参註』の誤りを正した雑華蔵海《ざつけぞうかい》の『私記』、天桂伝尊《てんけいでんそん》の卓見だが過激な『弁註』などは『正法眼蔵註解全書』（全一一冊）として今日纏められ、読めるようになっているが、ここではそれまでの論及を要しない。西有穆山《ぼくざん》『正法眼蔵啓迪《けいてき》』の前史として目下は位置づけてよいであろう。

1　西有穆山提唱『正法眼蔵啓迪』（昭和五年一〇月刊）

巻名となっているキー・ワードの「現成公案」とは何かと、まず西有穆山は釈《しやく》す。

「現成公案は諸法実相ぢや、……餓鬼心を起せば餓鬼道にゆく、修羅の心を起せば修羅道にゆく、……迷へば凡夫となり、悟れば佛となる、現成公案ぢや……夏は暑いもの、冬は寒いもの、……善因善果、悪因悪果、現成公案ぢや。」（上、二五一頁）。

字句を註釈して、「現」とは「隠顕存没《おんげんそんぼつ》に拘《かかわ》らぬ」「隠顕がない」こと、「成」とは「成壊に拘らぬ成就の義」とし、「公」は「公平」、「案」は「任持《にんじ》」即ち「持ちこたへて失はぬ」義とする（上、二四九頁）。

この意味で第一段の最後に「……これ現成公案なり」と読み込まなければならないという。第二、第三段も同様として、結局第一～第三段の前提あるいは基盤に、この「現成公案」の義があると解する。

従って、第一～第三段は、この現成公案からみられた、更には正法眼蔵からみられた、いわば迷っていても悟られた目で、悪もまた悟られた目からの記述となる。あるがまま、「私がない」、願望のあり「たい」、し「たい」がない目から述べているというのが西有穆山の読みである。無我、莫妄想《まくもうぞう》の読みとも言えよう。

1……西有穆山は第一段を「現成公案の上に有と見える姿」で「あり、あり」であって、誤りなのは、この段の「有相」「仮」「浅」から、「空相」（「有無超越」）「実」「深く」へ進むということではない、とする。「無を離れた有でない」のであって、「つまり法界を裏から見、表から見、また表裏一枚と見るぢや」（上、二五五頁）と言う。

「変なことだな、諸法が仏法なら生死もなく迷悟もなくでありそうなものぢやに、あり、あり、ありとはおかしいと思うだろうが、そうでない」（上、二五六頁）。その理由は「仏法中の諸法が仏法なる時節だから、即ち現成公案ぢや」（同）からとなる。

「仏法中」つまり現成公案の前提が西有穆山の解釈の特色であり、それと同時にそれが一方でまた問題となる（法界前提としても同じである）。つまり、この前提は深読み過ぎでないか、開山道元への予断が入り混乱を将来したのでないかという疑念で、別の読み方が可能かどうか検討の余地があるように思う。

2……「万法《まんぼふ》ともにわれにあらざる時節、まどひなくさとりなく……」ここでポイントは「われ」で、これは「万法のわれ」であって、松、竹、山、川皆「われ」（法界一人、無自性）で「万法の無我なる道理」「万法無我」「諸法無我」のこと、とする。従って通常の自我「吾我《ごが》」ではない、という。

そこでこの「われ」の捉え方は、後に触れる内山興正の（自著の）「概念的実体」（四二頁）、西谷啓治の「自性」「それぞれの自己」（一三頁）という捉え方と対立する。

この「六ケ敷い《むつかしい》」註釈を西有穆山が加えなければならないのも、現成公案を前提にするからであり、『法華経』の主旨から殆ど牽強附会に読み込もうとするからではなかろうか。即ち第一段の「諸法実相」を「一乗法」とし、第二段を「寂滅相」「無二亦無三《むにやくむさん》」として、「今開山の三段の現成公案が、この仏道と寸分《すんぶん》変らぬ、ここが千載不朽《せんざいふきゅう》の公案ぢや」（上、二五九頁）という強要と思われる。従って「仏道と云ひ、諸法と云ひ、万法と云ふも意は同じぢや」（同）となり、「諸法」と「万法」（普いた「仏法」）を同じこととし、更には「仏道」も同じくしてしまう。それは現成公案の前提があるからで、極論すると何もかも同一となり立言徒労に終る。確かに「言語道理」には「分別」あり、分別に「取捨」があり、取捨に「造作」があるが、だからといって「無造作」「現成公案は言詮《げんせん》の及ぶ處でない」（上、二五一頁）とするところから事を挙げつらうなら、その言挙げが無意味となるのは当然のことである。

3……「仏道もとより豊倹《ほうけん》より超（跳）出せるゆゑに、生滅《しやうめつ》あり、迷悟あり、生仏《しやうぶつ》あり。」ここでのポイント「豊倹」を西有穆山は、「豊」を「豊饒《ほうじよう》の義」で「物の沢山あること、即ち建立門」とし、「倹」を「倹約の義で、物をつぶし減らすことで、即ち掃蕩《そうとう》門」（上、二五九頁）と註し、この豊倹から「飛び抜けて」「超越」していることが、「仏道の骨髄」で、故に「生仏あり、迷悟あり」となると言う。この「豊倹超出は開山の身心脱落《しんじんだつらく》ぢや」（上、二六一頁）とも言う。

ここで「豊倹とは有無色空のことぢや」（上、二五九頁）と言うのなら、この第三段は、現成公案前提で第一段の「有」を「色」と、第二段の「無」を「空」ととるならば、ここで何故に「豊倹超出」をあえて「身心脱落」と言わねばならないのか。既に前提の「現成公案」で「身心脱落」は予定されているのでなかったか。再度、その上に「身心脱落」と受けとる理由は今一つ明らかでない、と思われる。「百尺竿頭㈠歩を進む」（『無門関』46）として理解するにしても釈然としないものがなお残る。

④……「しかもかくのごとくなりといへども、花は愛惜《あいじやく》にちり、草は棄嫌《きけん》におふるのみなり。」ここで西有穆山は「なりといへども」を「毎《（いつ？）》もの筆法で」として、「なれば」ということとする（上、二六二頁）。そして虫などは「草を邪魔にせぬ」とし、散るも咲くも、みな現成公案の前提の下にある。従って通常いうところの花は悟りで諸仏のシンボル、草は迷いの衆生のシンボルではないと言う。

相当に無理があると思われてならない。現成公案が前提なら、何度もその前提は繰り返し記述するのが、理知言語に厳しい道元の作法と思われるからである。

2　安谷白雲『正法眼蔵参究・現成公案』（昭和四二年五月刊）

①……第一段を安谷白雲は「扶起門《ふきもん》」、正位《しょうい》うらづけの偏位つまり「正中《しょうちゅう》の偏」と捉える。「『否定をうらづけとした肯定だ』と言ったら、思想的には受けとりやすいであろうけれども、それは妄想《もうぞう》だよ。」とも。「臨済大師の四《し》料簡《りょうけん》にあててみると、奪人不奪境《だつにんふだっきょう》と奪境不奪人にあたる。そして、これはまだ悟りのぴかぴかだよ。」（三四頁～）と言う。

②……第二段を「掃蕩門《そうとうもん》」、偏位がうらづけとなっている正位《しょうい》、つまり「偏中の正」と捉える。「肯定をうらづけとした否定だと思想的に言ったら、わかるような気がするであろうけれども、それもやはり妄想だ。」とも。「悟りが前よりもさらに一段と深くなり、明らかになった時節だ。」「人境倶奪だ。」（三五頁）。悟りは深まるのでないという西有穆山に対立する。

①②について「さて、この二つはどちらも完全な現成公案で軽重はない。ただしそれは一面観だよ。」と言う。

③……安谷白雲は「豊倹より跳出せる」の「豊」は①の「あり、あり」で、「倹」は②の「なし、なし」で、両

者は無上菩提の同価値だが中途悟りで、「豊」が浅く「倹」が深い悟り、という（三六頁）。本分上《ほんぶんじょう》からは「豊倹跳出」「扶起も掃蕩も、一切超越だ。」（同）と。「人境倶不奪のありありだ。」（三七頁）とする。

3　内山興正『正法眼蔵・現成公案を味わう』（昭和六二年一月刊）

「現成公案」冒頭の三段は「仏法の極意」または「現成公案の全部を説いている」というのを俗説として拒否する（二七頁以下）。つまり冒頭三段は〝特効薬〟ではなく、この限りでアンチ西有穆山《ぼくざん》となる。

また、「それは口では言えぬことじゃ」と安易に神秘、混沌感情に逃げ込まないことが肝要とも主張する。

1……第一段を内山興正は「あり、あり、あり」の「諸法実相」で「差別相」と捉える。理由として言う。「金剛般若経には『如来説キ玉フ二一切諸相ハ即チ是レ非ズレ相』ともあり、また『実相ハ即チ是レ非ズレ相ニ。是故ニ如来ハ説テ名クニ実相一ト』ともあります。つまり諸法実相と諸法非相無我とは別ものでなく、すべてのいきいきした生命実物なのです。」（四二頁以下）と。また、道元自身の言葉としては「仏性」の巻で「有仏性」と「無仏性」を挙げ、その理由とする。

なお、「仏法」即「万法」であるとする根拠として、「仏法といふはいはゆる万法なり」（別本「仏向上事」。四一頁）（参照『正法眼蔵』岩波文庫㈠、八七頁）。

2……第二段を内山興正は「ない、ない、ない」の「諸法無我」で「平等相」（差別相なし）と捉える。理由として『金剛般若経』「一切法皆是仏法」（二九頁）を挙げている。

しかし、先の1で示した『金剛般若経』の「諸法非相無我」と「仏性」の巻の「無仏性」を挙げる。「諸法無我」なら何故「さとりなく、諸仏なく」となるのか解らない。まさしく「まどひなく」と共に「さとり」ありであり、「諸仏あり」でないのか。と素朴で無作為な多くの読者の懐いた疑念を挙げざるを得ない。

「百尺竿頭㈠歩を進む」（『無門関』46）とし、中途悟り云々と断じる神秘混沌の印象は釈然としないものを残す。

③……内山興正は「あり、あり、あり」の「生命実物運転」（『仏道』）で「差別相の風景が現われます」（五四、五六頁）と捉える。理由は、「仏法はまさに自他の見《けん》をやめて学するなり」（『弁道話』三四頁）なのに対して、仏道は比喩的に自動車運転から「生命運転」と意訳する行動面にある。そうとる根拠に、道元『学道用心集』から「但《ダ》為《メニ》二仏法一《ノ》而修《スル》二仏法一《ヲ》乃《チ》是《レ》道也」を挙げる（四七頁）。

④……第四段を「……差別相の風景が現われるのは、こちら側との関係において現われる……」（五六頁）と「こちら側との関係」として捉える。

4　西谷啓治『正法眼蔵講話、三』（平成元年六月刊）

①②を『般若心経』の「色即是空、空即是色」の「色」と「空」から「有相」（色）と「空相」として捉える（一六頁）。ちょうど「波」と「水」あるいは「無数のモナド」（ライプニッツ）と「唯一絶対の神」（スピノザ）のようにと言う（一五頁）。また「一即多、多即一でなければならない。そしてそれを徹底すれば空である。」（一五頁）とも言う。

①……を西谷啓治は、現成の立場で「有相」の面からとして、「色即是空」の「色」として捉える。それは「諸法実相」でもあると言う。

②……第二段は①の逆のことで、「空相」の面からとして、「色即是空」の「空」として捉える。それは「諸法無我」でもあり、「無我」は「無自性《むじしょう》」であると言う（一五頁）。

③……西谷啓治は「豊倹を超え出ているのが仏道である。」（一六頁）とし、「豊」とは①の「有相」で、「倹」と

は2の「無相」で、それらから超え出て「仏道」があると言う。「仏道」は「仏法」と区分され、「……いわば、実存、存在論的な実存そのものが含まれている。ハイデッガーの言葉で言えば、エクシステンツ（脱存）ということになるかもしれません。」（一七頁）と言う。

4……西谷啓治は「仏道ということでは好き嫌いのない立場である。愛憎を離れている。そうだけれども、好き嫌いがある。そういうことはよく言われます。」（一九頁）。

これらの捉え方の中で、一つだけ注目点を挙げたい。それは「愛惜《あいじゃく》にちり……棄嫌《きけん》におふるのみなり。」の「好き嫌い」である。西谷啓治自身が言うように「これも難しいところで、いろんな注釈にも、昔から人が苦しんでいるところだと書いてあって、そしてみんな苦しんでいる。」（一七頁）そこのところである。この問題の解決の一つに、仏教専門の枠組みからでなく、仏教に顔を向け始めた初心者に対して好きな花はちり易く、嫌いな草は茫々《ぼうぼう》繁り易いということのために、この「現成公案」冒頭が書かれたと捉えたい理由があるのである。つまり「草茫々《くさぼうぼう》」の易き広き門を避け、不変色の仏花さく不易の狭き門を目指しなさい、ときこえるからである。道元の歌に「いつもたゝ《(だ)》我《(わが)》ふる里の花なれは《(ば)》色もかは《(わ)》らす《(ず)》過し春かな」（『傘松道詠』）というのが「涅槃妙心」と題してある。

三　「始覚」新釈の試みとその根拠

『正法眼蔵』にある「現成公案」の巻、冒頭の第一～第四段を、私なりに読まざるを得なくなった理由をここでまず挙げておきたい。

1　理由

道元が七五巻の主著『正法眼蔵』の第一番目に何故「現成公案」の巻を置いたかと考えると、読者への最初のいわば「挨拶」がこの巻にあり、多種類の多様な人々がまず目にすることを意識したと推察される。道元が読者「あなた」に向けた最初の巻である。従って多種多様な「俗弟子」の代表として「揚光秀《やなぎ》」に授けたと奥書きしているととるならば納得し易い。また中国・宋の新しい曹洞禅として、当時日本の達磨宗など強力なリーダーのいなかった修行者、もしくは留学僧・道元への関心者に向けられたのが「現成公案」の巻で、その冒頭第一～第四段は従ってそれらの人々にとって敷居の低いものとしてまずは書かれたと受けとるのが妥当でなかろうか。

確かに道元はその文章からいつも解り易いように読み易いように書いたとは言い難い。そのような評のあるのも頷ける。全体的に見て初心者に不親切の感があり、玄人筋むけとも受けとれる処が随所にあると言える。

ささやかな筆者私の二〇歳代の体験から言っても、哲学的関心から『正法眼蔵』を開き「現成公案」などを散見したときに、これが鎌倉時代一三世紀の日本語かと難解さに舌を巻き信仰的関心もなかった当時の私は、すぐに本を閉じ、敬して遠ざかる態度で再び本を開かないだろうと予感したものだった。四〇年程前のことである。

この難解さはどこから来るのか。現存する宝慶寺（福井県）の掛軸のお顔と結びつけて考えるのは難しそうだし、その眼力もない。道元自身の気質に還元するのは容易のようだが受けとる私達の納得を得んがためのような気もする。それはまた生育歴、時代背景としても同じであろう。結局、私の辿りついた目下の結論は、道元の文章の難解さの根本は「明《わか》る人には明るが、明らない人には明らない」ということにある。明る人とは見える人でもよいが、解《わか》る（悟性的な・解析的な分別）人とは区分した方がよいであろう。明るとは覚と共にある。「無明」の否定としてある。理にかなう思考能力が万人に等しく与えられているという平等の前提はここにはない。合理的思考の平等賦与は見出し難い。人は飢餓に苦しめば餓鬼になり得るし、欲求に呆《ほう》ければ戦争にもなり得る。平静を放り出す。菩提達磨の「教外《げ》別伝、不立文字」から「直指人心、見性成仏」へと要約されることと言えよう。それ故、道元の「只管打坐」があり、宋の天童山で師・如浄からの師資相承《ししそうしょう》があるのである。そこからの印象として頑固一徹などの形容が良くも悪しくもなされがちである。明る人には明るが明らない人には明らないという、言語全依存の不全感である。それは独り善がりでない「天上天下《げ》唯我独尊」に通じる。この「天上天下唯我独尊」は「一切衆生、悉《しつ》有仏性《うぶっしょう》」（大乗の『涅槃経』）の生きとし生ける者みなに仏性ありというブッダのキー・ワードとして私は受けとりたい。この「唯我独尊」の思想からは他に対しても己に対しても生命を奪う暴力は己に出てこない。といっても勿論、言語拒否の避難小屋に、このことをしてはならないのは言うまでもない。

この意味で、禅仏教の言語は例えば「対話的原理」を「我と汝」（Ich und Du）の関係能力（Beziehungskraft）において原理的闡明をしたマルチン・ブーバーの言語とは決定的に離反する。この対話的原理を言語を基とした水平的関係の力動性を主眼とするならば、道元の禅言語は自覚・自証を基とした垂直的昇降の力動性を主眼としていると言える（もっともブーバーの「我—汝」の「汝」は、それ自身即ち「個々の汝」（geeinzeltes Du）をはざま（Durchblick）として「永遠の汝」（ewiges Du）へと至る垂直性を帯びるのだが）（参照、拙著『時間と対話的原理』のⅡ）。

垂直的昇降の力動性を主眼とする言語とは通常における対話者、客人を予定していないことにある。臨済の看話禅で用いる公案にしても到達地点のステップを示す応答を得る以上の言語ではない。単なる到着地点表現の手段言語以上ではない。ほぼ同様に、道元の曹洞禅は黙照禅と言われるのだが、一〇〇巻の構想で文字を連ねても立ち行かずであり、まして七五巻にして未だ至らないところの本旨がある。究極に言語が至らずの黙があり、ここからブッダが弟子・摩訶迦葉に華を拈《つま》んで頬笑み伝えた師資相承である「拈華微笑《ねんげみしょう》」を捉えなければならないだろう。

（それは丁度マタイ書16が記すところのイエスが弟子ペテロ（初代法王）へ手渡したという「天国のかぎ」に照応しようか）。

　このような道元の思惟と筆法は、告白に近く、初心者向けというより玄人向けの感はある（或いは差し当たり誰にも向けていない、自己に向けた得心言語とも言える）。しかし総てがそうではない。そのこととその理由を徐々にみてゆきたい。

　では、管見では道元『正法眼蔵』七五巻本第一の「現成公案」の巻第一～第四段をどう読むか。次にできるだけ詳らかにしていきたいがその前に、奥書「俗弟子」に授けたとする記述と呼応するとみてとれる仏道初心者を道元が心に気遣っていたと思われる幾つかの文章を拾いあげてみたい。俗弟子、初心者をいかに気遣っているかが汲み取れよう。

2　展　開

一　5……第五段に入ると「自己をはこびて万法を修証《しゅうしょう》するを迷《まよひ》とす……」とあり、第二段にある「われ」が、第三、第四段で想定される「自己」として現われ、その世界への突き出しが「自己をはこびて」として、表現される。この「われ」「自己」は今日で言う「自我」(ego)であり、自我中心の世界は、認識にせよ、行為にせよ支配の論理乃至調整の論理で、動物生命の維持・拡張の延長線上に基本的にはある。その「自我」を万法（普いた仏法）に突き出しては迷となると道元は諭す。初心者の最も自然な一生懸命な態度の「われ」「自己」から出発し、停立しての仏道への眼差しを指し示している。

二　6……第六段では「身心《しんじん》を挙《こ》して色《しき》を見取し、身心を挙して声を聴取するに、したしく会取《うしゅ》すれども……」と続き、全身全霊を込めて、目を見開き、耳をそばだて、細心の注意を払って世界に立ち向かっても、「自我」中心では真の智恵（仏法）には至らない、と道元は諭す。「自己」の次は「身心」（今日は多く「心身」と逆順に書くが「身心」である）と、「身」と「心」に分解し「空間」を目で見て、「時間」を耳で聴いて（外界把握の主たる二形式）、熱烈にしたとしても「自我」中心では至らない。「身心」中心では真の智恵（仏法）には至らないと道元は諭す。ごく自然な初心者の考え辿る、「われ」「自己」に続く「身心」の〝自分探し〟のテーマである。

三　7……更に第七段では「仏道をならふといふは、自己をならふ也。」と続き、「われ」「自己」「身心」について考えた初心者に、その「自己」を「ならふ」ということが「仏道をならふ」ことだと諭す。そして、自己を忘れ、自己、他己《たこ》の身心脱落へと導く。「自己をならふ」という反省、即ちいわばソクラテス的には、「汝自らを知れ」（gnōthi seauton）をここで仏道の関門として示す。そして「自己」を「わするる」ことで、ギリシアと、その後の学問と全く反対のベクトルをとる（ただ観想 theōria は一義解釈を拒むと思うのだが）。「自己」の核を放棄して、全（或は無）となる、「セルフ」のコアを放棄して、ホール（whole）となるベクトルがあると言える。無一物で無尽蔵である。

今日の環境問題が呼び醒ますところの一つの智恵でもあろうか。言うまでもなく、ここの忘我、身心脱落は宗教レベルのことであって、社会・文化的な歴史存在の自己のことでなく、あえて言えば、それらのベース、宗教哲学、宗教性のことである。

四　8……第八段では、「人、はじめて法をもとむるとき、はるかに法の辺際《へんざい》を離却《りきやく》せり。」と始まる。「われ」「自己」「身心」を脱落しようと「仏道をならふ」「人」が、「はじめて」即ち初心者が「法をもとむるとき」、そのときは法の際《きわ》（涯《はて》）から既に離れていて、真理の智恵近くにいる、と道元は教える。「法をもとむるとき」は即ち既に仏法の近くにいると。

若き道元自身が大疑団として抱いたとされる「本来本本性、天然自性身」が、「眼横鼻直」の当たりまえという到達見の自己解答の一つの表現がここにあると言えよう。「法をもとむるとき」が「われ」「自己」にある「仏性」（如来蔵）を昇降の力動性で呼び起している。あぶり出し現成公案している、と言えよう。

以上の四点においては、道元が初心者を心に懸けながら「現成公案」を展開していったという管見の補強証拠となろう。では、続いてその管見はどうかという点に戻るが、管見概略としてはこの小論の冒頭で既述したのでそのできるだけの詳細を次に述べたい。

管見概略で、[1]を「仏法」、[2]を「自然」、[3]を「仏道」、[4]を「比喩」と捉えたが、まず、この[1]~[3]を[1]にある〈修行〉をキー・ワードとして考えていきたい。

3　三対語三反復

[1]の「諸法の仏法なる時節、すなはち迷悟あり、修行あり、生《しやう》あり、死あり、諸仏あり、衆生《しゆじやう》あり。」で、「時節」以下に続く「迷悟」等は、[2]で否定となり、[3]で肯定となるが、大体、似かよった言葉が並ぶ。それを今少し[1]に則し検討してみたい。仮に、「迷」「悟」の対語をまとめてⒶとし、「生《しやう》」「死」の対語をまとめⒷとし、「諸仏」と「衆生《しゆしやう》」の対語をまとめⒸとすると、ⒶからⒸまでの三つのセットとなった対語は、総て[2][3]にも出てくる。但し順序が異なる。整理すると、

[1]……〝Ⓐ〈修行〉ⒷⒸのあり〟に対し、

[2]……〝ⒶⒸⒷのなし〟で二番目から順序が入れ替わる。そして、

[3]……〝ⒷⒶⒸのあり〟とまた順序に変化がある（但し[3]のⒸは「生仏《しやうぶつ》」と纒められ、生《しやう》が「衆生」と逆順するが内

容は同じ）。

この三つの対語が[1][2][3]で重ねて出てくることに何か特別の意味があるのか、次に順序が変わることに特別な意味があるのか、今は問わない。

4　修　行

ここで問うのは、[1]のⒶとⒷとの間に出てくる〈修行〉という言葉が、[2][3]に繰り返し出てこないことである。他の三つの対語が総て、肯定・否定・肯定の形で、また微妙に表現を変えてであるが整然と挙げられているのに対し、〈修行〉は[1]のみでしか挙げられない。この意味はどこにあるのか。

そこで、[1]は管見によると「仏法」であり、「仏法」から世界（諸法）はどう縁づきみえるかであり、森羅万象の何でもあることとする。〈修行〉も勿論ある。管見では[2]を「自然」とし、仏法（普くと万法）のない世界（諸法）はどうなるのかというと、仏法と関わりない（原始である）ところの仏教以前に戻ること、仏教無縁とする（[1]の「迷」は、[2]で「まどひ」（惑い）と俗世間的に言い代えられ、[3]で「迷」に戻る）。管見で[3]は「仏道」とし、「仏道」とはどういうことかであり、仏法と関わる生活をすることとする。とすると[3]の「仏道」は、その言葉自身において四諦の「道諦」実践の八正道などの〈修行〉と受けとることができる。[1]の〈修行〉は、[3]で「仏道」として主題化した具体とも言える。そうすると〈修行〉の意味を挙げられないのは[2]のみで、〈修行〉「仏道」から外れた内容の記述だからと言えよう。「仏法」と関わらない世界（「自然」の無縁世界）だから、「仏道」〈修行〉が出てこないと言ってよい結論となる。

5　詳解

　それでは管見では「現成公案」の第一～第四段をどう読むか、段落ごとにできるだけ詳らかにしていきたい。既に述べたように、これら四段を私は、道元が仏道〈修行〉について初心者に諭した、いわば「狭き門」として読むとした。従って、従来主流の読み方である、①「ある、ある」と②「ない、ない」の対立記述から、ともすると受け入れ易いように、①「扶起門」（差別門、肯定門、建立門）と②「掃蕩門」（平等門、否定門）というように、『般若心経』にある「色即是空」の「色」と「空」の枠組みから捉えるのは不都合と解する。また『法華経』から①「諸法実相」、②「寂滅相」（諸法無我）等もまた同様とみる。経典にみるなら、むしろ馬鳴《めみよう》の『大乗起信論』の①本覚《ほんがく》、②不覚、③始覚からとるのがふさわしいと解す（この小論の草稿完成後だが、柴田道賢『禅師道元の思想』（昭和五〇年刊）に「『現成公案』は、初心者の公案参究の道筋を示したものと考えている。」（二五四頁）と同一の見解を示されているのを発見し、力を得た。また、増谷文雄『仏祖正伝の道』昭和四二年刊（九七頁）にも「自然」という広い地平からの仏教理解を知り力を得た）。

　従来主流の読みには、俗人、俗世界という「仏法」にとっての最大の対峙者への関心の薄さがみられると思う。仏法と無縁の自然の世界把握がない。餓鬼、畜生などと表現した実相がドグマ化し、いうなれば実存的にレアルに捉えられていないと言ってもよいであろう。

　次に各段落ごとに読んでいきたい。毎段は前段の否定連鎖において述べられている。

　①……原文は「諸法の仏法なる時節、すなはち迷悟あり、修行あり、生《しやう》あり、死あり、諸仏あり、衆生《しゆじよう》あり。」である。

　ここで、「諸法」すなわち森羅万象の現象世界は、仏教で「色」であるが、それを「仏法」すなわち「空」という「時節」つまり時の折々にみると「迷悟」という迷いや悟り、「修行」という仏教的真理体現の生活、「生」「死」という有相無相の生命誕生死滅の活動、「諸仏」「衆生」という仏教的真理の体現者と縁の薄い者がみえてくる。これをまとめて「仏法」と言い、〈仏縁〉を有したと言いたい。

[2]……原文は「万法《まんぽふ》ともにわれにあらざる時節、まどひなくさとりなく、諸仏なく衆生なく、生《しよう》なく滅《めつ》なし。」である。

　ここでの「万法」はすなわち普いた「仏法」の言い換えだが、その「万法」とともに、つまり共に一緒に「われ」という自然の動物的な自己（身心）がない、そのような時の折々からみると「まどひなくさとりなく」である。

　ここの問題として、「万法《まんぽふ》ともにわれにあらざる時節」の原文を、「万法」と「われ」でどう「あらざる」の否定が掛かるかである。Ⓐ「万法」と「われ」の「連関否定」ととるとり方と、Ⓑ「われ」だけの「われのみ否定」とし、たまたまの「万法を並置した」ととるとり方、それにⒸ「万法」と「われ」を共に「双方否定」とする三通りのとり方が考えられよう。従来、諸家の「諸法無我」はⒷであり、管見は「連関（Zusammenhang）否定」のⒶである。Ⓒは読むことは可能だが意味を見出すのは難しい。「時節」は「時」が竹の節目のように分節化した断絶の刻々の折々である。前後ありだが、前後際断である。

　「連関否定」として読んだ管見のⒶは、経典に探るとどうなるのか。『大乗起信論』では言うところの「本覚《ほんがく》」に対し、その否定の「不覚」があり、従ってそこから「始覚」が立ち起ることとなる（「解《げ》釈《しやく》分」の「顕《けん》示《じ》正《しよう》義《ぎ》」岩波文庫'94年版）。[1]は「本覚《ほんがく》」と読める「仏法」であり、[2]は「不覚」と読める「自然」であり、[3]は「始覚」と読める「仏道」である。「本覚《（ほんがく）》の義は始覚《しかく》の義に対して説き、始覚は即ち本覚に同ずるを以てなり。始覚の義とは本覚に依るが故に不覚あり、不覚に依るが故に始覚ありと説くものなり。」（同書二九頁、読み下し。**資料**は末尾）。

別言するなら「一切衆生悉有仏性」（大乗の『涅槃経』）のことごとくに存在するという仏性は、ここでの2の「不覚」があればこそ3の「始覚」が要請される。修証が求められる、と言ってよいであろう。

「悉有仏性」だが、扇ででも風を起し続ける、あるいは動機づけの一打ち、石の打竹が雷鳴稲妻のように、癇癪発作のように用いられる。そこから、先に触れた道元、若年の大疑団「本来本性、天然自性身」への解が出てくるのであろう。端的に「眼横鼻直」の当たり前の到達見だが、どれ程のダイナミズムで覚《おぼ》えるかがグラデーションの深さの問いとなろう、か。薬山惟儼の不思量底は更に非思量と答えられるようにである。まとめて、俗人、俗世間としても表われる、「仏法」と〈無縁〉となった「自然」と言いたい。前段1の「仏法」を否定した「自然」の記述である。

時間の観点からは「自然」（physis）に成立する「自然的時間性」（波多野精一）というべき、「非歴史的」(Unhistorische, F. Nietzsche) な一刻に生きる瞬間的生存の時間で、前後際断する刻々のプリミティブな刹那滅の時間と考えられよう。

3……原文は「仏道もとより豊倹《ほうけん》より跳出《てうしゆつ》せるゆゑに、生滅《しやうめつ》あり、迷悟あり、生仏《しやうぶつ》あり。」である。

「仏道」すなわち四諦中の「道諦」という実践（の八正道、或いは三学、六波羅蜜など）で、仏法を具体化することは、その具体化への序階（gradation）において「豊倹」つまり豊かだったり、つつましかったりの多少から魚のように跳び出し完璧を志しているので、この折では成功失敗試行錯誤を重ねる〈修行〉中で、「生滅あり、迷悟あり」であり、「生仏」つまり、衆生と諸仏あり、なのである。まとめて〈修行〉からの「仏道」と言いたい。前段2「自然」の否定である「仏道」となる。

この3は行為というわば「行」で、12のいわば「見」と対照をなし、その成果を具体化している。なお、この「仏道」を換言すると「仏行」になり、のちの詳しい展開となる。

4……原文は「しかもかくのごとくなりといへども、花は愛惜《あいじやく》にちり、草は棄嫌《きけん》におふるのみなり。」である。「しかも」つまり、「その上に更に」と、「かくのごとくなりといへども」と、修行成就に努めるのだが容易でなく、「花は愛惜《あいじやく》にちり」つまり、仏法に咲く花は惜しまれて時として散ってしまうこともあり、反対に「草は棄嫌におふるのみなり」と、雑草という俗の草々は人の欲にからまりついて嫌われていながら茫々と乱れ繁ることがある。〈仏花〉は簡単なことではない。「拈華微笑《ねんげみしょう》」が容易ならざることと同じく簡単なことではない。まとめて俗草の繁茂する荒蕪を〈仏花〉から「比喩」したと言いたい。ここでも前段3の「仏行」を否定する記述になり、そして徒花となり易い困難性が示される。

キリスト教との比較では、丁度、マタイ書7章13の「狭い門からはいれ。滅びにいたる門は大きく、その道は広い。」（また、ルカ書13章24にも）所謂「狭き門」に相当すると言ってよいであろう。

更によくある体験事例では「情熱」をもつことは悩みを作ること（Leidenschaft）であり、「憧れを知る者のみが苦しみを知る」（ゲーテ）であり、新しい自己の限界に挑戦する者のみが困難の「狭き門」から入り花満開を望める。容易なのは反対の「広き門」からの草茫々である。

6　相違点

従来の主流をなす読み方と管見の相違のポイントは、2をどう読むかにある。1は大きく変わらないが、2に続く34は連動して相違すると言ってよい。そこで従来は2を「ない、ない」の記述から否定門とし、それは現実の差別を否定する、その差別を掃蕩する門とする。管見ではこの2の「ない、ない」は現実態の多様性否定ではなく、

「仏法」との結縁が「ない、ない」と読む。「仏法」と〈無縁〉なので「自然」であり、歴史上、六師外道と称せられた「自然外道《じねんげどう》」の「自然」である。一切の因縁生起から外れ無縁となった「自然」である。従って「仏性」を表現したり「自然法爾」（親鸞・晩年）としたりする「自然」ではない。

「自然」は例えば動物的生活となり、犬の生活である。犬の生活は飢えればゴミをあさり、弱い者の命を奪って食料とするのがその本性の自然である。この自然は極論すれば、食うか食われるか、支配するか支配されるかのヘル・オーダー・クネヒト（Herr oder Knecht）の狼か羊か、となる。

犬に仏性が有りや否やと問うのは、有名な趙州《じょうしゅう》の「狗子《くし》仏性」の話であるが、そうだとすると道元はこの趙州の「狗子仏性」（趙州無字の公案）に「ない、ない」で答え、「人」もまたかくあり得る犬の如くエサをあさる生活となり得ることを初心者に示したとも言える。糊口《ここう》の道がない〈修行〉者はいうまでもなく托鉢僧となるが、喜捨のない托鉢僧は即身成仏を遠くに予期・覚悟し、その刻々に禅定という小さな死で「練習」（meletē）をするとも言いえようか（ここでの犬、狗子は所謂「畜生」の代名詞である）。

道元はしかし「仏道」の修証一如の昇降の力動性から、「仏性」の巻で言うように総て足下の仏性に目醒めると、説くとも言い得よう。それが決定的な一歩であろう。

四　結論

道元の思惟は主著『正法眼蔵』に盛られ、道元自身の意思が働いているその七五巻本の「第一」に「現成公案」があり、その冒頭第一～第四段は読み方が多義的で難しく課題としてある。

『正法眼蔵』研究の大家である西有穆山《ぼくざん》は、この第一～第四段に「現成公案」の更には『正法眼蔵』全体の、つまりは道元自身の思惟が濃縮されていると指摘する。その是非は目下は問わないが、管見によると小論の冒頭で示したように、第一段の[1]は〈仏縁〉からの「仏法」と読み、[2]は〈無縁〉からの「自然」と読み、[3]は〈修行〉からの「仏道」と読み、[4]は〈仏花〉からの「比喩」と読む。

この管見は従来、諸家の読み方である例えば[1]「有」〈建立門〉「諸法実相」、[2]「無」〈掃蕩門〉「諸法無我」、[3]「有無超越」とは異なる。西有穆山の『般若心経』からの「有」「無」「有無超越」、また『法華経』からの「諸法実相」「寂滅相」からみた見方とも異なる。

この管見の諸家と異なる読み方の根拠は、①「第一」として初めに置かれ、②奥書に「俗弟子」宛があり、③宋から帰国の間もない三四歳、京「興聖寺」での著述で、新しい正法の仏教を弘めたい年代のもので、④新興の武士集団や他の農民庶民を意識せざるを得ず、従って、⑤仏門初心者のビギナー向けに書かれ〈修行〉の困難性を差し当たり説き諭したと、とる。「仏法」を具現化する「仏道」即ち〈修行〉は、⑥キリスト教の比喩では「狭き門」であり、ともすると「広き門」に至ること多く、草茫々を避ける用心を示したと言えると、とる。⑦経典からみると『大乗起信論』の「本覚《ほんがく》」「不覚」「始覚」が順に[1][2][3]によりふさわしいと、とれるからである。道元の「起信論」が「現成公案」冒頭とも言えようか。

〈付〉「現成公案」抄1～4と釈

原文（岩波文庫'90年版）	西有穆山	安谷白雲	内山興正	西谷啓治	管見
1「諸法の仏法なる時節、すなはち迷悟あり、修行あり、生あり、死あり、諸仏あり、衆生あり。」	有 「諸法実相」 諸法実相 色	扶起門 奪人不奪境 と 奪境不奪人	諸法実相	諸法実相 色即是空 （有相面）	〈仏縁〉から 「仏法」を記述。 （仏見） **本覚**
2「万法ともにわれにあらざる時節、まどひなくさとりなく、諸仏なく、衆生なく、生なく滅なし。」	無 「諸法無我」 寂滅相 空	掃蕩門 人境倶奪	諸法無我	諸法無我 空即是色 （空相面）	〈無縁〉から 「自然」を記述。 （俗見） **不覚**
3「仏道もとより豊倹より跳出せるゆゑに、生滅あり、迷悟あり、生仏あり。」	有無超越 豊：建立門 →1 倹：掃蕩門 →2 色即是空	人境倶不奪	生命実物 運転		〈修行〉から 「仏道」を記述。 （仏行） **始覚**
4「しかもかくのごとくなりといへども、花は愛惜にちり、草は棄嫌におふるのみなり。」					〈仏花〉から 「比喩」で記述。 （俗草） （“狭き門”）
（関連仏典等）	法華経 般若心経	臨済録	金剛般若経	般若心経	（“マタイ書”） **大乗起信論**

『大乗起信論』抄　馬鳴造、真諦訳　宇井伯寿・高崎直道訳注
岩波文庫　一九九四年

解釈分の顕示正義
〈原文〉「本覚義者対始覚義説、以始覚者即同本覚。
始覚義者依本覚故而有不覚、依不覚故説有始覚。」
〈読み下し〉「本覚の義は始覚の義に対して説き、始覚は即ち本覚に同ずるを以てなり。始覚の義とは本覚に依るが故に不覚あり、不覚に依るが故に始覚ありと説くものなり。」（二九頁）
〈現代語訳〉「〔衆生の心の本性は〕〈本来のあり方としてのさとり〉（本覚）とよばれる。…〈本来のあり方としてのさとり〉という意味は、〈まよいからのさとり〉（始覚）との対比で用いられるものであって、両者は〈さとり〉としては全く同じである。〔それにもかかわらず、〈さとり〉に二つの名を区別するのは、〕衆生はみな〈さとり〉を本来のあり方としている（本覚）のだが、現実には〔そのことを〕さとっていない（不覚）〔すなわち〈まよい〉の状態にある〕。この〈まよい〉があるから、〔修行によって、その状態をひるがえし〕はじめて覚る（始覚）ことが要請される。これが〈まよいからのさとり〉（始覚）の意味である。」（一八七頁）

〈図解〉

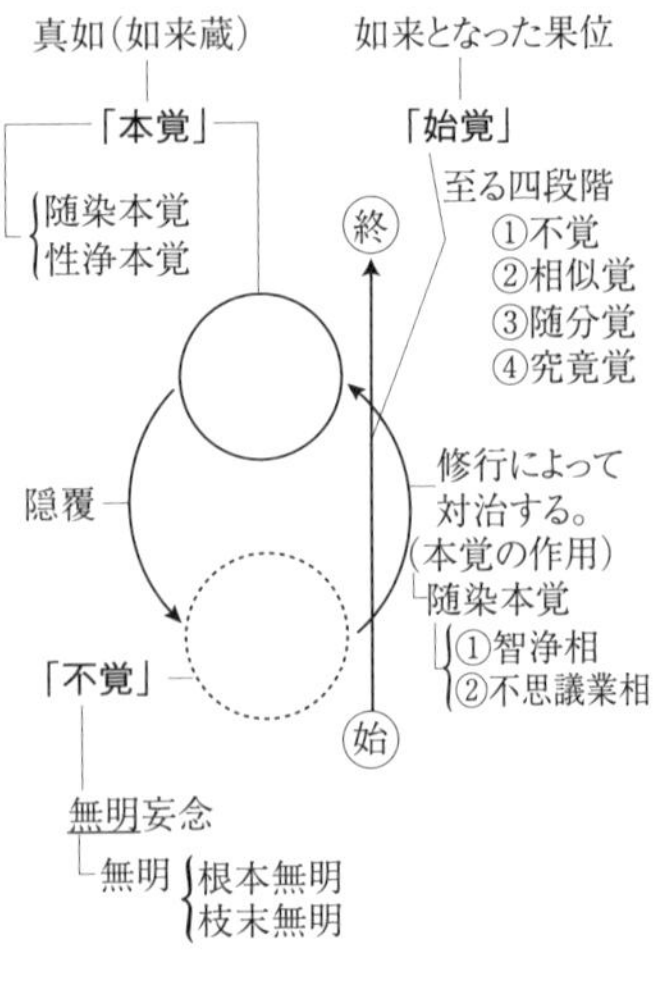

＊真如（如来蔵）
「離言真如」妄念からの言語の相から離れて、体である由るところの真に如くと。
「因言遣言《いんげんけんごん》」言語に由る真如ゆえ、真如という言語も遣る（排除する）。
「依言真如」似たものとして言語に従って、真如を表現せざるを得ず。

「狭き門」マタイによる福音書7章13—14「狭い門からはいれ。滅びにいたる門は大きく、その道は広い。そして、そこからはいって行く者が多い。命にいたる門は狭くその道は細い。そして、それを見いだす者が少ない。」（日本聖書協会、一九五四年訳）

第三章　道元の「現在」構造における唯識的解明

一　はじめに

坐禅を専一にする道元の「現在」を、深層の心をひたすら探ったとも言える「唯識」から解明することは、奇異ともとれる。前者は、言うなれば「不思量底、非思量」（薬山《やくざん》惟儼《いげん》）の「不立文字」で無念無想の考えることから遠ざかることなのに対し、後者は、心をどこまでも分析、関連づけ構造化しようとするからである。前者の直接・体験的な「直証」という「パチリの一瞬に一切あり」（「一弾指項、古今来」）に対し、後者は理論・体系的な「識一元論」での「三層八識」で解明しようとするからである。

しかし、道元は、「直証」の「只管打坐」による「修証一等」の「仏性」を明らかにするため、類の少ない大部な『正法眼蔵』九五巻（本山版）を遺し、表現者・理論家の側面も示した。この文筆家・思索家であったことから、二一世紀の我々も細部を窺うことができる。単に黙照禅であったなら、殆どの人に道元の思想は伝わらなかったか、あるいは更なる難解なチンプンカンプンの「禅問答」でなかったか。

そこで、直接・体験の「直証」であるところの禅表現・禅の思索を「時間」の「現在」に限ってではあるが、可能なかぎり「唯識」の力をかり、理論・体系化しようと試みる。ちょうど、幾何の証明で「補助線」を使うように、「唯識」の力を使ってみたい。あるいは、道元の「表舞台」をより納得できるように唯識の「舞台裏」を覗く、道元の「下敷き」にしてみたい。

道元（一二〇〇―一二五三）にとって、時間は「非連続の連続性」をもつと言えるが、そこで時制（tense）における「現在」の構造解明こそ肝要と言えよう。その解明を唯識派の「三法展転因果同時《さんぽうちんでんいんがどうじ》」の説から照らし出して、道元の「有時《うじ》の而今《しきん》」すなわち「現在」の構造を明らかにしようとするのが、ここでの狙いである。

道元にとっての時間は「非連続の連続性」というが、それはどういうことか。（第一章を踏まえ、承前とする）。その概要は以下のように纏められよう。

キリスト教からの宗教哲学者・波多野精一の主著『時と永遠』で説かれている時間論は人間学の三類型「自然的生」「文化的生」「宗教的生」に応じて三区分される。「自然的時間性」「文化的時間性」「宗教的時間性」である。前二者のうち「自然的時間性」がもつ「取り戻す術」のない不可逆的な現在の過去化というベクトルを顕す時間性すなわち、〝いま生ける人も過ぎ去り没していく時間性〟と、「文化的時間性」がもつ広義には歴史性である過去の現在化というベクトルを顕す時間性すなわち、〝過去があって現在があり、現在は未来に至るところの時間性〟とを照明として用いて、道元の時間論の解明を試みた。

すなわち「つらなりながら時々なり」(『正法眼蔵』「有時」の巻)をキー・フレーズとして取り出し、三分割して「つらなり」「ながら」「時々なり」として、「時々なり」を波多野精一の「自然的時間性」から照らし出し、同様に「つらなり」を「文化的時間性」から照らし出して考察してみた。「ながら」を波多野精一の「先験的同一性」に照らしてもみた。

平易に表現された三分割の「つらなり」「ながら」「時々なり」は、また「経歴《きょうりゃく》」「功徳」「前後際断」と道元では術語化されているのでないかと考察した。

なお、最小限の補足をすれば、「現在」と「存在」の乖離なき同義性は「有時《いうじ》相即」で道元と波多野精一に通底する。道元では「いはゆる有時は、時すでにこれ有なり、有はみな時なり。」(「有時」の巻)であり、波多野精一では「現に生きる即ち実在する主体にとっては『現在』と真実の存在とは同義語である。」(『時と永遠』第一章二)と言われているからである。すなわち「時」といい「現在」という時間性は、「有」といい「真実の存在」という存在性とは同義で「有時相即」と言えるのである。これに反する、今日の常識や科学一般にある「時間」と「空間」の先験的形式からの「有時乖離」すなわち「有時相対」ではないのである。

私達は勿論、常識や科学一般の中で生きてもいるが、そこで全ては充足しない。その充足しないところを哲学や宗教などが根源的に担うのは言うまでもない。常識や科学一般がその根源から批判されまた基礎づけられてきたのも、また歴史が物語ることである。

その前提で、平易表現の三分割「つらなり」「ながら」「時々なり」の前後表現は、「要をとりていはば、尽界にあらゆる尽有は、つらなりながら時々なり。有時なるによりて吾有時《ごいうじ》なり。」（「有時」の巻）なのである。

そこで、肝要な「現在」は、道元にどのような術語（テクニカル・ターム）として使用され、それはどのような意味合いで、それぞれがどう関わっているのかを、概ね予め明らかにしておきたい。

道元の「現在」は、まず「行持《ぎょうじ》現成《げんじょう》」、「有時《いうじ》の而今《しきん》」の術語として使用される。前者の「行持現成」は、「行持現成するをいまという。」（「行持」上の巻）と端的に表現され、その「いま」（今）は「行持」という〝修行を怠らずすること〟を現成せしめることと概略言えよう。一方、後者の「有時の而今」は、既にその言葉の中に「今」として「現在」は意味されていて、例えば「上山の時は有時の而今なり」（「有時」の巻）として去来の有無に関わりないところの「現在」は強調される。強調された「現在」と「存在」の合体即ち「有時」は、「而今」でもあるが「有時の而今」がより適切であり、そのように成るのは、「行持現成」を待ってのことと言えよう。従って、現在の「行持現成」が、「有時の而今」を現在させると言えそうだ。

次に、道元の「時間構造」は、キー・フレーズの「つらなりながら時々なり」であったが、「つらなり」は「経《きょう》歴《りゃく》」、……「時々なり」は「前後際断」と術語化したと関連づけた。「時々なり」の「前後際断は」、「前後ありといへども、前後際断せり。」（「現成公案」の巻）であって、それぞれの間際で断絶された「独立無伴」である。例示されている「たき木」では、「生木」が乾いて「たき木」となり、「たき木」に火がつけられ燃えて、「灰」となるというのが常識だが、「たき木」という「中際」に、「生木」という「前際」と「灰」という「後際」があるが、それぞれが断絶された「独立無伴」だというのである。それぞれがそれぞれの「位置」（「法位」）をもっている。安住している。人で言えば、人は生きては「生の位置」にあり、死しては「死の位置」にある。「不生不滅」である（なお関連として龍樹の『中論』の八不や「薪」では『中論』第一〇章がある）。

「つらなり」の「経歴」は、「経歴は、たとへば春のごとし。春に許多般《こたはん》の様子《やうす》あり、これを経歴といふ。」（「有時」の巻）とある。「経歴」は、例えば、春にあまた（許多般）の「様子」が、芽吹き、開花、としてあるように、この「様子」の一つ一つを言う。「一経」「一経」を部分として、「みわたす時節」の「経歴」がある。「時々」の「様子」である「みわたす時節」で、「すぎぬるにあらず」の「経歴」がある。従って、風雨が東西するように、時の推移と考えてはならないのである。時の推移なのではなく、「千峰万峰をみわたす時節」であり、「過去のパノラマ」（ベルグソン）とも考えられることである。

では、肝要な「現在」は、道元の「時間構造」にどう組み込まれるのか。換言すると、「現在」である「有時の而今」や「行持現成」は「つらなりながら時々なり」にどう構造化されるのか。どう「経歴」され、「時々なり」なのか。

端的に結論だけを示すと、「時々なり」の「前後際断」によって、「行持現成」が生じ、「行持現成」によって、「有時の而今」が顕れ、それらは「同時」の刹那「現在」において、生滅すると思われる。ところが、或るたままの滅した時が「異時」の発生で「異熟」されて「アーラヤ識」に留め置かれることがある、と言えよう。「同時」の現在が〝跳《は》ね〟（spring）（張る、春、泉）て「異時」という変化をもたらすと言えるようなことである。

以下において、この小論試みの展開を予め見ておきたい。まず、二では、唯識思想の現在を「三法展転因果同時」として、道具だての照明を考える。次に、三では、照らし出される道元の「現在」である「有時の而今」と「行持現成」を時間構造である「前後際断」と「経歴」で連結・構造化してみる。そして、四では、二の「唯識」と三の道元の「現在」を貫く構造のダイナミズムを明らかにしようとする。

道元の「現在」は、「異時」化する「経歴」を「相続」とした「アーラヤ識」に収納されるのではないか。ラセン状の「異時」変化を捉えられるのでないか。最後にまとめとして、ラセン状の「異時」変化を喩えて「ばね座がね」で考えてみたい。禅画やマンダラでみられる「円相」のバリエーションである。「ばね座がね」はスプリング状の座金で、ワッシャーとも言い、ボルトを締めるときナットの下に入れる薄い金属板で、円環の緩み止めである。「ばね座がね」の上面からは、二重同心円とみられるが、横面からは、「ばね」のある「座がね」で、そこにスプリングからのズレ（gap）がある。そのズレが入り口であり、出口である。呑み込まれ、吐き出す「異時」の出入り口であると考えられよう。

二　唯識思想の「現在」――三法展転因果同時

唯識思想の時間における「現在」は、「三法展転因果同時」として宗門では表現されている。宗門とは、窺基《きき》（唐代、玄奘に師事した。慈恩大師）の開祖になる法相宗《ほっそう》（唯識宗）で、日本では興福寺、薬師寺に継承され、玄奘訳の『成唯識論《じょう》』が基本書である。『成唯識論』は、世親（ヴァスバンドゥ）『唯識三十頌《じゅう》』を原典として、安慧《あんね》らインド十大論師の解釈を護法の注釈を中心として編集された漢訳本である。

ここでは、宗門の教義を解明するのではない。思想として、宗教哲学として、伝統的な術語を借用しようとするのである。「三法展転因果同時」の言葉は、『成唯識論』（巻二）にあり、それは世親の『唯識三十頌』（第一八頌）に「展転力」（玄奘訳）を元とした成語と言える。（**資料2**、参照）

なお「三法展転因果同時」と道元の「現在」について、次の言及が私の関心を喚起した。

「唯識の言を借りれば、かかる尽力経歴即尽界経歴、即尽時経歴は三法展転因果同時といわるべきであろう。」

（中山延二《のぶじ》『仏教に於ける時の研究』昭和一八年四月刊、百華苑、一六九頁）

まず、道元の「尽力」「尽界」「尽時」と唯識の「三法展転因果同時」を結びつける大胆さと博識に驚かされた。次に、道元にある「尽時経歴即尽界経歴、尽界経歴即尽時経歴」、また「時々の時に尽有尽界あるなり。」（「有時」の巻）から、「時間」（時）と「空間」（界）の相即は「有時相即」のバリエーションで容易に解るが、それに「力」を加え「尽力」は「尽界」だというのには更に驚いた。この小論が若し意義をもつとするならば、この驚きに発している。

「三法展転因果同時」とは何か？　その前に予め唯識思想の概要をデッサンしたい。唯識思想の骨組みを四つの柱で理解する仕方がある（梶山雄一『大乗仏典15　世親論集』一九七六年七月刊、中央公論社文庫版、四四七頁）（他に三つの理解では三枝本《さいぐさ》などあり）。ここでは、四本柱で解明する。

① 唯識無境：対象の世界（境）は無く、一切は唯だ心（「アーラヤ識」の本体と「種子」の作用）の表象である。一切種識の「識一元論」。なぜなら、人の心によって世界は異なって認識される。例えば「学校」。「学校」は、Aさんには試験で苦しんだ厭で「悔恨」の場所。Bさんには常時高得点で楽しかった場所。Cさんにはイジめられた「屈辱」の投石でもしたい場所。Dさんには仲間や先生から生きる自信を得た原点の場所。多くの人には、複合で一律ではない学びの場所（参照、一水四見）。様々である。世界が真なら、「学校」は人によって異ならない筈だ。異なるのは真でなく、心の表われ（表象）だから、となる。〝心の持ち様で世界は変わる〟で、肝腎なのは「心」で、「世界」ではない、となる。

② 三性説《さんしょう》：三性とは、「遍計所執性《へんげしょしゅう》」は「妄想されたもの」で、誤れる分別による。「依他起性《えたき》」は「他によるもの」で、主観・客観の分別（二取の見）から因果する相続。

　「言葉」で有るかのように執着する。
「円成実性《えんじょうじつしょう》」は「完全に成就されたもの」で、「妄想」「因果相続」から「離脱」すること。

③ 三層八識：八識の六識とは、

一「眼《げん》識」が、	六境で―色境、	六根で―眼根、	（感覚で―視覚を成す）
二「耳《に》識」	声境	耳根	聴覚
三「鼻識」	香境	鼻根	嗅覚
四「舌識」	味境	舌根	味覚
五「身識」	触《そく》境	身根	触覚
六「意識」（言葉、推論）	法境（一切法、現象）	意根（感官）	意識（概念的思考）

以上の六識は、六根で、六境（世界）を作る六識（心）と言える。それに以下の二識を加えて八識とする。

七「マナ識」（末那識）……睡眠、気絶、植物状態でも働く。フロイトの「個人的無意識」にほぼ相当。

八「アーラヤ識」（阿頼耶識）……一切万有を生む種子を蔵する。ユングの「集合的無意識」にほぼ相当。

④ 修道論：「根拠の転換」（転依《てんね》）を図ることで、「妄想」を否定し、根拠である「アーラヤ識」の「種子《しゅうじ》」を表象に過ぎないと直証し、「二取の見」からも離れ、大円鏡智に転換する、と説く。

では、足留めした「三法展転因果同時」とは何か？

簡要に言えば、「三法展転因果同時」とは、まず「アーラヤ識」に貯えられ働く「種子《しゅうじ》」が、〈種子生現行《しゅうじしょうげんぎょう》〉し、その「現行」が〈現行熏種子《げんぎょうくんしゅうじ》〉することで、深層の心である「アーラヤ識」の「種子」が原因となり「現行」を結果として生じさせ、その「現行《げんぎょう》」が今度は原因として「種子」に「熏習《くんじゅう》」、結果することを言う。これら因果は同時の刹那に生起する。一切は現象（表象）であるが、その本質なき現象は、深層の心である「アーラヤ識」の心的可能力である「種子」から生じてきて、現象が生じた瞬間にその現象は印象（impression）（刻印、痕跡、影響）づける「熏習」を「種子」につけ、これらは同時の現在である刹那に原因と結果として結ばれ生起している。「三法」とは、心的可能力である「種子」（ヴィージャ bīja）が生じさせる現象の「現勢的な行為や認識」である「現《げん》行《ぎょう》」（サムダーカーラー samudācāra）と、「現行」により「熏習」（ヴァーサナー vāsanā「習気《じっけ》」「潜在的残気」）される「熏《くん》種子」のこと、つまり「三法」とは、「種子」「現行」「熏《くん》種子」のことである。「展転《ちんでん》」とは「相互資助」することで、相互に助け合うこと、深層の心が「現勢的な行為や認識」である「現行《げんぎょう》」に表象されることを言う。「因果」は、〈種子生現行《しゅうじしょうげんぎょう》〉で種子が「原因」となり、現行が「結果」となって生じ、今度は〈現行熏種子《げんぎょうくんしゅうじ》〉で現行が「原因」となり、熏種子が「結果」となって熏習されること。「同時」とは、同じ時間の瞬間、刹那、今、現在のことで、異なった時間の別時ではない。そうすると、ここでは「現在・只今」のことを言い、過去や未来（将来）の別時でないことを言う。

次に、「三法展転因果同時」の成語は、『成《じょう》唯識論』（巻二）（玄奘訳）にあったが、その由来は世親（ヴァスバンドゥ）『唯識三十頌』の第一八頌にある。玄奘訳でみると以下のようである。

第一八頌：「由一切種識、如是如是變、以展轉力故、彼彼分別生、」

（「一切種識の是《か》くの如く是くの如く変ずるに由《よ》り、展転《ちんでん》する力を以ての故に、彼彼《かれ》の分別《ふんべつ》生ず」）（結城令《れい》聞《もん》『唯識三十頌』仏典講座一九、一九八五年四月刊、大蔵出版・新装版、二四四頁）（**資料2**、参照）

これを現代語訳では、「じつに識はあらゆる種子《しゅうじ》を持つものであり、相互の力によってかくのごとくかくのごとく転変する。それによってあれこれの分別が生じる。」（『唯識三十頌』第一八頌。三枝充悳《さいぐさみつよし》『世親』講談社学術文庫、二〇〇四年三月刊、二七七頁、横山紘一分担）とある。

「一切種識」とは、「アーラヤ識」（本識）に貯えられている「種子」を言う。法門で「功能差別《くのうしゃべつ》」（『論』）とされ、「能生自果」（同）の「名言《めいげん》種子」と「業《ごう》種子」に分けられる。注目したいのは「名言種子」が「等流習気《とうるじっけ》」で、〝現在の諸現象を生む〟のに対し、「業種子」が「異熟習気」で〝未来世の自己を形成〟するということで、前者が現在の今である「同時」を、後者が未来のズレ（gap）である「異時」（time lag）をなすことである。ズレは、喩えで平易に表現すれば、ワインの当年の新酒と年経たビンテージとも、また味噌など醸造での仕込みものと熟成ものとの対比ともとれよう。この喩えはグレードアップだが「業種子」の「異熟習気」は基本的にグレードダウンである。業に繫がれての輪廻転生、サンサーラである。「業種子」は、続く第一九頌で「業の習気」として相続される、と説かれる。

「是《か》くの如く是くの如く変ずる」とは、転変するのは、三縁（等無間縁《とうむけんねん》、所縁縁、増上縁）によるが、注目したいのは最初に挙げた「等無間縁」である。「等無間縁」とは、間が無いに等しく同時に縁ずることで、刹那生滅のこと。比喩では、一人しか渡れない丸木橋を「等無間縁一本橋」とか、また一方が上がると他方が下がる「天秤」が挙げられる。これなら確かに同時に刹那生滅だが、比喩のもつ限界も考えておく必要がある、と思う。ただ、思想史的には〝種子から芽出しを同時とする説〟（有部《うぶ》の立場）で、「未熟位」の種子は「熟位」に転じ、「変熟」して分別生じる、との解釈もされる。

因果同時である理由はどこにあるか？　それは「異類にして互いに不相違」だから差障りがないという。無礙だから因果同時である、という。

それに反し、異時の発生はアーラヤ識内で〈種子生種子〉として「相似て同類」だから、互いに差障りあるものとして因果異時である、という。

比喩では、米ソ対立は「相似て同類」の相並び立たずから、それに反して、米ソ対立解消後の米グローバル・スタンダードは「異類にして互いに不相違」だから差障りがなく同一化、同時化を進めると考えられよう。

「展転《ちんでん》する力」とは、アーラヤ識の「心的可能力」である「種子」が「現勢的な行為や認識」である「現行」を生むこと、かつその「現行」が熏習づけた「熏種子」をアーラヤ識に戻す因果の力を言う。また、見るもの（見、心）と見られるもの（相、心所）に二分される「現行」が「相互に資助し合うこと」を言う。

「彼彼《かれ》の分別《ふんべつ》生ず」で、「彼彼」とするのは、類が一でないからで、異類の異を表し、また「分別」とは、心が外界に「相」として表象することで、「現行」、一切法、三界（欲界、色界、無色界）の「生きとし生けるもの」（sattva 衆生、有情）の全世界である。（なお、唯識では原因と結果の因果で説く。空観（中観）の因縁生起の縁起で説くのとは少しく異なる）。

三　道元の「現在」構造――而今と行持現成の時間構造

道元の「現在」は、先に「行持現成」とも「有時の而今」とも表現されているとし、前者は「行持現成するをいまという。」（「行持」上の巻）で、後者は「而今」が直ちに今の「現在」であると、例示を「上山の時は有時の而今なり」（「有時」の巻）として根拠を示した。

では、次に両者の夫々の詳細と違いについて当ってみたい。

「行持現成」の「行持」とは、常に正しく怠りなく仏祖ブッダ以来の修行を護持することを言い、「現成」とは、今ここにある総てが真なるものとして現前に成就していること（一般的には「諸法実相」）と概略言えよう。

道元の主著『正法眼蔵』で、「行持」上下の巻にその「行持」についての考えが述べられる。

〝本当の生き方〟とは、道元にとり言うまでもなく、仏道であったが、その「仏道をならふといふは、自己をならふ也。自己をならふといふは、自己をわするゝなり、自己をわするゝといふは、万法に証せらるゝなり。万法に証せらるゝといふは、自己の身心および他己《たこ》の身心をして脱落《とつらく》せしむるなり。」（「現成公案」の巻）である。偽りみせかけのでない、真の生き方であるブッダへの道は、自己を反省し自覚していって、なおその自己を打ち捨て、打ち捨て忘れてなおあらゆるものから、それとして証明される自覚させられる悟らされるのが、その存在証明だが、それは自己だけでなく、他の自己をも通常に言う身心から脱け落ちるに至らしめるという。

この現在の「行持」が、過去の「行持」を「現成」させ、未来の「行持」を「現成」させる。ブッダ以来の「諸仏諸祖の行持によりて、われらが行持見成《げんじょうママ》し、われらが大道《だいどう》通達するなり。われらが行持によりて、諸仏の行持見《げん》成《じょう》し、諸仏の大道《だいどう》通達するなり。」（「行持」上の巻）であり、「過去、現在、未来の諸仏の行持によりて、過去、現在、未来の諸仏は現成するなり。」（同）なのである。「諸仏」は、人をはじめとした「生きとし生けるもの」（sattva 衆生、有情）の中で「かくの如く行ける人」完成者で、また「かくの如く来れる人」済度者となった「如来」（tathāgata 仏の尊称）である。だから、「一切衆生悉有《しつう》仏性」（「仏性」の巻）なのである。従来の「仏」になる「可能性」を表現した「仏性」という「一切皆仏性」（大乗の『涅槃経』）を、道元は「現前仏性」と読み込むのである。一切の「生きとし生けるもの」はことごとく、只そのままで「仏性」なのである。そのため「只管打坐」（『正法眼蔵随聞記』三―一二）のひたすら坐ること（行）があり、そのため一途であるから無駄が排除され日常の一挙手一投足（行住坐臥）が合理的に規定され、無常迅速の生活を無駄にしてはならないとなる。「大悟をまつことなかれ、大悟は家常の茶飯《さはん》なり。不悟をねがうことなかれ、不悟は髻中《けいちゅう》の宝珠なり。」（「行持」上の巻）。悟りを求めずとも日常茶飯事にあり、悟らないことも、もとどりの宝の珠のように隠れているから、格別に願う必要はない。求めず、願わず。行の打坐のみ。

そこで、道元は仏教史とでも言うべき列伝を、この「行持」の巻でブッダから六祖慧能、百丈、臨済、そして菩提達磨、二祖慧可、師・如浄と多くの諸仏諸祖の行持と手本を綴る。

次に、「有時の而今」とは直ちに今の「現在」であり、「上山の時は有時の而今」だったが、ポイントはどこにあるのか。

「而今の山水は古仏の道現成なり」（「山水経」の巻）と言う。今ここでみている山や川（水）は仏の道が現われ成った、と。我々には全く解らない。解らなくて当然である。神秘めかしたり、修行不足を指摘されては、引き下がるしかない。だが、こう考えると解るのではないか。唯識を挿入する。あるいは、既にあった「舞台裏」を覗く、「補助線」を引くことを発見すればよいのでないか。つまり、みえている総ての現象は外にあるのではなく、内なる八識にあるのであって、現象はそれの単なる表象だ。だから、山や川は八識として表象され、「一切種識」のアーラヤ識に貯えられ、それが「現行」しているのを見るのであって、それを「相続」して、今みている私は山と言い川と言う、と。常識、科学一般など総じて主観・客観の二分である分別から離れねばならない。識の相続という「識一元論」に徹底すれば、〝仏の道が現われ成った〟も解るのではないか。

唯識も『ダンマパダ』（『法句経』）などにあるように〝心が基〟〝心が主〟〝心が創造者〟などと、ブッダ以来の世界理解であってみれば、仏教にほぼ通底する基本思想と言えよう。また、その表現と言えよう。であるから、唯識からも道元の禅を解いてよいのではないか。

「而今」の「而」とは、「しこうして」「しかるに」「しかも」の義で、「しかして」と読むなら、接続詞の「そうして」「そうであるから」「なおその上に」ととれる。形而上学がmetaphysicsの訳で、語源のギリシア語では、もともとは編集の順序だったが、それが後には意味上の自然学physikaを〝而も〟、越えたmeta第一哲学として、井上哲次郎により『易経』（繋辞・上）から置き換えられたのは言うまでもないが、「ゆく河の流れは絶えずして、しかも（而も）もとの水にあらず」（『方丈記』）でも使われている。これらから、「而」は、〝ある節目〟を意味していると考えられるのではないか。そうだとすると、「而今」は、「即今」などと〝すぐに（即）〟と急がずに、「行持」を待って有時の「而今」でよいのではないか。

何故「而今」に注目するのか。それは「デジャ・ビュ」（déjà vu. 既視体験）とも言われる、初の体験なのに、既に何処かでみていたような感覚が多くの人にあるだろうからである。何処かでみたと思うが記憶を探っても解らない。生まれてこの方の感覚で得た体験・経験とは違う記憶（経験に先立つから「先験的記憶」とも言えようが）である。多くは、例えば「名画」の一風景（ゴッホの「烏の群れ飛ぶ麦畑」一八九〇年）とか、映画でシンボリックに収束する情景かもしれないし、音楽を聞いての身を滅ぼしてもよい体感かもしれない。

とするなら、ユングの言う無意識でも、個人や祖先の経験の遺伝ばかりでなく、動物的な過去の痕跡をも留めると言えまいか。

こう考えると「而今」が〝強調された現在〟の意味であると言ってよいであろう。「行持現成」がブッダ以来の行ないをまた踏み続ける、〝力めて止まず〟なのに対して、一種空間的な場で〝強調された現在〟こそが「而今」

ではなかろうか。特殊な可能力である「種子」に、熏習するエクスタシーでの「デジャ・ビュ」という何代にも繰り返されてきた業（カルマ、行為）の初原的な回想（記憶）かもしれない。それゆえ経験に先立つが、ア・プリオリな「先験的観念」と区別された「記憶」かもしれない。

「時々なり」の「前後際断」は、時の極められた根源的なありようと考えるのは容易であろう。空間的に整理され秩序化された〝空間的時間〟に対して、それは〝時間的時間〟と言ってもよい。

そうすると道元の「時間」で「現在」と表現されていることは、根源的な「前後際断」での「時」と、〝力めて止まず〟にしてエネルギー発露の「行持現成」での「力」と、空間的な場にして〝強調された現在〟の「而今」での「界」とに分けられよう。ここから、先に引用した「尽時」「尽力」「尽界」は首肯されてよい。

では、道元の「現在」であった「而今」と「行持現成」は、道元の時間構造であった「前後際断」と「経歴」とどう結びつくのか。それはほぼ接続を終了している。すなわち「前後際断」は前と後を断った独立無伴なので、自発的に発心も、修行も、或いはまた逆にそれをせず修羅のごとく（争いに明け暮れる）にも、畜生のごとく（本能のまま）にもまた可能である。人のあるべき道・倫理の始点は、ここに位置づけられよう。

「経歴」は、また後に触れることになるが「相続」のことで、心相続すなわち「八識」を継続していくことだが、それはアーラヤ識で〈種子生種子〉の異時が発生することに、その源がある。

四　道元と唯識思想の「現在」構造——而今と三法展転因果同時

これまで道元の「現在」を、〝強調された現在〟の「而今」と〝力めて止まず〟の「行持現成」とで捉えた。それと道元の時間構造での「前後際断」と「経歴」とで関連づけた。

また、唯識思想の「現在」である「三法展転因果同時」は、〈種子生現行〉と〈現行熏種子〉の夫々で因果するも同時であった。その「種子」は言葉・概念を繰り返す「名言種子」である。だが一方で、アーラヤ識内でたまたまの〈種子生種子〉が「業」をもつ「業種子」として〝並び立たずの同類〟であるため、時が発生し、その発生が繰り返されることで継続され、すなわち「相続」がなされる。時が発生するとは、同時を空間上の平板で表現するなら、平板からのズレ（gap）の発生である。タイム・ラグ「異時」が誕生する。その誕生が繰り返される継続が「相続」である。心の相続、八識の相続で、その源にアーラヤ識がある（第一九頌は「諸々の業の習気と二取の習気倶なるによって」として、輪廻転生・サンサーラする所以を説く。煩悩強く、解脱難し、を説く）。

このアーラヤ識の「相続」が瑜伽《ゆが》行《ぎょう》唯識派の人々にとり、「余されたもの」として、空観で徹底できなかった残余の課題で、安慧（スティラマティ）には「識の転変は事物として存在する」とまで言わせ主体性の「相続」を肯定する答えとなった。つまり、数ある『般若経』の「経典」群を「論書」とした龍樹の『中論』は、八不など畢竟空で、空に徹底していたが、ヨーガを行い現象の「相」に注目した人々は「余された」自己の主体に苦しみ、それをアーラヤ識に発見し、唯識思想を固めていったと言えよう。インドの大乗仏教で、二大学派とされる「中観派」と「唯識派」の対立は、このように対立しながら継承されたのであろう（しかし、同根もある、と思う）。

それでは、道元と唯識における「現在」の対応関係を次に整理してみたい。

［道元］	［唯識］	［メモ］
「前後際断」（「時々なり」）	「種子」	「時」、根源時間（時間的時間）

「行持現成」	「現行」	「力」、実践（倫理、政治、歴史）
「而今」	「熏種子」	「今」、宗教的、芸術的

「行持現成」は、もとより道元では〝本当の生活〟である仏道修行と、それを伴う生活・行の外にない。そこからの逸脱は説かれない。一途の成道と遅れて来たるものへの解説・教導である。そこには、今日の私達のもつ、哲学、倫理、法律、政治などの区分はない。一つの仏道があり、逸脱したものには、一つの仏道に戻ることの、解説・教導があるだけ、と言えよう。

「行持現成」によって、師から弟子への「師資相承《ししそうしょう》」がなされ、仏祖の大道は「行持道環なり」（「行持」上の巻）であって、「一日の行持、これ諸仏の種子《しゅうじ》なり、諸仏の行持なり。」（同）なのである。

五　まとめ――「ばね座がね」の喩え

ブッダの直接の言葉に近いものとされる原始仏典の中に『ダンマパダ』（『法句経』『真理のことば』）がある。その冒頭は、次のようである。

「ものごとは心にもとづき、心を主とし、心によってつくり出される。もしも汚れた心で話したり、行ったりするならば、苦しみはその人につき従う。一車を引く牛の足跡に車輪がついて行くように。」（ブッダ『真理のことば』中村元訳、岩波文庫、一〇頁）（他に類似として、『ブッダの感興のことば』中村元訳、岩波文庫、二七五頁。梶山雄一『大乗仏典15 世親論集』前掲版、四三三頁など）である。ここでの〝ものごとは、心に基づき、心を主とし、心で創造される〟とは、ユダヤ教、キリスト教の神であるヤーウェが一切を創造し、支配し、圧倒する他者であることを考えるなら、前者が〝内在〟の極致と言うなら、後者は〝外在〟の極致と言えそうだ。ここから世界を創造し、その根拠をなすのは、仏教が〝心〟なら、キリスト教は〝神〟と言えよう。

ここで、「心」は「唯識」のことである。（梶山前掲版ではジャック・メイの指摘を紹介）。「識の転変」（ヴィジュニャーナ・パリナーマ）で、八識の刹那生滅を繰り返し、アーラヤ識の源が他の七識を動かし、それによって動かされて展転する因果が相続される。

また、先にみたように、道元には仏祖ブッダ以来の「行持現成」「行持道環」の大道が自覚されていた。道元の「現在」である「而今」は、「前後際断」する根源的時間の自由で、「行持現成」の力めているところに現われる。それらは、平面の円盤状のようなところでの「現在・只今」の現われである。因果同時である。

ちょうど、唯識で、〈種子生現行〉が〈現行熏種子〉するところの、つまり「種子」が「現行」を「現行」が「熏種子」を熏習するところの転変のバリエーションと考えることができる。「種子」「現行」「熏種子」の「三法」が、相互に資助し合う「展転」する力で夫々の「因果」が「同時」に生滅する。「三法展転因果同時」である。

ところが、この「同時」がズレ（gap）て「異時」化することがある。アーラヤ識内で、並び立たずの同類が、〈種子生種子〉として「業種子」を生み出す。この「業種子」が、「二取の習気」（主観と客観）とつるんで「相続」をする。ここに心の継続する時間が生まれる。ズレの「異時」はラセン状に昇るとも降るとも時を繋ぐ。吐きかつ吞む出入り口がズレの「異時」のスプリング（跳ね、張る、春、泉）である。このような「相続」が、道元では「経歴」と表現された。

このちょうど「ばね座がね」に比喩されることが、道元の「現在」である「而今」と、唯識の「三法展転因果同時」にあるのではなかろうか。

　最後に、従前試論の「串団子」と、今回の「ばね座がね」比喩を整理するなら、「串団子」の「串」は、「ばね座がね」の「穴」として「経歴」「相続」を表現し、「団子」の「前後際断」は、「ばね」のない単なる「座がね」を表現していた。それが跳ねた、と言えよう。

資料1　類似用語メモ

「有時」（いうじ、うじ）	「有事」（ゆうじ）：災害有事など
「経歴」（きょうりゃく）	「経歴」（けいれき）：履歴など
「時々」（じじ）	「時事」（じじ）：時事解説など
「修行」（しゅぎょう）	「修業」（しゅぎょう）：板前修業など
「種子」（しゅうじ、しゅじ）	「種子」（しゅし。古くは、しゅじ、とも）
「現行」（げんぎょう）	「現行」（げんこう）：現行法規など
	「現業」（げんぎょう）：現業部門など
「相続」（そうぞく）	「相続」（そうぞく）：遺産相続など
「唯識」（ゆいしき）	「唯心」（ゆいしん）：華厳の三界唯心浄土の「唯心の弥陀」
	「唯心論」：idealism, spiritualism で世界の本体を物でなく精神と。
	「唯我論」：solipsism 独我論。実在を自我とその所産とする。意識の立場。

資料2　世親著・玄奘訳『唯識三十頌』（全文）

世親菩薩造

稽首唯識性　滿分清淨者　我今釋彼說　利樂諸有情、

1 由假說我法、　有種種相轉、　彼依識所變、　此能變唯三、
2 謂異熟・思量・　及了別境識、　初阿賴耶識、　異熟、一切種、
3 不可知執受、　處了、常與觸・　作意・受・想・思　相應、唯捨受、
4 是無覆無記、　觸等亦如是、　恆轉如暴流、　阿羅漢位捨、
5 次第二能變、　是識名末那、　依彼轉緣彼、　思量爲性・相、
6 四煩惱常俱、　謂我癡・我見・　幷我慢・我愛、　及餘觸等俱、
7 有覆無記攝、　隨所生所繫、　阿羅漢・滅定・　出世道無有、
8 次第三能變、　差別有六種、　了境爲性・相、　善・不善・俱非、
9 此心所遍行・　別境・善・煩惱・　隨煩惱・不定、　皆三受相應、
10 初遍行觸等、　次別境謂欲・　勝解・念・定・慧、　所緣事不同、
11 善謂信・慚・愧・　無貪等三根・　勤・安・不放逸・　行捨及不害、
12 煩惱謂貪・瞋・　癡・慢・疑・惡見、　隨煩惱謂忿・　恨・覆・惱・嫉・慳・
13 誑・諂・與害・憍、　無慚・及無愧、　掉擧・與惛沈・　不信・幷懈怠・
14 放逸・及失念・　散亂・不正知、　不定謂悔・眠・　尋・伺二各二、
15 依止根本識、　五識隨緣現、　或俱或不俱、　如濤波依水、
16 意識常現起、　除生無想天・　及無心二定・　睡眠・與悶絕、
17 是諸識轉變、　分別所分別、　由此彼皆無、　故一切唯識、
18 由一切種識、　如是如是變、　以展轉力故、　彼彼分別生、
19 由諸業習氣・　二取習氣俱、　前異熟既盡、　復生餘異熟、
20 由彼彼遍計、　遍計種種物、　此遍計所執　自性無所有、
21 依他起自性　分別緣所生、　圓成實於彼　常遠離前性、
22 故此與依他　非異・非不異、　如無常等性、　非不見此彼、
23 卽依此三性　立彼三無性、　故佛密意說　一切法無性、
24 初卽相無性、　次無自然性、　後由遠離前　所執我・法性、
25 此諸法勝義、　亦卽是眞如、　常如其性故、　卽唯識實性、
26 乃至未起識　求住唯識性、　於二取隨眠　猶未能伏滅、
27 現前立少物　謂是唯識性、　以有所得故　非實住唯識、
28 若時於所緣　智都無所得、　爾時住唯識、　離二取相故、
29 無得不思議、　是出世間智、　捨二麁重故　便證得轉依、
30 此卽無漏界、　不思議善常、　安樂解脫身、　大牟尼名法、

已依聖教及正理　分別唯識性・相義、
所獲功德施群生、　願共速證無上覺、

最初の一頌を「宗前敬叙分」と云い、最後の一頌を「釈結施願分」と云う。この両頌は世親のものでなく、註釈家の付加にかかるもの、而してその中間の三十の頌を「依教広成分」と云い、この部分がまさしく世親造のもの。『唯識三十頌』と云えば、的確にはその部分だけでなければならぬ。

〔結城令聞《れいもん》『唯識三十頌』'85年、一二頁〜〈佛典講座一九〉大蔵出版〕

資料3〔図解〕

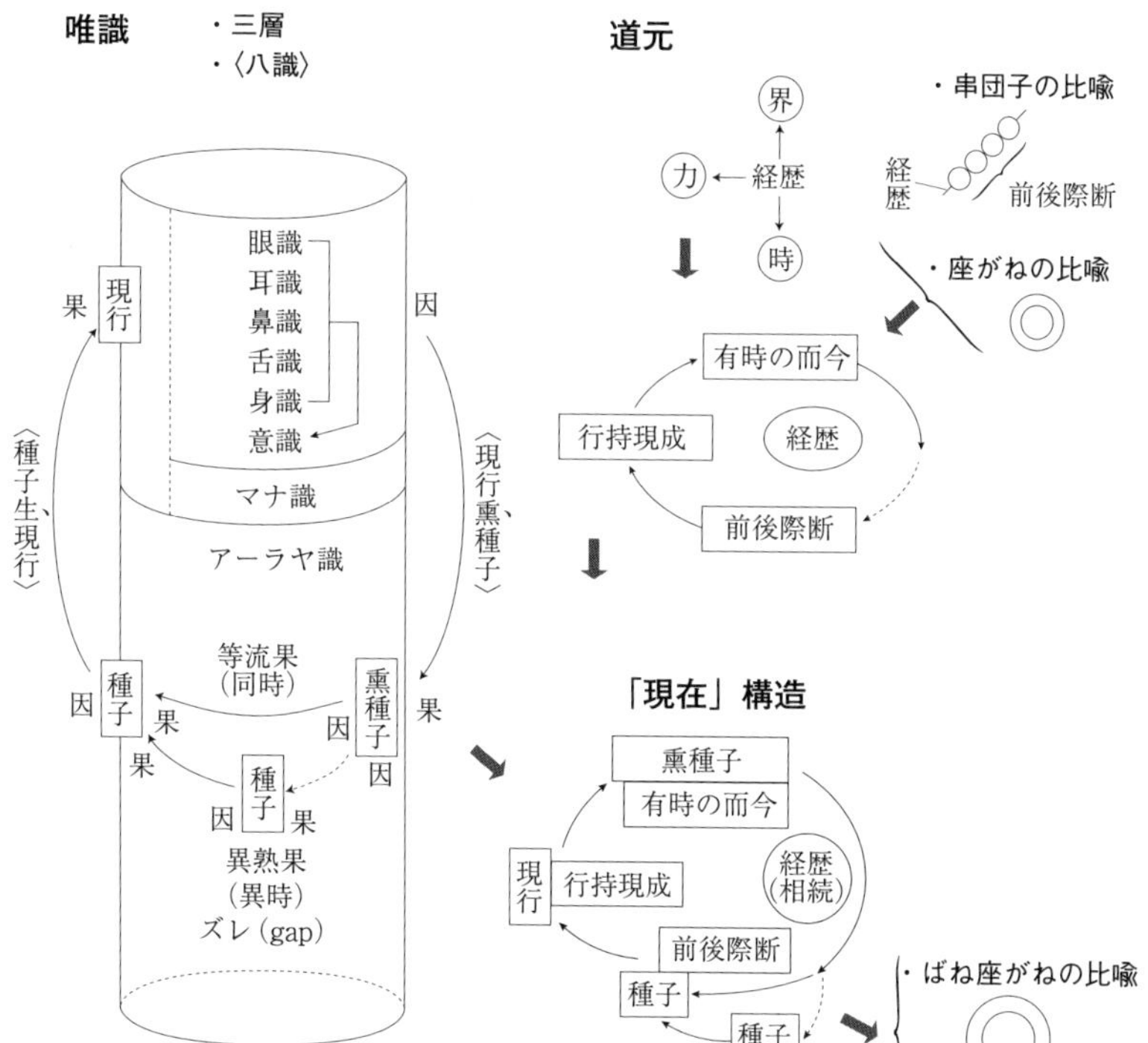
唯識
・三層
・〈八識〉
眼識
耳識
鼻識
舌識
身識
意識
マナ識
アーラヤ識
現行
果
因
〈種子生、現行〉
〈現行熏種子〉
種子
因
果
果
等流果
(同時)
熏種子
因
因
種子
因
果
異熟果
(異時)
ズレ(gap)
〈三法展転因果同時〉
道元
界
力
経歴
時
・串団子の比喩
経歴
前後際断
・座がねの比喩
有時の而今
行持現成
経歴
前後際断
「現在」構造
熏種子
有時の而今
現行
行持現成
経歴
(相続)
前後際断
種子
種子
・ばね座がねの比喩
・ラセン的運動

第四章　道元の「而今」と華厳の「隔法異成」

一　はじめに

道元（一二〇〇―一二五三）は〝強調された〟現在を「而今《しきん》」と表わすが、その「而今」に「現在する永遠」を読み込もうと、華厳思想の中に探るのが、ここでの主たる狙いである。従来、その「而今」は、「永遠の今」（the eternal now）と表現されたりもするが、ここではむしろ逆に「今の永遠」という意味で、「現在する永遠」（present eternity）を捉えようとする。端的なその理由は、神が（時間を含め）総てを創造し、救済する「一回史観」ではなく、神の創造した地平（虚無）に立って、無終の永劫で、現在する瞬間に永遠を捉えようとする、からである。それはまた、神なる「永遠者」に〝触れる〟永遠ではなく、只今の一念に〝現在する〟永遠、「心地《しんち》に現在するのみ」（智儼《ちごん》）にして「顕用《けんよう》」（法蔵）するところの「性起《しょうき》」の「起」でもあろう。「永遠の時間が一瞬に収まり、一瞬が永遠の時間を包む。」（『六十華厳』第一三品）と言い得るところの「一念摂劫《せつごう》、劫摂《ごうせつ》一念」（同第二二品）である（この第二二品は「十地品《じゅうじほん》」（品は章または編）だが、所謂『十地経』のことで、ここに華厳思想の中心がある、と言ってよいであろう）。

道元は「只管打坐」を勧める。只ひたすら坐れ、と（『普勧坐禅儀』）。遠く、古代インドに『ヨーガ・スートラ』というヨーガ（瑜伽《ゆが》）を説いた本がある。そのヨーガの意味は〈結合 combination〉〈制御 control〉〈集中 concentration〉などの意味を含み、語源は「（馬などに）くびきをかける」ことだ、という。〈集中 concentration〉は　con- の接頭語が「共に」を強調して〈集める〉を centra-tion「中心化」することとすると、センターに心を焦点化することと言えよう。中心に心を集める、そのセンターとは、中心とは、何か。後にはなるかもしれないが、マンダラ（『時輪曼荼羅』カーラチャクラマンダラ）と解して、その大枠の「一円相」とも、「円頓《えんどん》」とも、更には、「ゼロ」（0）である「空」（śūnya）とも考えてよいのではなかろうか。

『華厳経』に「如来性起品」という重要な品（章または編）がある。元来独立の経典だったのが『華厳経』に、その編纂時に組み込まれたという。その「如来」が何故に、自身の「性格」（仏性）を起こしたのかを説いたもの。「如来」は、もとより「如去《にょこ》」（「かくの如く行ける人」）の完成者が、折り返して衆生済度のために「如来」（「かくの如く来れる人」）になったこと、を言う。「如来」は「仏」と同義で尊称。この「性起品」に「…ジナの子よ（仏弟子よ）、如来の知恵はあらゆるものに浸透している。」（第四相）とある。仏性は衆生に浸透していて、「一切衆生悉く皆如来の知恵徳相を具有す。ただ妄想執着あるのゆえに証得せず。」（『註華厳法界観門』）とも言われることである。有名な「一切衆生悉有仏性」（大乗の『涅槃経』）のことと言えよう。

また、この「性起品」に「三千大千世界を一微塵に含む」（第四相）という有名な言葉があって、小さな塵一つに、広大無辺の世界を宿しているという。それはまた「一微塵の中に普く三世一切の仏刹を現ず。」とされ、仏の国をも宿しているという、小さな塵一つにである。

ただ、ここに〝煩悩存続・修行無限〟とでも言い表わしたい言説が、『華厳経』の中でも最も重要な「十地品」の、しかもその第九地（善慧の地）でみられる。即ち「煩悩が……遠く最高の禅定にいたるまで存続することを、あるがままに如実にさとる。」、「それを滅する諸修行が無限であること」とある（また第四地にも類似表現。以下「十地品」は荒牧典俊訳に概ねよる）。

ついでながら、「十地品」の初地（歓喜の地）は、発心であるが、これを〝仏性の目覚め〟の歓びとすると、第九地に至るもなお、「煩悩が……存続する」とは、まさに道元が「修証一如」（「修証一等」）としたことと同じでないか。〝すでに修の証であるから、証に終りなく、証の修であるから、修に始めなし〟（弁道話）。煩悩を滅する実践（修行）とは、エンドレスに仏性を確認した上でのプロセスではないか。ここには、始めは終わり、終わりは始め、というような事態がある。砂漠や荒野で、隊商はリーダーに率いられ既に詳細な調査の上でのキャラバン前進は、未だ出発しないうちに既に到着しているという、このことと同じである（「十地品」初地。「入法界品」）。「始覚」は「本覚」に同じという『大乗起信論』も同じ事態であろう。ここでは、歩いても、歩いてものアルファはオメガである。

何を言っても通用しそうな華厳の思想は、「融通無礙」と言われ「重々無尽」と言われ「一即多　多即一」と言われる。イージーな印象さえある。これはどこに由来するのか。

多分「空」に由来すると思う。我々は、「有」と「無」は朧げながら知っている。天上へ突き入るように壮麗に聳え立ったニューヨークの「貿易センタービル」は写真で知っていて、その後に現われた現地の「グラウンド・ゼロ」の更地も知っている。ツインタワーの儚き「更地」を実見もした。現代ニューヨークの『方丈記』かとも覚える。

西欧のそして米国の思想は本当のところ「無」「虚無」を知らない。「無」を言ったサルトルでさえ虚無に近づきながら、直ぐにアンガージュマン（参加）へと戻り、「有」に就いたと言う（西谷啓治）。

「有」と「無」「虚無」を仮に知ったとしても、「空」は更に知らない。有無と平角（一八〇度）にあるのが「空」で、有と無の二辺を否定するところに「空」は出る。それは有と無、それら二つが無い「無二の路」とも言う。有るで無く、無いで無いのが空である。紙面で譬えるなら、上方を有とし、下方を無とイメージすると、その裏が「空」に相当する。

「ありの実も梨も一つの木《こ》のみにて、食うに二つの味はなし」と古来言う。あり（有）の実（梨のこと）も梨（無し）も一つの木のみにて、食う（空）に二つの味はなし（異ならない）。

二　華厳の思想

華厳思想の大成者である法蔵（六四三―七一二）の主著『華厳五教章』に「十世隔法《じっせきゃくほう》異《い》成《じょう》門」がある。これは「十玄縁起」として説かれたものの一つで、後の著書『探玄記』にも再出する。

もとより『華厳経』は、紀元前後にインドで成立した大乗の経典群の一部を三～四世紀頃にホータンあたりで編纂したもので、巻数から『六十華厳』、のち増広した『八十華厳』、『入法界品《にゅうほっかいぼん》』のみの『四十華厳』がある。現存するサンスクリット原本は、独立していた『経』が二書あり、のち「十地品」「入法界品」として『華厳経』に組み込まれた。漢訳に晋訳と唐訳があり、邦訳も大乗仏典第八、第一二巻等でなされている。

法蔵は、唐僧で、祖父がサマルカンドの人、教相判釈《はんじゃく》を主著『華厳五教章』で行ない、①小乗教（阿含）、②大乗始教（中観、唯識）、③大乗終《じつ》教（起信論）、④頓教（維摩）、⑤円教（華厳）と整理し華厳思想を大成した。

華厳の思想を理解するために、次の三点から概略ではあるが整理しておきたい。

1　「相即」「相入」

2　「縁起相由」

3　「十玄縁起」の「隔法異成」

1　「相即」「相入」

「相即」は、私なりに要約すると〝事象は空に包摂された体の己なし〟のこと。

例えば、「有る」と「無い」は対立しているが、この対立はみかけ上のことで、本当のところは、互いに融けあって一つのことを言う。有無の相対は本当のところ空に包摂され一体のものを表わしているのに過ぎない。そこに、「空」である自己主張・実現の有るでもなく無いでもない「虚心」「無心」がある。このようなものとして〝母の子への愛〟（母子愛）とか、〝他の苦しみが己の苦しみとなる〟〝他の喜びが己の喜びとなる〟（共感、シンパシー）、友情とか、男女愛などが挙げられる。また、物では合金のブロンズが銅と錫の夫々の性質を虚しくしてブロンズになり、またハンダが鉛と錫の性質を共に虚しくしてハンダになる事が「相即」と言えよう。

法蔵は、「十銭の比喩」（『華厳五教章』）を使う。それは自然数の1を取り出し、1が1であるのは虚の如く空となった他の2、3、4…が1に含まれるからで、1は他の自然数の全体を空化させることで1を表わしている、という。自然数の2を、また3を取り出しても同様に言えるという。天からしんしんと舞い降りる見事な多結晶のぼたん雪が、〝溶けて流れりゃみな同じの雪片〟とも比喩できようか。

この「相即」は、何故に可能か。それはこうでなかろうか。有為転変する事象に、そのママ密着即応して、予めもった型を、例えば予め固めた言葉やロゴスや論理をもたない、一時の安心や生命保身・維持・拡大の欲求をもたないから、と。予断なく、虚しく聞く科学的態度や芸術家の態度に時折みられるもの。ア・プリオリな形式を挿入（einhinlegen）しない、「自己を運び」込まない態度であり、曇りなき鏡のような心と言える（仮に持ち込む言葉やロゴスや論理も、仮に留まる）。「松の事は松に習え、竹の事は竹に習え」（芭蕉）でもあろう。

例えば、「木を見て森を見ず」とは細部にこだわり、大局をみないことを言う。だが遠くから「森を見て木を見ず」もまた大局をみて細部をみない片寄り、偏見と言えよう。木と森の両方を如実に表わす言葉がみつからないので、一方の木か森か、どちらかから言わざるを得ないのである。言葉に囚われても現実生活は差し支えないので我慢している。しかし、本当は、木のイデアを解除し、森のイデアを解除し、更には森を支えている大地のイデアを解除し、地球のイデアを解除し、詰まるところ我慢せざるを得ない不完全な言葉ゆえに言葉のイデアを解除せざるを得ない。解除すべきものを総て解除して、解除の後の真を得る。言葉を追い遣り真を得る。真を得たならば、我慢許容の仮は仮として許容する。この事態を「因言遣言《いんげんけんごん》」（『大乗起信論』顕示正義）と言う。真は言葉に因らざるを得ないが、真を得たなら、言葉は仮のものとして追い遣らざるを得ない（今日的に、観察者からの表現としても、同じであろう。そこに、絶対者の目はない。せいぜい遠近法 perspective に我慢せざるを得ない）。

法蔵が、則天武后に説いた「金の獅子」を、獅子とみるか、金とみるか（『金獅子《こんじし》章』）。また、『六相円融《ろくそうえんゆう》』で説く「家屋」を、「総相」の家全体とみるか、「別相」の柱とみるか、の同一事態であろう。

次に「相入」に移る。「相入」は、私なりに要約すると〝主伴の相関依存で作用する己あり〟のこと。先の相即の「十銭の比喩」で考えると、1＋1は、本来1＋1であって、＝2ではない。けれども＝2となるのには由あってで、その理由が「相入」なのである。1の中に、2、3、4、5…を従わせ、伴っている（具有している）から、＝2が答えとして可能となる。1という主に、2、3、4、5…を従わせ、伴っている（具有している）ところの、相関依存で作用しているから、1＋1＝2が成立する。そのことは、1ばかりでなく2にしても、3にしても、同様である。

「相入」は、主伴の相関依存なので解りいい。例えば主人の義経に仕える、弁慶という従臣がいて、また主人公のドン・キホーテに仕える、サンチョパンサという従士がいて、主伴の相関依存が明らかである。ところが仮に、これを或るシナリオにして、主人公を従者の弁慶やサンチョパンサとして脚色することも可能である。そうすると今度は反対に義経とドン・キホーテは、脇役となり、立場は逆転する。主伴は交替する。これが「相入」である。

生物界では、アリがアブラムシを保護し、代わりに分泌物を得る共利共生がある。また、人間の排出した二酸化炭素を植物が光合成で利用し、野菜を人間が食する循環などが挙げられる。

歴史上、戦国時代の下剋上は「相入」の端的な例であろう。そればかりか、近代的市民社会での、自由である個人の対立関係も深刻である。互に狼ともなる。「万人の万人に対する戦い」（ホッブス）と言う。個人は自己の保存と拡大を目指す。他と競争し、勝ち抜くばかりか圧倒し、時として闘争し抹殺する。跋扈する小さな神々をも思わせる。「食え、それでなけりゃ食われろ。これが問題だ。」（ストリンドベリー）とか、「そうなると世界に正しい者と不正な者がいるのではなくて、主人と奴隷がいるだけになる。」（カミュ）、「Herr oder Knecht」（芥川龍之介）、「人間―狼か羊か」（フロム）など。

近代的市民社会は、自由である個人を理性的な自立した人間として確立しようと努めた。個人の対立関係を、社会契約説などからルールを作り守ることで解消しようとした。幸福の追求をここからしようとした。勿論そこに政治や経済が機能するが、経済でみると今日の新自由主義はこの問題をクリアに、赤裸々にした。仮面の下に潜む利用する者を暴き出し、その素面を知った利用されている者を白日のものとした。あるいは、しようとしている。民主主義での合意形成で、全くこの問題を克服できないとは言えないとは思うが、多くの困難もある。何故か。

明治期「自己本位」の立場を夏目漱石は講演で宣言したが、それは近代的市民としての日本での宣言として当然であろうし、そして悲劇的に芥川がこの問題を継承したと私には思われる。そこから漱石の「則天去私」は果たして解決になったか。近代的市民を支えるエゴイズムと理性が共に問題化している。

近代人のエゴイズムの問題は、理性の限界をも示した。またニーチェは、生活、文化、歴史、世界を支えていた「神の死」を白日のものとせざるを得なかった。故に神が瀕死の危篤状態とみられている。そこで、「神」の探索もある。例えば、暗号と化した世界に「神の足跡」（vestiga dei）を解読しようとするヤスパースや、「記憶」に「希望の秘義」を見出そうとするマルセルや、神の「蝕」（eclips）を現代だとするブーバーなどである。

この困難性は、西欧の「神」問題であるばかりか、私達にとり仏教世界の「空」問題でもあるように思われる。「相入」を考えることは、近代人のエゴイズムの問題を考えることであり、それは大きな「神」問題ばかりでなく、小さな「神々」問題でもある。そして、「空」問題でもあろう。

2　「縁起相由」

「縁起相由」に移りたい。

法蔵の『探玄記』に、縁起成立の理由を説く「縁起相由」がある。この「縁起相由」は、次の①〜⑩として十義から成り、「相即」「相入」を含む。これは、続く「隔法異成」の論理構造を示す。また「縁起相由」は後に出る「法界無礙縁起」を構成する。以下、私なりの概略を付す。各括弧で〈ブッダ〉、〔道元〕、（和辻）と夫々の思想のキー・ワードを関連づけ、私釈をメモしてみた。

①諸縁各異：唯一無二性（かけがえのなさ）。個性の自性〈無師独悟〉〔時々なり〕（個人）。

この唯一性は、末尾の⑩に連なり、「縁起を成ずる」。かくて「相即」「相入」そして「異成」している。

②互遍相資《ごへんそうし》：相関依存性。①の因に対する縁。多の中の一。一切の一。〈初転法輪〉〔つらなり〕（間柄）。

③倶存無礙《くぞんむげ》：包摂媒介性。①因②縁で果。①個別性と②関係普遍性を包摂・媒介する。〈祇園精舎〉〔ながら〕（全体）。

以上が肝要。①の原因に、②縁じて、③結果が生じる。「因縁生起」（略して縁起）。以下は簡略に。

④異体相即：異体とは依存する待縁、相由のことで、それが相即する。〈飲食〉
⑤異体相入：異体が、相入する。主伴が相関依存の作用するが已ある。〈接待〉
⑥体用双融《たいゆうそうゆう》：体と用の関係から、相即と相入を説く。体が用を摂し総て相即。用が体を摂し総て相入。相即と相入が円融一味なる無礙世界。〈食事〉
以上が異体門の総括。
⑦同体相入：同体とは独立する不待縁、不相由で、それが相入する。〈説法〉
⑧同体相即：同体が、相即する。事象が空で包摂され已なし。〈拈華微笑《ねんげみしょう》〉
⑨倶融無礙《くゆうむげ》：体と用の倶融から、自在無礙を説く。〈師資相承《ししそうしょう》〉
以上が同体門の総括。
⑩同異円備：前の九義を総合し、同体と異体を相即・相入から一大縁起を成ず。
先頭①の唯一性は、かくの如く重々無尽に〈法界無礙縁起〉を成ず。
かくて、次の「十玄縁起」の「隔法異成」が成立する。

3　「十玄縁起」の「隔法異成」

「十玄縁起」の「隔法異成」に移る。

法蔵の主著とされる『華厳五教章』にも、この「十玄縁起」はあるが、それを後に整理した『探玄記』での「新十玄縁起」の順序によってみる。以下に、概略を付す。
〔1〕「同時具足相応門」：同時に一切を鏡に写す。各自の本位だが調和の世界。

〔2〕「広狭自在無礙門」：無際無限の広が分限歴然の狭に自在無礙。本位一念。
〔3〕「一多相容不同門」：一は多に相入り、本位だが同じでない。また多入一。
〔4〕「諸法相即自在門」：一即多、多即一の相即を円融無礙から。一即一切。
〔5〕「隠密顕了倶成門」：金獅子の譬で、獅子だけみるなら、金は隠。逆も又。
〔6〕「微細相容安立門《みさいそうようあんりゅうもん》」：微細の一微塵、一毛穴にも縁起あり。大小で壊さず。
〔7〕「因陀羅網法界門《いんだらもうほっかいもん》」：インドラ網の目に宝珠をかけ、照らす光明は重々無尽。
〔8〕「託事顕法生解門《しょうげもん》」：事象に託して、真は顕かと。一即一切、一切即一。
〔9〕「十世隔法異成門《じっせきゃくほういじょうもん》」：過、未、現の三世を夫々三分し九世とし、総句で十世。
〔10〕「主伴円明具徳門」：主となるも伴となるも自性清浄心《じしょうしょうじょうしん》の円明。逆も又。

ここで、「時間」に関してみるべきは、〔1〕「同時具足相応門」と〔9〕「十世隔法異成門《じっせきゃくほういじょうもん》」である。同時は時の表現の一つであり、十世も過・未・現の各三分と総句との十で時間表現である。

〔1〕の「同時具足相応門」は、後に続く九門の総説である。仏祖ブッダが正覚した境地を顕すという。海が凪いだ鏡のようなてかてかの表面に一切を映現している。てかてかの海面のミラーは一切事象を同時に顕現している。それは、あたかも写し絵のごとくである。パノラマの如くである。あるいは一炊の夢の如く、一瞬・刹那の走馬灯のようである。時間の同時に、彼れと此れが相依り相成じ一大マンダラを成している。蓮華蔵世界を成すという。各自は夫々の本位にある。そうでありながら、本分全うされ包括された調和の世界にある。時間に前後、始終《しじゅう》はない同時だが、順序に逆があっても整然として混雑しない（「自在逆順《ぎゃくじゅん》、参而不雑」）。「海印三昧炳然《へいぜん》同時顕現」（解《げ》釈門《しゃくもん》）。

「時間」に関して最も重要なのが〔9〕の「十世隔法異成門《じっせきゃくほういじょうもん》」である。先の「同時」を仏祖ブッダの正覚で、時間の「十世」として展開する。タイトルの「隔法異成」がここにある。

「十世隔法異成門」の「十世」とは、過去、現在、未来の三世を夫々三世で分節し、九世とし、更にそれら九世を相即・相入する一の総句とし、合わせて称する。次のようになる。念のため、存在と時間は別体ではない「有時相即」。「時無別体、依法而立」（『華厳五教章匡真抄』ほか）。また、過・未・現の順はインド的な順序表現。

過去
- 〔1〕過去の過去
- 〔2〕過去の未来
- 〔3〕過去の現在

未来
- 〔4〕未来の過去
- 〔5〕未来の未来
- 〔6〕未来の現在

現在
- 〔7〕現在の過去
- 〔8〕現在の未来
- 〔9〕現在の現在

［三世《さんぜ》］　［九世］　九世を即入する［総句］とで［十世《じっせき》］

「此の十世は、具足別異、同時顕現して縁起を成ずるがゆえに即入するを得るなり。」

「此十世具足別異同時顕現成縁起故得即入也。」（鎌田茂雄『華厳五教章』二九四頁参照）

注を付してみる。

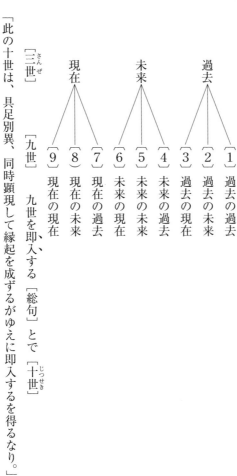

「十世」：前図のように、九世と、九世が即入する一の総句で、合わせて十世。
「具足別異」：別異を具足していることで、別々のこと。「隔法」のこと。
「同時顕現」：同時に顕現していることで、同時のこと。「異成」のこと。
「縁起」：「法界無礙縁起」を成立せしめていて、先の「十玄縁起」であり、その論理的根拠の「縁起相由」である。
「即入」：先の「相即」「相入」のこと。

法蔵は、この「十世隔法異成門」を説く根拠として『華厳経』の「十地品」等から引用する。

「或いは長劫を以て短劫に入り短劫を以て長劫に入る。或いは百千大劫を一念と為し、或いは一念を即ち百千大劫と為す。或いは過去劫を未来劫に入れ、未来劫を過去劫に入る。」（「或以長劫入短劫〔以〕短劫入長劫或百千大劫為一念〔或〕一念即〔為〕百千大劫。或過去劫入未来劫未来劫入過去劫。」）

「一微塵の中に於て普く三世の一切の仏刹《ぶつさつ》を現ず。」（「一微塵中普現三世一切仏刹。」）

法蔵は、このように『華厳経』から、ここでは二つの趣旨を採る。一つは、一念から百千大劫という「時間」の「時劫無礙」「渾融」であり、二つは、仏刹という仏国土の「存在」を一微塵にみて、微細から一切無辺への普遍であり、かつ「時間」を伴う有時相即の統合である。「時間」を問うは、「存在」を問うという当然をする。

補注するなら、「一念」とは、極めて短い時間で、六〇刹那（クサーナ）とも九〇刹那ともされ、一指弾の間は六五刹那との説もある、という。一瞬間である、目の一回瞬く間ともいう。更に一刹那はまた1／75秒、〇・〇一三秒ともいう。刹那（クサーナ）の対義語が「劫」（カルパ）。「劫」（カルパ）とは、極めて長い時間の単位で、宇宙の生滅などで使う。成劫《じようごう》、住劫、壊劫《えごう》、空劫の四劫や永劫回帰など。

要約すると、法蔵が、ここで説くのは「一念摂劫、劫摂一念」の「時劫無礙」で、一つは「過去劫が未来劫に入り、未来劫が過去劫に入る」の〝時制（tense）表現〟であり、二つは「長劫が短劫に入り、短劫が長劫に入る」の〝前後運動数（length）表現〟である、と整理できよう。

ただ、『華厳経』（「十地品」）で「一念摂劫、劫摂一念」と表現されたのを、法蔵は『探玄記』で「三世即一念、一念即三世」と劫を三世と言い換えている。更に、三世は九世へと拡大し、総句とで十世としている。そこで十世と劫とはどう違うか、それとも同じか。よくは解らない。しかし、こう考えることもできようか。

それは、「一念」という極めて短い時間は、今日の表現では、むしろ「無限小」で、「ゼロ」でないか。「一念」は刹那（クサーナ）と同義語としてよいのでないか。とすれば、その対義語が「劫」（カルパ）で、「劫」は「無限大」でないか。「百千大劫」の「百千大」を強調の形容として良いかどうかの問題はあるが、表現意図は「無限大」でよいのでないか。とすると、「無限小」の「ゼロ」は、「無限大」に包摂される。「無限大」は「ゼロ」の「無限小」に包摂される、となる。〝０＝∞〟としてよいなら、捕らえ難いものを微分していき、捕らえるように逆に積分していくのと同一の事態があるのでないか。というのは、「ゼロ」は、また「空」のことでもあるからである。ここから「一切皆空」と言い得るか。つまり、色は空に包摂され、空は色に映現される、とも言い得るか。

三　道元の「而今」と華厳の「隔法異成」

道元の主著『正法眼蔵』の「有時」の巻に、道元の時間論は集中的に展開されている。

道元の「時間」とは、「存在」と切り離せない。「いはゆる有時は、時すでにこれ有なり、有はみな時なり。」（「有時」の巻）と「有時相即」である。この一体である「存在」と「時間」の「有時」を、先に、華厳の思想では「時に別体なし、法に依って立つ」と確認した。また「時と法と相い離れざる」（「時與法不相離」匡真抄）ともされる。

この「有時相即」は、仏教に限らず、またキリスト教の哲学者である波多野精一（一八七七―一九五〇）にもみられる。即ち「『現在』と真実の存在とは同義語である。」（『時と永遠』第一章）としてである。ここには、常識や科学からのア・プリオリな、時間は先天的な形式で、空間と共に、存在に枠を与えるという考えはない。ニュートン、カントの絶対時間はない。「有時乖離」はない。

道元の「時間構造」を波多野精一の時間論から闡明しようと試みたのが本書第一章である。概要は、道元の言葉「要をとりていはば、尽界にあらゆる尽有は、つらなりながら時々なり。有時なるによりて吾有時なり。」（「有時」の巻）の「つらなりながら時々なり」をキー・フレーズとして取り出し、「つらなり」「ながら」「時々なり」と三分割して、「つらなり」に「経歴」を、「ながら」に「功徳」を、「時々なり」に「前後際断」の意義を読もうとした。その際に、波多野精一の「文化的時間性」、「先験的同一性」、「自然的時間性」を照明として用いた。まとめとして、「串団子」を比喩として挙げ、「串」が「つらなり」に、「団子」群が「時々なり」に、両者の接着の役割「媒介性」が「ながら」に照応する、と考察した。それはまた、「非連続」の「時々なり」「前後際断」であり、「連続性」の「つらなり」「経歴」でもある、とした。

道元の「現在構造」を唯識思想の「三法展転《ちんでん》因果同時」から闡明しようと、続けて試みたのが前章「道元の『現在』構造における唯識的解明」である。

概要は、道元の「有時の而今」に代表される「現在」の構造を、唯識思想の「三法展転因果同時」から照らし出そうとした。「三法展転因果同時」は、世親（ヴァスバンドゥ）の主著『唯識三十頌《じゆ》』を基として、護法『成《じよう》唯識論』

からの宗門での成語である。そこで、道元の「前後際断」―「行持現成」―「有時の而今」の「現在」の構造を、唯識思想の「三法展転因果同時」から照らして、「種子」―「現行」―「熏種子」として読み取り得て、併せて「同時」でない「異時」gap の生まれる「異熟果」をサンサーラ（有為転変）とできるのでないか、として試みた。それを、比喩としては「同時」を「座がね」に、「異時」gap を「ばね座がね」にみて、「座がね」を圧縮された「団子」としてもみた。

それでは、今までの道元「時間」試論を、更に華厳の照明で、どう映るかを考えてみたい。まずは関連する道元の時間表現を挙げる。

道元は、時間について常識的な見解（ある時点でA、ある時点でBという客観的時間）を示してから、「しかあれども、道理この一条のみにあらず。」と言う。

しかあれども、道理この一条のみにあらず。いはゆる山をのぼり河をわたりし時にわれありき、われに時あるべし。われすでにあり、時さるべからず。時もし去来の相にあらずは、上山の時は有時の而今なり。時もし去来の相を保任せば、われに有時の而今ある、これ有時なり。かの上山渡河の時、この玉殿朱楼の時を呑却せざらんや、吐却せざらんや。
（「有時」の巻六段）

現代語訳を、末尾部分で要点のみを次に引用する。違いに注目しておきたい。
西嶋和夫訳：「……時が、…現在を呑み込んで…吐き出して…いないだろうか。」
高橋賢陳訳：「……時には、今の…時を内蔵して…、今の時には前の時を放出したのである。そうではないとどうして言えよう。」

増谷文雄訳：「……時は、…時を呑み去り、また吐き出すのであろうか。」

念のため、原文のポイントを抄出する。

「かの上山渡河《じょうざんとか》の時、」「この玉殿朱楼《ぎょくでんしゅろう》の時を」「呑却《たんきゃ》せざらんや、吐却《つうきゃ》せざらんや」

「呑却」の「呑《の》む」と、「吐却」の「吐《は》く」をどう捉えるべきか。両者一体の「呑吐《たんつう》」の問いである。

まず、常識的には、「呑む」は、息、水、茶、酒、気などを飲むことであり、「鵜呑み」「固唾を飲む」「清濁併せ呑む」などと使われる。一方の「吐く」は、息、言葉、飲食物、気などを吐くことであり、「嘔吐」「気を吐く」「吐血」などと使われる。

この「呑吐」は、また鼻・口では、息を吐く「呼」と息を呑む「吸」との「呼吸」である。また口・排出では、「排泄」と飲食物「摂取」との「摂取・排泄」でもある。また言葉の発声（口）や聞き取り（耳）としても考えられよう（なお「呼吸」については、「吐く」のが大切と説く『大安般守意経』アーナパーナサティスートランが経集部にある）。

ここから身体的「呑吐」は、つまり、人間の個々は、「交点」あるいは「通過点」、ないしは「管」でもあろうか。「入口」で「出口」である「交点」とは、先の「舒摂同時」という法蔵『探玄記』の言葉を想い出させる。すなわち「舒」は「のびる、のばす、のべる」であり、「摂」は「とる、かわる」であり、「同時」は「おなじ時間」のこと。「入口」の「呑」は「摂」で、「出口」の「吐」は「舒」としてある。同じ事態を、こうも法蔵は説く。すなわち「舒《（のぶ）》れば則ち九世を該《（か）》ね、巻けば則ち一時に在り。此れは巻即舒なり。舒又即ち巻なり。」（『華厳五教章』第六—一）。

まとめれば、「舒摂同時」は、「呑吐同時」にして、「出入口同時」であって、それはまた、目の瞬く開閉の一瞬間の「瞬間同時」のことではないだろうか。始めは終りであり、終りは始めである。アルファはオメガであるエンドレスのキャラバン前進がここにもある、と言えよう。別異を具足して同時に顕現している「隔法異成」がある。てかてかの海面のミラーは同時である。

また、道元は「有時」の巻（九段）で次のように述べている。

有時に経歴の功徳あり。いはゆる今日より明日へ経歴す、今日より昨日に経歴す、昨日より今日へ経歴す。今日より今日に経歴す、明日より明日に経歴す。経歴はそれときの功徳なるがゆゑに。

ここで、経歴のベクトルとして、読解の問題で一部は解決し、一部は残っていた。すなわち解決したのは、「昨日より今日へ」「今日より明日へ」を波多野哲学の「文化的時間性」として解明し、「今日より昨日に」を「自然的時間性」として解明した。一部残った課題は、「今日より今日に経歴す、明日より明日に経歴す。」である。どう解すべきか。

（これを、時の流れ、経過の歴史としている解釈もあるが、私には腑に落ちない）ここにこそ、〝現在より現在に〟そして予想されるかもしれない〝未来より未来に〟を「而今」として「一念摂劫、劫摂一念」「舒摂同時」である「呑吐同時」と採ってよいのでなかろうか。「隔法異成」でなかろうか。

更に、道元は「有時」の巻（第一一段）で次のように述べる。

いま世界に排列せるむま・ひつじをあらしむるも、住法位の恁麼なる昇降上下なり。ねずみも時なり、とらも時なり、生も時なり、仏も時なり。

念の為に、現代語訳を一例引く。西嶋和夫訳：「現にこの世に排列されている午とか未とかの時刻を実在させるところのものも、宇宙秩序の中に厳然と座を占めた『いい難き何物か』の昇降であり上下である。」

では「昇降上下」に注目すると、それは、どういうことか。それで「住法位の恁麼《いんも》なる昇降上下なり。」の現代語訳をみる。「そのものがそのものとしてある、それぞれのあり方である。」（高橋訳）。「また物のありようをもって時の上り下りにあてている。」（増谷訳）。最初の現代語訳では、「宇宙秩序の中に厳然と座を占めた『いい難き何物か』の昇降であり上下である。」だった。ここから「昇降上下」とは、末尾訳の「『いい難き何物か』の昇降であり上下」なのか。今一つである、と思う。

そこで、こう考えてみてはどうだろうか。先に唯識思想の「三法展転因果同時」で、同時でなく「異時」gap 化することを「異熟果」としてみた。すなわち生死するサンサーラである時間の流転をみた（『頌』一九）。これが、「『いい難き何物か』の昇降であり上下」つまり「昇降上下」でないか。サンサーラは、流転とも、輪廻転生とも、流転輪廻とも、流転生死とも、言われることで、有為転変でもある。時間のズレ gap の発生である。同時 gapless の不調である。

生死する輪廻転生の時間は、言うまでもなく「客観的時間」ではなく、「歴史」の時間でもない。むしろ、主体的、実存的な時間である。しかし、この主体的、実存的な時間は全く「客観的時間」や「歴史」と接しないのではなく、「現行」（唯識）や「行持現成」（道元）として接するのでないか。三界虚妄の分別された「歴史」は、いうなれば秀吉の「露と落ち梅雨と消えにしわが身かな、難波の事も夢のまた夢」（辞世の句）と詠んだこと、難波の「大阪城」という「歴史」に輝く権力のシンボルのことも「夢のまた夢」でなかったか。メメント・モリ（死を想え）とは、この句を詠んだ時点に立つことではなかろうか。

四　永遠と「現在する永遠」

通常言われている「永遠」と、ここで解明しようとしている「現在する永遠」の違いをまず明らかにしたい。

通例の「永遠」は、凡そは、滅びないでいつまでも続く不滅で、無始・無終の永久としてよいだろう。今少し細かくみると、次の二例が代表であろう。

まず、プラトンは、「時間は永遠の動く影像である。」（『チマイオス』37ｄ）と言う。「永遠」は、本質がイデアの性格であると考えられ、そのイデアが光で照明されてできる影が、虚ろに動く現象の世界の影で、その動きが時間のことだと言う。人は不完全ゆえに完全のイデアを思慕して（憧憬 Erōs）、時間の中で「永遠」を求める、と。「無時間性」（Zeitlosigkeit）の「永遠」である。

次に、キェルケゴールの「永遠の今」はどうか。キェルケゴールは、現在を「永遠のアトム」として「瞬間」に捉え、それを「時の充実」とした。決断の自由を通しての、この「時の充実」は、未来的である。永遠者である神の面前で、単独者が「現在」に「永遠者」を受け入れ「瞬間」は確立され「時の充実」は達成される。実存は、このような可能な自己になる未来的なこととしてある。永遠の今は、時間の中では、ただ瞬間において永遠に〝触れる〟こととしてある（また「無終極性」は拙著『時間と対話的原理――波多野精一とマルチン・ブーバー』三八頁～参照）。

以上の二例の概要から言えることは、「永遠」がまず在って、「今」「現在」がある事である。イデア・神がまず在って、「今」「現在」がある。その反対ではない。

反対は、「現在」「今」がまず有って、「永遠」がある事であり、それをここでは、「現在する永遠」と表現したのである。「現在する」は、「心地《しんち》に現在するのみ」（智儼《ちごん》『捜玄記』）にして「顕用《けんよう》」（法蔵『探玄記』）するところの「性《しょう》起《き》」の「起《き》」である。「現在」あっての、「現在」から働きかけられるところの「永遠」である。「現在における永遠」である。

従って、先の「永遠の今」は、むしろ「今の永遠」と表現すべきこととなる。「永遠あって一瞬ある」のではなく、むしろ「一瞬あって永遠ある」と言えよう。こんこんと湧き出る「永遠の泉」（Eternal Spring）が、その一瞬であろう。

次に、歴史観から考えてみたい。そこで、「救済史観」（「一回史観」）と「回帰史観」（「循環史観」）に留意したい。「救済史観」（「一回史観」）は、一回限りで救済が完結するというキリスト教のもので、三世紀頃から文献に現われているると言う。「神の天地創造」に始まり、「人類の原罪」─「救い主の降誕」─「罪の贖い」─「救いの完成」という、神の恩寵と人間の自由意思の協働によって完成されることを言う。このバリエーションとして、ルソー、カント、ヘーゲルなどの歴史観がある。例えばカントでは、「本能的善行為」─「喪失」─「罪意識」─「罪克服」─「意識的善行為」─「理性王国」で、完成となる。

一方、「回帰史観」（「循環史観」）は、循環する運動つまり、同じ事の繰り返しが歴史であると言うもの。ギリシアの哲学者や近代の自然主義者にみられる。エンペドクレスを例にとると、自然の要因である、地・水・火・風の四つのリゾーマタ（根）があり、これらが「愛 philia」と「憎 neikos」で結合・分離されていくのが歴史だとする。つまり、「愛、憎」─「憎」─「憎、愛」─「愛」─……と無限のサイクルを描くとする。

「回帰史観」は、「救済史観」が「進歩」「目的」を認めるのに反し、それらを認めないため努力が無駄になり徒労と化す。人為性が稀薄となり、宿命論的になり勝ちである。

従って、神の死から仮象と化した現実の歴史に向かっては、「進歩」「目的」の無い、徒労の時間の中で、生きる以外に術はない。ニーチェのように「ニヒリズムの最極端な形式」の「永遠回帰」に、「さらば、今一度！」となしうるか。

詮ずるところ、ここには救済で完結する「一回史観」もなければ、同じことが繰り返され循環する「回帰史観」もない。むしろ、ここには「今のサンサーラ」があるだけ、強いて言えば「サンサーラ史観」（「流転史観」）があるだけと言ってよいであろう。そのサンサーラ、流転をどう克服するかが次の課題である。

そこでの問いは、次のこととなる。「サンサーラ史観」で、あなたは「今のサンサーラ」、別言すれば「今の永遠」を保っているか。この問いかけである。

比喩としては、「コイルばね」で、ラセン的に動く「昇降上下」はサンサーラ（流転、輪廻転生）を成す。その断面は、「座がね」の比喩ともなり、等流果の「同時」でモークシャ（解脱）を意味していよう。菩薩は「座がね」であり得ながらも「ばね座がね」である。「菩薩は、有為（流転）を滅尽させず、無為（解脱）の中に自らを固着させない」（『維摩経』一〇）からである。菩薩の語源からも、菩提薩埵は、bodhi が覚、悟りの知恵、解脱で、sattva が有情、衆生、生類、生きとし生けるもの、流転であり、従って仏（如来）と衆生の両義性をもつ。

五　まとめ

道元の「而今」の背後には、『華厳経』を基とした、法蔵による『華厳五教章』などの華厳思想を読むことができるのでないか、と試みてきた。それは、「現在する永遠」としてである。つまり、道元の「行持現成するをいまという。」の「今」には、「上山渡河の時」があり、それが強調されて今となり「而今」となるのではないか、としてである。「上山渡河の時」は、「呑吐《たんつう》」の時でもあり、華厳思想の「舒摂《じょせつ》同時」でもあった。キャラバンのスタートで、上山し渡河してのゴールである。「一念摂劫、劫摂一念」の「時劫無礙」である。三世は九世・十世として、別々でありながら同時に「縁起相由」から縁起を成ずるところの「隔法異成《やくほういじょう》」である一念としてである。ここには、「只管打坐《しかんたざ》」を旨とした「今のみの永遠」を坐っている道元の姿がみてとれないだろうか。

中世キリスト教社会の戒め「死を想え memento mori」は、近代にはむしろ「生を想え memento vivere」に転換したと私には思われるが、脚下には「如《じょ》を想え memento tathatā」が沈滞層化していると、思われる。「如《じょ》」は現前する「空・無自性《むじしょう》・縁起」ゆえに「ぬかるみ」でもあるのだが、咲く華もある。

〈付〉図解

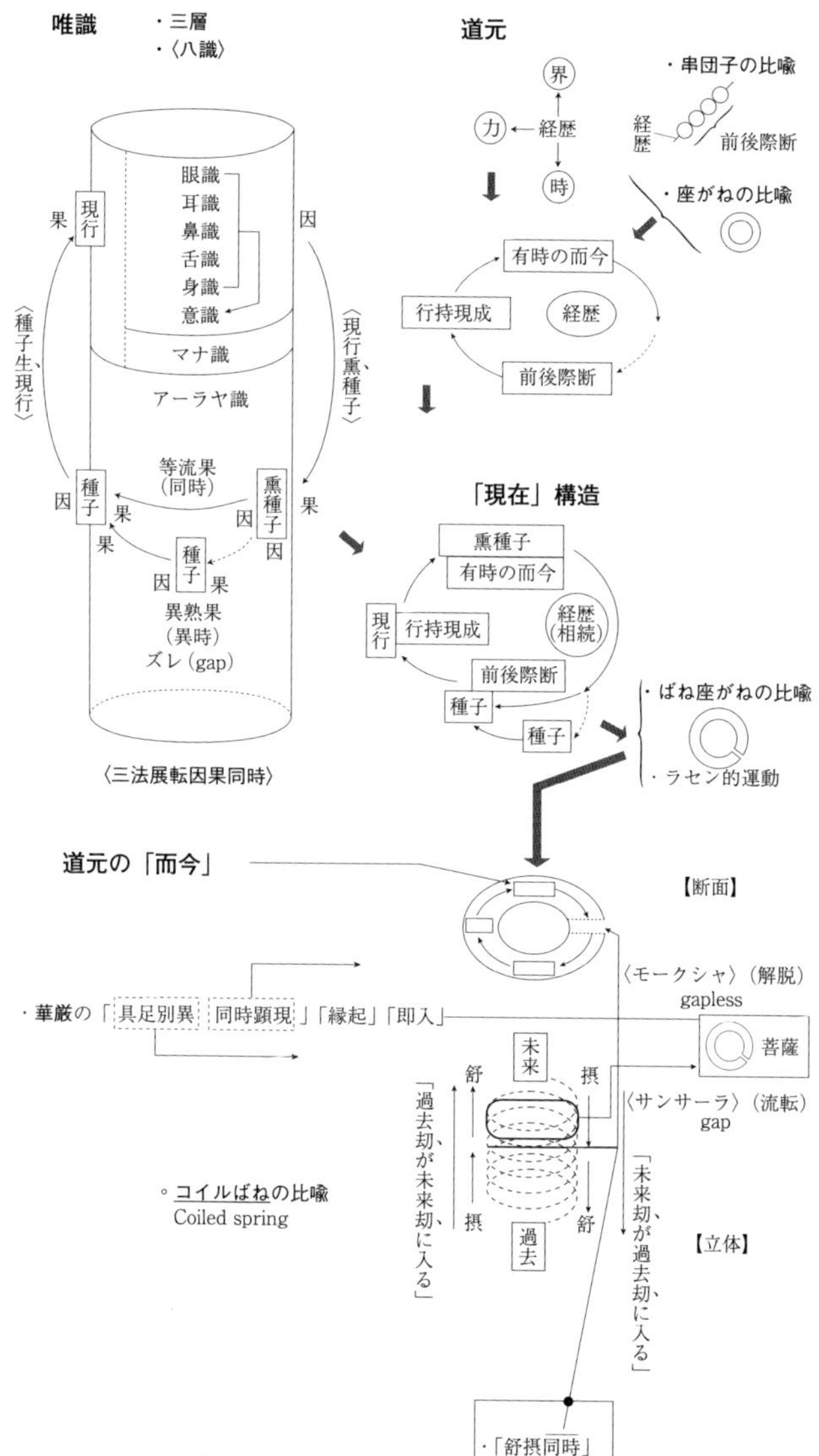

唯識
・三層
・〈八識〉
眼識
耳識
鼻識
舌識
身識
意識
マナ識
アーラヤ識
果
現行
因
〈種子生現行〉
〈現行熏種子〉
等流果
(同時)
熏種子
種子
因
果
種子
異熟果
(異時)
ズレ(gap)
〈三法展転因果同時〉
道元
界
力
経歴
時
・串団子の比喩
経歴
前後際断
・座がねの比喩
有時の而今
行持現成
経歴
前後際断
「現在」構造
熏種子
有時の而今
現行
行持現成
経歴
(相続)
前後際断
種子
種子
・ばね座がねの比喩
・ラセン的運動
道元の「而今」
【断面】
〈モークシャ〉(解脱)
gapless
・華厳の「具足別異」「同時顕現」「縁起」「即入」
菩薩
未来
舒
摂
「過去劫が未来劫に入る」
〈サンサーラ〉(流転)
gap
「未来劫が過去劫に入る」
摂
舒
過去
【立体】
。コイルばねの比喩
Coiled spring
・「舒摂同時」
・「一念摂劫、劫摂一念」

第五章　道元の言葉「前後ありといへども、前後際断せり」と「即非の論理」

一　道元の言葉
二　「即非の論理」
三　時の空性
〈付〉　図解

道元の時間について、その考えを解明しようとしているが、ここでは、「即非の論理」（鈴木大拙）と、それが典拠とした『金剛般若経』の「空性」からの考察を試みる。

一　道元の言葉

道元（一二〇〇―一二五三）は、もとより日本曹洞宗の開祖で、鎌倉時代に生きた。その思惟は主著『正法眼蔵』などに盛られる。『正法眼蔵』の「現成公案」の巻第十段にまず着目し、少々長いが次に引用したい。

たき木、はひとなる、さらにかへりてたき木となるべきにあらず。

しかあるを、灰はのち、薪《たきぎ》はさきと見取すべからず。

しるべし、薪は薪の法位《ほうゐ》に住して、さきありのちあり。

前後ありといへども、前後際断せり。灰は灰の法位にありて、のちありさきあり。

　かのたき木、はひとなりぬるのち、さらに薪とならざるがごとく、
人のしぬるのち、さらに生《しやう》とならず。

しかあるを、生《しやう》の死になるといはざるは、仏法のさだまれるならひなり。このゆゑに不生《ふしやう》といふ。

死の生《しやう》にならざる、法輪《ほうりん》の定《さだ》まれる仏転《ぶつてん》なり。このゆゑに不滅といふ。

生も一時のくらゐなり、死も一時のくらゐなり。

　たとへば、冬と春とのごとし。冬の春となるとおもはず、春の夏となるといはぬなり。


（岩波文庫版（二）一九九〇年、五五頁〜。なお引用者が三分割し、《薪灰論》《生死論》《冬夏比喩》として纏め、改行した。註解全書版、増谷版、本山版、日本思想体系十二版等僅少異のみ）

「たき木」（薪木）すなわち「まき」（薪）という燃料木材を燃やして、のちその燃え滓を「はひ」（灰）と表現する。その過程について特段のことはない。この特段のなさを使って、特段ありとする。ひとまず、「外計の常住」（私記）とされもする常識に沿いながら、しかして真義に及ぼうとする。

燃焼の過程を「時間」で考える。出来事から独立したニュートンの絶対時間ではない。出来事にある時間で、ライプニッツの時間、「時に別体なし」の時間をいう。燃焼の時間は「不可逆」で過去化する。取り戻す術のない「覆水盆に返らず」また「綸言汗の如し」の時間だ。薪は燃えて灰になる。落謝する「自然的 phusis 時間」だ。

だが、その反対に灰は薪にならない、と言う。この「灰」は今の此れの具体を言う。一般化した言葉の「灰」とするのは過誤であろう。すなわち「灰」は肥料となり、肥料は種子を育て、芽吹き、成長を促し、木となりついに

薪となる、とするのは過誤であろう。特段はない。他方、観念化されたメモリーの過去からの整理された時間をここでは言わない。時計・暦や年表の広く歴史の時間、つまり「文化的時間」(波多野精一)をここでは言わない。まだ特段はない。

しかし「しかあるを、」灰はのち、薪は先とみて取ってはならないという。特段ありだ。燃焼過程の否定だ。その特段は薪は薪の法位(自性の位置)にあること。それは灰も同じで、「時々」の非連続、断絶を言う。「過程」の連続、「つらなり」としてみてはならないと言う。

つまり、前後は確かにある。だが、その前後は「断絶」している。

まとめるなら「連続の非連続」で、「つらなりながら時々なり」(「有時」の巻)である。薪が灰となる過程の時間で、いわば常識を言いながら、しかしそうではなく、断絶する非連続を言う。際で切断された時間を言う。「前後ありといへども、前後際断せり」だ(ちなみに(伊)テンポの(希)語源 témnein にも切断 schneiden の義ありだ)。

この《薪灰論》を導きの糸、即ち「ごとく」として、人間の《生死論》に及ぶ。人は死ぬ、と人は連続の「つらなり」で思い、言う。しかし「しかあるを、」生の死になると言わないのは、仏法の定まったブッダ以来の習いで、実のところ生は生の法位(自性の位置)で、死は死の法位にあって、断絶にある。それ故、生は死へ連続せず、過程としてはない。生は死に面会しない。〝前念は尽きるのみ、後念は起るのみの相見せず〟とされる(啓迪)。これを「不生」と言う。真には生じていないから、真には滅(死)しない。〝死になる生はない〟(弁註)。名づけられ仮に設定された仮名・仮設の生に過ぎない。《即》ち生に《非》ずの「不生」である。また逆に、死の生への連続もなく、これもブッダの初転法輪で説かれて以来のもので、「不滅」と言う。人は山を山と言い、川を川と言うように、常識に生きざるを得ないが、常識にのみ生きるのは病となる。病の一つは常識を支えているもの即ち非常識を知らないという病である。二つ目の病因は輪廻だ（『維摩経』四）。「因言遺言」（起信論）を知らぬからである。《即》ち死に《非》ずの「不滅」である。生も死も夫々一時の位なのだ。一時の法位であって連続していない。この「不生」「不滅」こそが肝心で、特段あり、の仏教の真義である「空 śūnya」を表わす。「生死は名字《みようじ》のみあって、実（実相）なし。」（『大智度論』八）。〝名ばかり〟と生死を観るべきという。生は「不生」の《即非》であり、死は「不滅」の《即非》である。

次に「たとへば」として、《冬夏比喩》を使い、経過する冬から春になると思わず、春から夏になると言わぬことの真義を確認する。つまり、名づけられた春では、芽吹き、開花の時々の許多般《こたはん》の様子であり、人の一生も同様に、一コマ、一コマであって、この断絶された時間を、推移かと見誤る。かくて常識の世間を超える。「出世間」の真義を言う。（身口意、三業の）「思う」意と「言う」口との「分別知」を超える「般若の知恵」の真義を言う。以上が、「現成公案」巻第十段の、私なりの解明だが、三分して《薪灰論》《生死論》《冬夏比喩》とし、肝要は、薪灰の燃焼は《相続無常》であり、人の生死も、草木の枯死もまた同様とされる。「一期一会」の由来でもあろう。これに反し、実感しづらい時々の《刹那無常》がある（『大智度論』四三）。この《刹那無常》はおおよそ微細な差異を「結びつける働き」の「意識」（サンダハナ）によって、連続と直観されて「変化」と受け取られる（ライプニッツの「微小表象」は似るか）。無常（アニトヤ）の〈刹那〉が意識で集い延され〈相続〉かとみせる。極微《ごくみ》の小さな無常が連って、大きな無常をみせる（また壊法が意識で集い延され集法（そして集壊法）かとみせることでもあろう。四念処観）。因縁により生じ、刹那に滅する事象だからである。この事象を成り立たせているのが因縁生起（縮めて縁起）であり、その裏打ち（backing）の「不生」「不滅」で、また「不一」「不異」でもある「八不」の「空 śūnya」である。ここから〝無常は空の初門〟（『大智度論』）と言われもする。

二　「即非の論理」

「即非の論理」とは、鈴木大拙（一八七〇―一九六六）が命名した『金剛般若経』からの論理である。鈴木大拙は『大乗起信論』をはじめとする仏典の英訳などで、仏教を欧米に紹介して世界的なものへと広めた。また、仏教が鎌倉期に日本化したとして、それを「大地性」として表現もした。また、四高以来の友、西田幾多郎との交流がある。その西田幾多郎は返信で言う。

とにかく般若即非の論理といふのは面白いとおもひます。あれを西洋論理に対抗する様に論理的に作り上げねばなりませぬ。（五十三年版全集十九、四〇五頁）

更に、西田幾多郎はこうも書き記す。

仏教では、金剛経にかかる背理を即非の論理を以て表現している（鈴木大拙）。
所言一切法即非一切法故名一切法と云う、仏仏にあらず故に仏である、衆生衆生にあらず故に衆生であるのである。

では、「即非の論理」とは、詳しくはどういうことか。
鈴木大拙は、『金剛般若経』（羅什訳では『金剛般若波羅蜜経』だが、略し、金剛経とも）の中心思想の展開を、その第十三節にある「仏説　般若波羅蜜。即非般若波羅蜜。是名般若波羅蜜」の引用から始める。般若の知恵は《即》ち般若の知恵に《非》ず、それ故に般若の知恵と《名》づく、と。「般若の智恵」とは真義の悟りであり、「分別知」の能所二者の相対的な世間の常識に対する（鈴木大拙選集第一巻、一九六一年、春秋社、二七〇頁）。（念のため、有名な「般若面」は製作者の「般若坊」という僧名による。）

（ただ岩波文庫版、中村・紀野訳注『般若心経・金剛般若経』の一般使用の羅什訳では、この一文は〈則非〉とあり、鈴木大拙は別訳を使用か、独自訳か。）

つづけて、鈴木大拙は「即非の論理」を説明する。

ここでは般若波羅蜜と云ふ文字を使つてあるが、その代りにほかのいろいろの文字を持つて来てもよい。これを公式的にすると、

　　ＡはＡだと云ふのは、
　　ＡはＡでない、
　故に、ＡはＡである。

これは肯定が否定で、否定が肯定だと云ふことである。……（中略）……総ての観念が、まず否定せられて、それからまた肯定に還るのである。

これは如何にも非合理だと考へられよう。即ち、もつと普通の言葉に直して云ふとわかる。山を見れば山であると云ひ、川に向へば川であると云ふ。これが吾等の常識である。ところが般若系思想では、山は山でない、川は川でない、それ故に山は山で、川は川であると、かういふことになるのである。一般の考へ方から見ると、頗る非常識な物の見方だと云ふことにならざるを得ない。凡て吾等の言葉・観念、または概念といふものは、さういふ風に、否定を媒介して、始めて肯定に入るのが、本当の物の見方だ、と云ふのが、般若論理の性格である。（鈴木大拙選集第一巻、前掲、二七〇頁）。

また、こうも鈴木大拙は言う。

即非の論理は、今日言ふところの肯定とか否定とかいふこと、それがそのまゝで自己同一、即ち『即』だと云ふのです。
（同第七巻、二〇一頁）

公式的な要点整理では等号を用いて〝A＝Aは、A＝non A、故にA＝Aである〟とする。この「故に」が「推論」でなく「即」「そのまゝ」であること。これは〝二分されたまゝ一つ〟（不二の相即）とも言えよう。Aはnon Aを、Aに於いて内包しているとも。「否定因子」を当初に於いて孕んでいるとも言えよう。同一平面上の否定ではなく、構造的で根源的な裏打ちとも言えよう。抽象化された〝形式論理〟の「同時」ではなく、むしろ〝内容論理〟（務台理作）の「構造」である。Aはnon Aを初めに「折り畳んで」いて、それが伸ばされnon Aと表わされ、当初のAと名づけられている所以を示す。初めから畳み込まれた構造を露呈しただけとも言える。

〝言葉〟観念、概念は〝他〟と区分され限定されて意味をもつ。〝他〟と区分、限定されないと〝言葉〟にならない。その〝他〟は、その〝言葉〟ではない。非である。それ故、〝他〟の非（ない）に依り、〝言葉〟は成る。かくて非（ない）の否定媒介で言葉が成立する。排中律ならぬ容中律（山内得立『ロゴスとレンマ』第三、テトラ・レンマ、七〇頁）と言うべきか。

秋月龍珉は、「即非の論理」を自著『絶対無と場所』（一九九六年、青土社）で、次のように注解して、それをほぼ同一と言える「即非的同一の原理」と表現する（そして〝A＝非A〟というより〝見〈A＝非A〉〟だとして「見」（覚）を加える。同書一四六頁）。親切か。

漢訳文の〝A即非A〟は、梵原文の〝A eva（実に）a-A〟で、和訳の〝Aは非Aである〟。〝eva〟は、もと「実に」の意味の副詞。副詞だから主述をつなぐ繋辞copulaではない。連結詞のbe動詞ではない。だが、漢訳では

「即非」として「即」をあえて添えた。「即」の点綴で、〝中国思惟〟の解釈を加えた、とする。意訳である。「即」の字は、元来「炊きたての白米を食うすなわち食卓に就く」の動詞が転じて「時を移さず、今すぐ」の意となり、更に「とりもなおさず、そのまま」の意の副詞になったと言われる（同書一一八頁）。ここでは、「直接的な」矛盾するものの同一表現がなされたとみる。和訳では、「…ハ、スナワチ」と訓じ、端的に「上と下との同一を示す語」とした。これは「一種のコピュラ（繋辞）と認めてよいであろう」（同書一一七頁）と、秋月龍珉は結論づける。インドの〝eva〟（実に）の副詞が、中国で「即」を〝a〟「非」の前にあえて添え「直接的な」同一表現と補強され、それを継承した日本も、同一表現と訓じて、実に、繋辞 copula の be 動詞の働きをもたせてきた。また、繋辞 copula は、be 動詞だけでなく、時として become, seem 等を含めるようである。とすれば、〝中国思惟〟の意訳、その和訳継承もほぼ妥当の範囲と言ってよい。かくて秋月龍珉は、「Aが真にAであるのは、『A』が即『非A』であるからである。」（同書一二一頁）とする。

次に、「即非の論理」を、語源的に若干探ろう。

もともと、ブッダは弟子に邪教の「迷い」に走らぬよう、「正しい真の有り」sat 方を説いた。そこでは「無い」asat はない。「迷い」か、「正しい真の有り」方のいずれかである。ブッダの教えは、因縁による生起以外認めないからである。生起するとは、諸因と諸縁の生起以外ではない。要素（五蘊）の原因条件の縁起だから「無い」asat からの生起はない。一切は有（縁起）と説かれる。或は少なくとも無記。創造の唯一神は不要で、その喪失の虚無はなく、総ては因縁により生じ、刹那に滅する、と。「此有るに依り彼有り、此生ずるに依り彼生じ、此無きに依り彼無く、此滅するに依り彼滅する」ところの相依相関 relationality と表わされる「因縁生起」（プラティティヤサムパダ）に拠るからである。

後の、龍樹によると、これらのことは、主辞の「存在せるもの」（ブハーバ）を、「有り」satと「無い」asatの賓辞にしたことが、自性決定《けつじょう》の誤りになったとする。この「有り」「無い」を共に含む主語（主辞）を、単数で述語化すれば実体化して自性決定《けつじょう》の誤りとなる。縁起（無自性、空）でなくなる。〝「無い」asatはない〟を「有り」satと誤った、という。「自己同一」（即）の主語を「肯定」「否定」に分別した誤りとなる。

常識で名づけられ実用となっている事象は、「実に」仮のもので「有り」とも言えば「無い」とも言う。例えば、愛犬マーチは常に犬では無く、ペットとして生きてもいれば、死んで骨壺に収まってもしまう。Aは即ち非Aをもつ。無常にある。犬だけでなく薪灰、生死一切が同様である。実体なき事象である。イデアレスの仮名である。仮の名だから、その否定を通らなければ真義は伝わらない。それ故、否定媒介の「即非」と表わされる。

アビダルマ思想に時間timeを探ると、構造的な「カーラkāla」という時間があり、それは二分され「刹那kṣaṇa」と「相続（連続）saṃtāna」になる。先の《刹那無常》と《相続無常》とも考えられる。

「刹那」は、「刹那滅」として「一切の有為は、有刹那なり」（『倶舎論』）とされる。一切の転変する法は、即ち生じたる事象は、僅かに生じて「間も無く」滅するところの瞬間の事象即ちダルマとされる。「刹那は、自らの体を得て、直後に滅する」（「刹那何謂得体無間滅」：世親）と。また、衆賢はこうも言う。〝生滅する存在に、生滅するは、存在そのものの構造である〟とし、「生滅」は客因を待たずに、本具的性質の主因が、それ自身に具わっているから、とする。「僅かに生じて即ち滅す」（纔生《さいしょう》已《い》即滅《そくめつ》）。なお、一刹那は1／75秒ともいう極小の単位。

「刹那kṣaṇa」は、語源kṣaṇが「害する」の意で、存在を滅壊することを孕む。「否定因子」を当初においてもつ。そのクサーナを、接続し、延長するのが「相続（連続）saṃtāna」である。その、サムsaṃが「刹那の聚合」である接続。tanが「to stretch の延長すること」で、ターナ。これを可能にするのが、「結び付けること」

(sandahana) 即ち「意識」で、連続の直観である。ここに連結作用があり、変化を知りうる（佐々木現順『仏教における時間論の研究』五六頁）。これら二分された時は、道元の「前後際断」と「前後あり」に相応しよう（参照：末尾の図解）。

この非連続の連続は、喩えれば静止画の一コマ一コマを連続の動画で観るようであり、また電光ニュースを電球の点滅で流るるが如く知るように、更に「ゆく河の流れは絶えずして、しかももとの水にあらず。」の〝もとの水でない〟のを〝流れ〟とみるようにである。

三　時の空性

『金剛般若経』の主題は、「無執着の実現を目指す」（大乗仏典一、中公文庫版）とされる。しかし、『金剛般若経』には、かの慧能いらい有名な、「応無所住而生是心」（まさに住する所無くして、しかもその心を生ずべし）がある。このサンスクリット原文訳は「何ものかにとらわれた心をおこしてはならない」（中村元訳、六五頁）と簡単である。だが、それを、この（羅什の）「漢訳は積極的な表現に改めたおもむきがある。」（岩波版、一五七頁）と補註される。この「積極的な表現に改めたおもむき」とはどういうことか。それは端的に、「無執着」から「無基底」の「空」を引き離したところの積極化と受けとる。「無執着」の底に「無基底」の「空」をみる。（十二因縁の愛取有で、取に有を見る、に似る）。それは、先の「無所住」（住する所無く）apratiṣṭhita「とらわれた心をおこしてはならない」の解である。また、拠り所のなさ、立つべき立場のないこと、無住（羅什、玄奘訳）、脱底（西谷啓治）、深淵 Abgrund でもあろう。これは、『維摩経』に通底していよう。すなわち「あらゆる存在は、無基底 apratiṣṭha の根本にもとづいているのです。」（長尾雅人訳、第六章）。

また、『金剛般若経』（十八b）は、〝過去、未来、現在の心はとらえようがない〟、三世にわたる心がない、「三世心不可得」を説く。

師は言われた……スブーティよ、「〈心の流れ〉〈心の流れ〉というのは、流れではない」と、如来は説かれているからだ。それだからこそ、〈心の流れ〉と言われるのだ。それはなぜかというと、スブーティよ、過去の心はとらえようがなく、未来の心はとらえようがなく、現在の心はとらえようがないからなのだ。（岩波版、一〇三頁）

ここで、〈心の流れ〉とは、citta-dhārā シッタダーラのことで、「心相続性」（真諦訳）、「心流注」（玄奘訳）ともされる。道元では、「前後あり」とか「つらなり」「経歴《きょうりゃく》」に相当する「相続」の連続性としてよいであろう。そこで、この〈心の流れ〉は、〈心の流れ〉ではない、だから〈心の流れ〉と言われるのだ、という。これは、先述来の「即非の論理」で、〝A＝Aは、A＝non A、故にA＝A〟とされることでないか。〝名づけられながら常ならず〟と、道元的表現ではなると、私は言いたい。また、〝仮名・仮設されながらの空性〟というのもよいかもしれない。〝時の空性〟がここに認められる。

語源で、「空 śūnya」は、「空洞 śūn」に由来すると言う。「空洞」は、〝対象なき〟〝限定なき〟〝確定なき〟空間を意味している、という（佐々木、前掲書四一頁）。また、『維摩経』（第六章）にも「芭蕉の木心」の如きの表現がある。この「木心」は鞘状の偽幹で「空洞 sūn」である。**図解**の「コイルばねの比喩」へと連なる理由が、ここにある（また道元「画餅」にも）。

龍樹は言う。「縁起なるもの、われらはそれを空性と呼ぶ。かの縁起は仮名・仮設であり、それはまさに中道である。」（『中論』第二四章）。

その「仮名・仮設」を、「世間的実用」としたことは、次の次第による。

「勝義諦は、縁起の一切法自性空といふことのみ。しかし仏は縁起の世間的実用という立場から一切法を施設した。」と解説する。つまり、世間的実用の俗諦がなければ、勝義なく、涅槃はない、と言う。

「若し、俗諦に依らずしては勝義は説かれず、勝義を得ずしては涅槃は得られない。」（『中論』第二四章）。涅槃はニルバーナで、中道による。整理する。

「空」：「空性」：「勝義（諦）」：「真義」
「仮」：「仮名・仮設」：「俗諦」：「世間的実用」
「中」：「中道」：「涅槃」

これはまた、「勝義諦」と「俗諦」とによる「転換の軸」である「中道」でもあろう。

また、「空」の三態から言うと、「空性 śūnyatā」（自性空）、「空用」（働き・目的の中道）、「空義」（仮名・仮設）となる（『中論』第二四章七。山口益『般若思想史』ほか）。

ブッダの弟子スブーティは、教えを受けて、歓喜し、かつブッダを賞賛する。その最後の教えは、「一切の有為法は、夢、幻、泡、影、の如く、露の如く、また電の如し。まさにかくの如き観を作すべし。」（『金剛般若経』三十二a。末尾）であった。

一切有為法　如夢幻泡影　如露亦如電　応作如是観（羅什訳）

なぜ歓喜したのか。日々の苦しみでもある生とやがての死の中にある、「苦諦」に、業縛の仮の世の渇愛による「集諦」をみて、その流転から離れ、夢、幻の如き観を作り解脱する克服の方途を知ったからであろう。また「その生滅の静まれる」楽しさの方途を見出したからであろう。

かくして、習慣（エトス）の性格（ēthos）が、後の生き方（ethics 倫理）を作る次第を教わる。

道元の言葉「前後ありといへども、前後際断せり」は、鈴木大拙の「即非の論理」として『金剛般若経』の「空性」に裏打ち（backing）される背骨（backbone）の「時」、と言えよう。

〈付〉図解

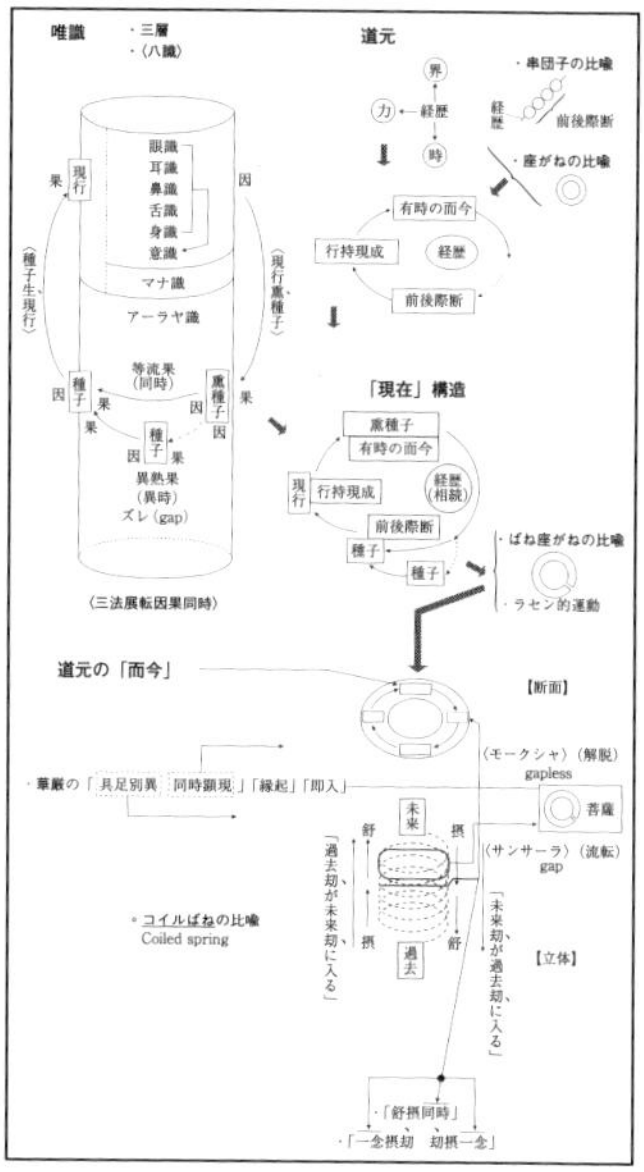

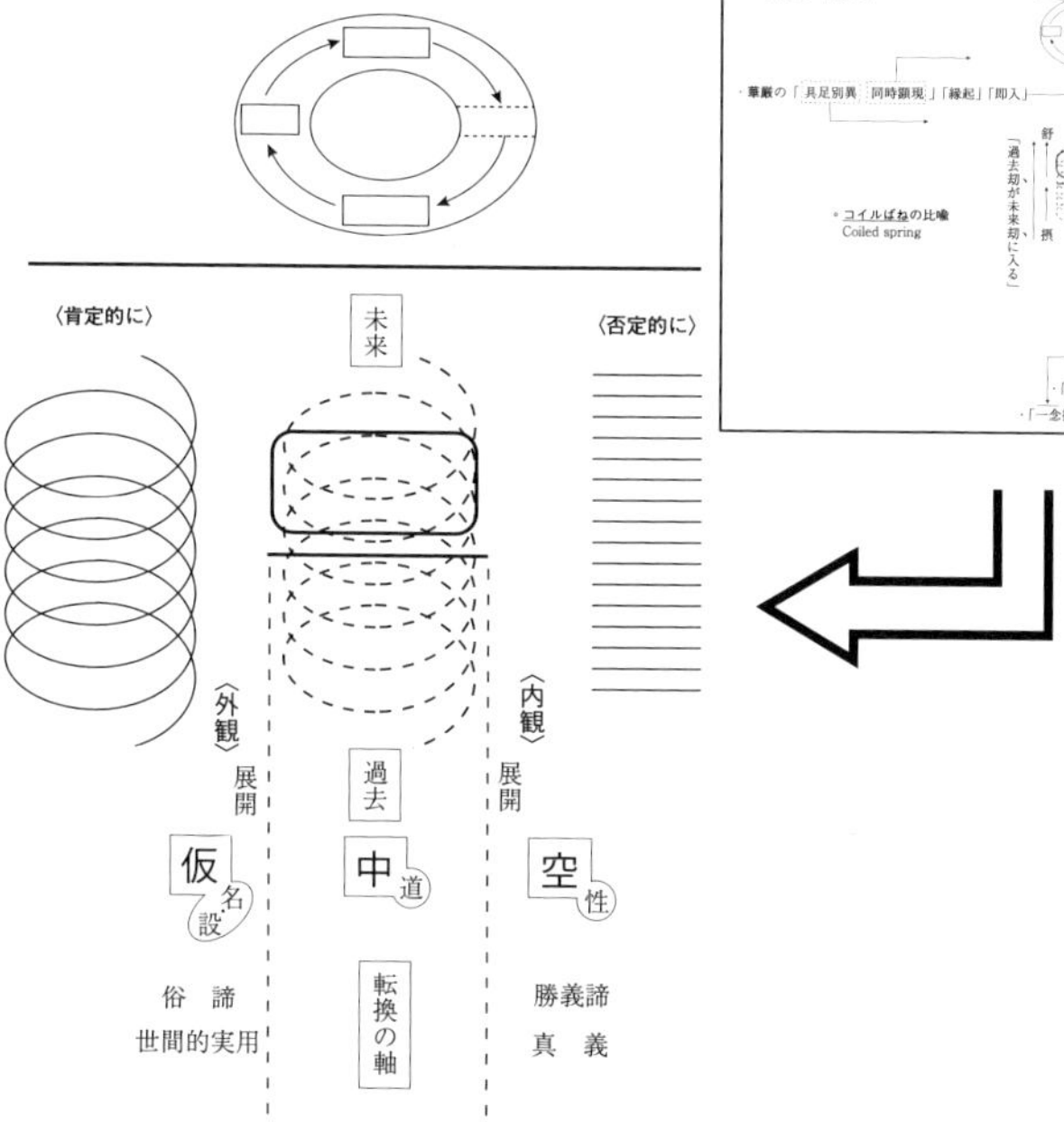

〈空の三態〉：〈空義　　空用　　空性〉

○道元：　「前後あり　といへども　前後際断せり」
（「つらなり　ながら　時々なり」）
〈連　続　　非連続〉

○即非：　「一切の法は　即ち　一切の法にあらず（非）
その故に一切の法と名づく」

○金剛般若経：「〈心の流れ〉と　いうのは、　流れではない」

○時（カーラ）：　サムターナ　サンダハナ　クサーナ

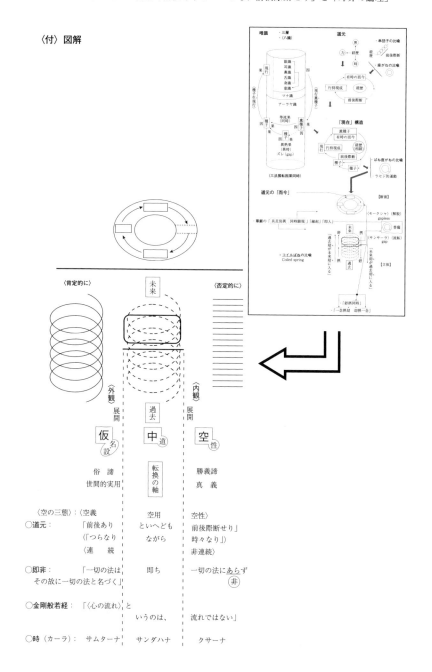

第六章 「四摂事」の倫理的性格

一 はじめに

「仏教」と聞いて、第一に思いつくのは「色即是空、空即是空」だろうか。それとも「慈悲」の言葉だろうか。言うまでもなく、前者は『般若心経』の名句で、端的に諸事象の形あるものは空に於てあり、空に於て形ある諸事象が因縁生起すると、ひとまず言えよう。自由無碍のようにもみられようが、その反面では拠り所もない。そのような「智恵」である。後者は、苦の只中にある者への愛を表わし、苦しみを抜き取り、楽しみを与えることと、差し当たり言えようか。この「慈悲」は「智恵」の空観から転回するとも、またここにこそ純粋に生まれる、或いは自発自転するとも言われる。前者の「智恵」と後者の「慈悲」で、「仏教」は凡そ言い尽くされていると言うのが大方である。

「仏教」は、もとより世界三大宗教の一つで、ブッダを開祖とするが、その前史もある。いうなればプレ・ブッディズムである。ブッダである釈迦牟尼仏が末尾に位置する「過去七仏」と言われるところにある前史が、それである。「毘婆尸仏《びばしぶつ》、尸棄仏《しきぶつ》……釈迦牟尼仏《しやかむにぶつ》」と数えられる七仏の総てを通しての「教え」がある。それで「七仏通《しちぶつつう》戒偈《かいげ》」と言う。これが、仏教思想を一偈のもとに要約したとされるもので「仏教の大意」とも言う。意味することは「すべて悪しきことをなさず、善いことを行ない、自己の心を浄めること、これが諸の仏の教えである。」(『ダンマパダ』183ほか、中村元訳、岩波文庫)。漢訳では「諸悪莫作《しよあくまくさ》、衆善奉行《しゆぜんぶぎよう》、自浄其意《じじようごい》、是諸仏教《ぜしよぶつきよう》」である。表現されていることは、いたって簡明で、〝悪をせず善をして浄い心でいなさい、それが仏教だ〟というだけである。しかし、表現されている善とは、悪とは、浄とは何か、と問われもしよう。〝善悪〟は法律上のことだけではない、道徳上のことだけでもない。そうではなく宗教上の「仏教」上での、その道「仏道」に沿うところの〝善悪〟である。

一例を道元にとれば、「諸悪」なきにあらずとし、「諸悪すでにつくられずなりゆくところに、修行力たちまちに現成す。」と解している(『正法眼蔵《しようほうげんぞう》』「諸悪莫作《しよあくまくさ》」の巻)。修行の力「只管打坐《しかんたざ》」で悪は作られなくなる。力んで悪を作らないことではない。只ひたすらの「打坐」の結果するところにそれはある。その「打坐」は難行にみえそうだが「大安楽の法門」と道元は易行だと言う。更に〝浄〟とは、六世紀インドの陳那《じんな》によれば、善悪の基盤をなし端的に〝己を空しうして、能所《のうじよ》寂滅の空を受く心事《しんじ》〟とされる(山口益『空の世界』二の14、大法輪閣)。

このようにプレ・ブッディズムの「七仏」が説く、仏教とは〝悪をせず善をして浄い心でいなさい〟という簡明なことだが、今日からは種々に展開される源流であった。

さて、ブッダにはじまる「仏教」は、原始経典以来、今みたように教えの実践として「四摂事」という倫理的な性格をもっていた。仏（如来）あるいは菩薩が先に行ったものとして、後にくる衆生を教え、導く実践として衆生の心を捉え摂する四つの方法だからである。「四摂事」とは、「布施」「愛語」「利行」「同事」の四つである。

二　「四摂事」と「四無量心」

「四摂事」とは、仏教で四つの実践徳目を表わす。先行の仏と菩薩が、後発の衆生に教え・手を差し伸べキャッチする《四つの把握法》である。《四つの把握法》はサンスクリットの《チャトウル・サングラハ・ヴァストウ》catur-saṃgraha-vastu に意味・由来する。一般的には、まず次のように説明される。

「布施」とは、教え（法施）や金品（財施）、（死の）畏怖なき（無畏施）の布施摂。
「愛語」とは、優しい言葉を語る愛語摂。
「利行《りぎょう》」とは、利益を与える利行摂。
「同事」とは、相手に同化して助ける同事摂。

では、その「四摂事」（四摂法、四摂、四恩とも訳される）の出処はどこにあるか。数多ある中から若干挙げてみる。

佛説大集法門経（No. 0012）0229b28：……四摂……布施、愛語、利行、同事……
雑阿含経（No. 0099）0184c18：……四摂事……恵施、愛語、利行、同事……
仁王護国般若波羅蜜多経（No. 0246）0836c06：……四摂法……布施、愛語、利行、同事……
大般若波羅蜜多経（No. 0220）0206c11：……四摂事……布施、愛語、利行、同事……

原始経典以来、夥しく挙げられている「四摂事」の「事」（法も同じ）は、実践・行為についてである。その実践・行為の「事」には、「心」が裏づけとしてある。

その裏づけの「心」が「四無量心」である。「慈無量心」「悲無量心」「喜無量心」「捨無量心」の四つである。言い換えれば「慈悲と喜捨」の夫々の「無量心」である。ブッダの言葉に最も近く最古とされる経典には次のようにある。「慈《いつく》しみと平静とあわれみと解脱と喜びとを時に応じて修し、一切世間に背《そむ》くことなく、犀の角のようにただ独り歩め。」（『スッタニパータ』73）。「慈しみ」が「慈」で、「あわれみ」が「悲」で、「解脱」が「捨」で、「喜び」が「喜」の夫々の「無量心」と容易に理解される。そう訳者の註にもある。

では、この「四無量心」が実践・行為の「四摂事」と、どう関連するのか。或いはしないのか。結局は関連するのだが、先に結果を示し、後にその理由を考えてみたい。

〈四摂事〉：〈四無量心〉	サンスクリット	：〈智恵・慈悲〉	：〈三徳〉
「布施」：「捨無量心」	vyavasarga	：恵	：共生
「愛語」：「喜無量心」	rata	：智	：互恵
「利行」：「慈無量心」	maitri	：慈	：互恵・慈愛
「同事」：「悲無量心」	karuṇa	：悲	：慈愛

後半の「利行」が「慈無量心」から、「同事」が「悲無量心」からの実践・行為であると関連づけるのは容易である。というのも「慈」が〝生けるものに楽を与える慈しみで、真の友情 maitri〟だから「利行」となる。また「悲」が〝生けるものから苦しみを抜くあわれみで、深い同情 karuṇa〟だから「同事」と言える。

ところが、前半の「愛語」である「喜」のサンスクリットを、muditā に求めるなら「他者の楽をねたまないこと。漢訳で捨、施」となり、また「布施」の「捨」を upekuṣā に求めるなら「好き嫌いによって差別しないこと。漢訳で捨」となり、夫々の関連づけが困難になる。少なくとも「愛語」である「喜」が困難で、無理がある。それならばと、一語と一語の対応を断念し、四語と四語で対応させる突破法もある。しかし、そうはせずに解決の可能性はあった。それは「喜捨」のサンスクリット vyavasarga-rata 合成語に本義をとる方法である。それで「喜」を rata と採ると、漢訳で「楽、愛、喜んだ」が当てられ、また「捨」を vyavasarga と採ると、漢訳で「捨、施、最者」が当てられ、従って前者は「喜無量心」で「愛語」へ、また後者は「捨無量心」で「布施」に対応する。問題は解決する。先に示した結果一覧となる（『梵和大辞典』講談社ほか）。

三　道元の「四摂事」解読

「四摂事《ししょうじ》」を、道元（一二〇〇―一二五三）は主著『正法眼蔵』の「菩提薩埵四摂法《ぼだいさったししょうぼう》」の巻で解読している（九五巻本で四五）。「四摂事」は古来この「四摂法」とも「四摂」とも「四恩」とも訳され、同じことを表わす。「菩提薩埵」は「菩薩」と略される。道元は、この巻の冒頭でまず次のように列挙する。「一者《ひとつには》、布施。二者《ふたつには》、愛語。三者《みつには》、利行《りぎょう》。四者《よつには》、同事。」と。そして「布施」に及ぶ。

「その布施といふは不貪《ふとん》なり。不貪といふは、むさぼらざるなり。むさぼらずといふは、よのなかにいふへつらはざるなり。」「布施」とは貪らない不貪という。その不貪は諂わないと世間にいうことだとも言う。だが異解になるが、不貪は更に心理的に諂わない不諂と解されるだろうか。というのは今日、貪は強欲的で、一方、諂は媚態的、追従的と、両者は対照的に使われるからである。だが、不貪《ふとん》は不諂《ふてん》とも言うのは、共通根の欲得に〝執しないこと〃と採るのが、妥当であるであろう。ともあれ前者は二〇〇八年秋のウォール街で顕著となった経済クライシスに跋扈した greedy な金融マンを彷彿させる。

施しは、「法におきても物におきても」（法施、財施）即ち教え、物にもある。「自を自にほどこし、他を他にほどこす」。そのようなものとしてある。そのようなものとは、〃自己よりもさらに愛しきもの、はどこにも存しない〃それで〃自己は愛し、故に他人を害すべからず〃との論法で「自己を護る人は、他の自己をも護る。」道理となる。更には自我と他我の欲得の撥無《はつむ》で、煩悩滅却となろう（中村元『慈悲』平楽寺書房、八八頁）。「この布施の因縁力」は広くゆきわたり、その縁《えにし》として自己も他己（他者）もいる、という。それが僅かのことにせよ「善根をきざす」ことになる。時には法（教え）が財に転じ、時に財が法に転ずる。また、橋をわたし、生産に従事し、自らの仕事に精励するのも布施である、という。「受身捨身ともにこれ布施なり」。父母妻子を養うのもその例と言い、そのことが菩薩の一法を修行していることだ、と。僅かでも欲得から離れる「物《もつ》転心の布施」があり、逆に心が物へという「心転物《しんてんもつ》のとき」がある、と続く。

「愛語といふは、衆生をみるにまず慈愛の心をおこし、顧愛の言語をほどこすなり。」「顧愛の言語」とは、〃気にかける〃〃なさけをかける〃ところの言語で、相手の気持ちを察して優しい言葉をかけることで、慈愛に発するという。それは反対の暴言、悪口を避けること。別れ際に〃お大事に〃と気づかいを残すようなことである。立派な「徳あるはほむべし、徳なきはあはれむべし。」である。フェース・トゥー・フェースで愛語を聞けば、温顔となり心楽しくなるし、人伝に聞けば、更に「肝に銘じ、魂に銘ず」こととなる。「しるべし、愛語は愛心よりおこる、愛心は慈心を種子《しゅうじ》とせり。」と。

「利行《りぎょう》といふは、貴賤の衆生におきて、利益《りやく》の善巧《ぜんぎょう》をめぐらすなり。」。「利益《りやく》の善巧《ぜんぎょう》」とは、利益になるように巧みに手だてをめぐらし先々のこと、周りのことを考えて取り計らうこと。お返しを求めない「報謝をもとめず」、行ないたいからする。そこに無理はない、無理はしない。無理は無理を呼ぶから。「自他を利するなり」。結果〝ほめられもせず、苦にもされず〟の損も得もかまわず。そうだが「愚人おもはくは、利他をさきとせば、自《みずか》らが利、はぶかれぬべしと」。利他は損と。「しかにはあらざるなり。利行は一法なり、あまねく自他を利するなり」。損と思うのは損である。「自他《じた》おなじく利するなり」である。「自利」も「利他」も、その区分はない。その区分を忘れる。「情けは人の為ならず」。

「同事といふは、不違なり。自にも不違なり、他にも不違なり……同事をしるとき、自他一如なり」。「不違《ふい》」とは〝違《たが》わない〟ことで、それが自己、他己においてあり、それを知れば、自己・他己が一つの如くに「自他一如」になる、という。「人間の如来は人間に同ぜるがごとし」。かの歴史上に生きたブッダは仏界にありて、なお人間界にもあった如来であると。「かくの如く行ける人」で、「かくの如く来れる人」を意味する「如去・如来」と。「事といふは、儀なり、威なり、態なり。他をして自らに同ぜしめてのちに、自らをして他に同ぜしめる道理あるべし。自他はときにしたがうて無窮なり」。「同事」の「事」は威儀、態度のことで、形を習うこと、形から入ること、かのイミタチオ・クリスチのイミタチオでもあろう。自己から他己に、また他己から自己に同調すること、それはいずれからでも構わない。それが同事である。「同事の習学」である。

《管子云く、海は水を辞《じ》せず、故に能く其の大きなることを成す。山は土を辞せず、故によく其の高きことを成す。明主（明君）は人を厭わず、故に能く其の衆を成す》。「しるべし、海の水を辞せざるは同事なり」。海は水を厭わず、山は土を厭わず、明主（明君）は人を厭わぬ、それ故に、大きく、高く、多くを成している。その厭わない排除しないのが「同事」であると、言う。

ただ、今日の問題としては、ともすると「同事」から自他の別が不明になりうる。例えば所有権を侵害することは、法律上、倫理上トラブルを生む。「個人の権利」と「同事」は「二項対立」とするなら、根本的問題に違いない。もし〝強く主張する〟greedy になるならば「同事」に背くことになる。道元の言う「少欲」とも乖離する。そして、今日、所有権の主張をしないで、生き得ないが、所有権の主張のみに（例えば公共に全く反する）走るのは、もはや〝人でない〟、とは言ってよさそうだ。だが問題はそう簡単ではない。かのシナイ山で唯一神ヤーウェから指導者モーセが授かり成立した「契約」以来の思想系譜と、先に挙げた「自己を護る人は、他の自己をも護る。」道理との根本問題でもあろうからである。

以上で、「四摂事」の道元による解読をみてきた。初めの一般的説明とは大きく変貌する。また、先に少し触れた有名な龍樹による利行・同事つまり「慈・悲」の注解で通例となっている「与楽《よらく》」「抜苦《ばっく》」の読み方とも趣を異にする（『大智度論』二七）。更に、日蓮が「父の愛」（慈父）、「母の愛」（悲母）を「慈」と「悲」に比定した解読とも、違いは明らかである（『開目抄《かいもくしょう》』等）。

四　「四摂事」の倫理的性格

「仏教」は「智恵」と「慈悲」から成るともされる。その「智恵」は、「捨無量心」の「布施」であり、「喜無量心」の「愛語」であった（更に「恵」・「智」は、大乗の『涅槃経』無常偈の「寂滅」・「為楽」とも、身口意の「意」・「口」とも対応が考えられる。また大乗二大学派の「空観」・「唯識」と考えてもよいであろうか）。もともと般若の「智恵」で、空ぜられ「自我は限りなく収縮する」のに対し、後者の「慈悲」では「無量心」へと拡がり実践・行為化する（E・

コンゼ『仏教』五―四)。いわば「空」(śūnya ゼロ)の収縮が、生きとし生けるものへの「無量」(infinity 無限)への「慈悲」として膨張・拡大する。それらで先行する如来(仏)に続くのが菩薩(菩提薩埵で、覚有情とも)である。「菩薩は有為(流転)を滅尽させず、無為(解脱)の中に自らを固着させない」(『維摩経』一〇)と定義される。悟りに到達しながらも煩悩世界に留まる両義性をもつ無量心の存在とされる。大乗仏教の弘い願いが如実と言えよう。

他方「慈悲」は、「慈無量心」の「利行」と「悲無量心」の「同事」であった。そうすると、ここに挙げられた「布施」「愛語」「利行」「同事」として実践・行為の裏づけする「四無量心」は、「仏教」の実践・行為化の由来する心を表現し尽くしていると言えよう。「仏教」の「倫理」は、「四摂事」に尽きると結論できそうだ。

そして、先行する如来(仏)と後発した菩薩の追尾関係は、同様に先行する菩薩と後発する衆生の追尾関係と言えそうだ。その際に、菩薩が仏道誘引へのガイダンス、アトラクションが「四摂事」と言ってもよいであろう。

アリストテレスの伝で、ここでの「倫理」を、勿論比喩以上ではないが、考えるなら、エトス(習慣づけ)から、その優秀性、徳のエーティケー・アレテーへと習慣化することであろう。「倫理的卓越性は習慣づけに基づいて生ずる。」(『ニコマコス倫理学』Ⅱ―一、高田三郎訳、岩波文庫)。優秀性、徳のエーティケー・アレテーは本性的でなく、さりとて本性に背くことからでもなく、ただ習慣により徳(アレテー)を受け入れるべく、完成されるようにできている。もとより、アリストテレスが目指した徳(アレテー)はポリスでの最高価値の完成である。従って、比喩以上でないのは勿論である。

ここで、今日の「倫理」として、私案を試みとして提案したい。「三徳・五戒の倫理」と名づけ、「三徳」は「共生・互恵・慈愛」であり、「五戒」は「殺さず・盗まず・嘘つかず、加えて、淫せず・貪らず」というものである。ここでは、「三徳」に限り触れる。

「三徳」は、近代欧米の理念「自由 liberty・平等 equality・博愛（友愛）fraternity」の補完・改新に発する。一八世紀以来の欧米での「自由」は、アンシャン・レジームという封建的絶対君主による社会体制からの解放・自由を掲げての革命スローガンだった。個人の自由を求めての旗じるしだった。それに対し、二一世紀のグローバル社会はなお「アラブの春」「チベット・フリー」のような自由を掲げながらも、次のステップの個人の自由を制限する「共生」を要請している、と言わざるを得ない。二酸化炭素などによる地球温暖化は異常気象をもたらし、極地の氷山が解け、水温上昇をもたらし、生態系の混乱を招く。宇宙的規模での自然変化は受け入れざるを得ないが（地球寒冷化の説もあるが）、科学的予知可能なことに対応しない愚も避けられなければならない。水没するかもしれない島ツバルを救うこと、砂漠化増加を阻止の植樹をすること、ヤドカリとイソギンチャクのような「共利共生」を保つこと、生物相互全体を「共生系」と近年言われている傾向を、できるだけ無理なく保つこと。それが、私達の生存という生命体レベルでのサステイナビリティを保つ、一九九二年の地球サミットでも確認された基調概念である「持続可能な発展」sustainable development であろう。それに先だつ一九六八年に結成された「ローマ・クラブ」以来の、地球環境問題への対応は、遠からず人類が生き延びる可能性のための問題である。それ故に、「自由」からの二一世紀版としての「共生」なのである。

「自由」は、個人の最大限解放であると共に、半面に自己責任を負うものであるが、アメリカ合衆国にこの価値観を支持するのが多いのも、銃所持や環境問題への取り組みの消極姿勢によく表われている。反面、この「自由」を集団・社会から最大限に制約するのが、「平等」の価値観で、かつての社会主義諸国の求めた理念だ。今日では、社会保障政策、社会福祉政策、コムュニタリズムにみられる思想系譜である。個人の幸福を、「自由」より「平等」実現として集団・社会をみる傾向で、従って平等のために自由制約はやむを得ず、自由との対立概念でありながら、

「自由」と共に、近代では追求されてきたのも事実である。「自由」のもたらす創意工夫、努力、個性の伸長、活力は、個人のみでなく、社会をも豊かで便利で幸福なものとしてきた。しかし、その反面、貧富の格差拡大、機会の不均衡、情報量の格差、性別、障害、学歴など、なお是正すべき問題は多い。「社会的企業」と称せられる、例えば、バングラデシュのグラミン銀行のような低所得者向け融資制度などもあり、勇気づけられる（身近な社会貢献では、メセナ、復興ファンド、コンビニのトイレ提供などもある）。しかし、その「平等」は、今日においては、「互恵」概念として更新した方がよいように思われる。「共生」が生物的な持続可能性の追求なら、この「互恵」は、人間的な経済、政治、社会の健全バランスのためと言ってよい。日中の「戦略的互恵関係」ばかりでなく、「互恵的協働社会」という教育からの提案（門脇厚司）などもある。そして、「慈愛」は宗教的な、慈悲と隣人愛の理念（方向づけ）のためと言ってよい、グローバル版である。

「博愛」（友愛）は敵・味方の区別なく救護に当たる「国際赤十字」（ＩＲＣ）活動（イスラム圏では「赤新月社連盟」（ＩＦＲＣ）を含む）として、また災害時の緊急支援として「国境なき医師団」（ＭＳＦ）、それに非営利の民間組織であるＮＰＯ、非政府組織の民間非営利で、平和、人権、環境問題に取り組むＮＧＯなどがある。この主に、キリスト教による「博愛」（友愛）精神からのものに、仏教の「慈悲」を加え将来に向かえないものだろうか。かつて、孤児・病人の救済施設として興福寺に創建されたという悲田院、飢餓・病人に食と施療した、豊臣秀吉の時代にも再興されたという施薬院などがあった。これら活動 hospitality の背後にある精神を「慈愛」として捉えたい。

以上で、エッセンシャルなミニマル・モラルを「三徳」として概要だが、挙げた。その理由は、主に「自由、平等、博愛（友愛）」の近代欧米理念に対する補完、改新としてであった。グローバルな二一世紀の今日版としてである。

では、この「三徳」と、前に述べてきた「四摂事」と、どう関わるのか。十分な理由づけを率直のところもたない。しかし、凡そは、こう言い得るであろう。

「共生」は「布施」に対応し、利己主義の抑制は生命体のサステイナビリティに関わる。道元は「少欲」「知足」を「八大人覚」の巻きの冒頭に置いた。

「互恵」は「愛語」と「利行」に対応し、「慈愛」は再びの「利行」と「同事」に対応すると言えそうだ（先の一覧一三五頁を参照）。

五　あとがき

世界経済がもつ不可避ともいえるクライシス、二〇〇八年秋のリーマン・ショックから私達の日本社会が少し立ち直ろうとしていた二〇一一年三月一一日またしても、今度は自然のクライシスが襲った。地震、津波、福島原発事故と人的側面も加わって三連打した。

個人は繋がりを求めて彷徨する。孤独死。孤立死という夫婦・家族などの共死に。自殺者数が三万人を超える、一四年来の高止まりの統計。うつ病等の労災者数が、二〇一一年度最高の三二五人となったというニュース。私達の社会は、苦しみの只中にあると言ってよいであろう。

歴史家、アーノルド・トインビーは大著『歴史の研究』の巻頭に、次の作者不詳のラテン詩を掲げる。

「苦悩の深手が、眠れる魂をよみがえらせる」。

私達の社会の苦悩の深手にも、眠れる魂が蘇りそうに察せられる。今次の重なるクライシス、個人の社会的絶望、孤絶と苦悩は深い。しかし、唯一神・絶対者を拒んでも、「色即是空」の無基底の強靭さがあるように思われる。その強靭さが地中から噴出する泉のように、沈滞層化した中から吹き上がる。自発自転する転換の中軸が動く。華厳思想にみるなら、仏（如来）が個々人の心地に現在することであろう。「仏性現起」を「性とは体なり、起とは心地に現在するのみ」（智儼《ちごん》）と。また、道元なら「仏性義を知らんと欲せば、まさに時節因縁を観ずべし。時節既に到来すれば、仏性現前なり。」と。

「四摂事」は、しかしながら、いかにも今日の言葉としては、とっつきにくい。そこで、換え言葉を試みた。いわく、「任意から voluntary」「声かけ」「手助け」「人ごとならず」と。これで、「布施」「愛語」「利行」「同事」は伝わるだろうか。

第Ⅱ部　デカルトの自我論

はじめに

デカルトは、思考する者にとって、甚だ魅力的であり、その思考は長く尾を引き続ける。私も若い頃から長く尾を引き続けた者の一人である。方法的懐疑で、理性的な必然性・確実性に至り、その原理から演繹していって強固な体系に至っている。そう通例は思われている。しかしながら、デカルトには、生を殺戮した無気味さが残り、かつ最終根拠の不明瞭に苛立つ。そう述べるのはヤスパースである。私もほぼ同意見である。それで、この「無気味さ」と「根拠の不明瞭」への問いが、この小論の主なモチーフである。近代・現代に潜む「無気味さ」に触れ、そして確実とするが危うい「根拠」はいかなるものか、を明らかにできればと思う。

要旨をまずは述べておきたい。

デカルトの第一原理である「コギト・エルゴ・スム」すなわち「われ思う、故に我あり」の「コギト」即ち「思う」は二つの回路をもっていた。少なくとも二回路に接し、萌芽としてはあった。すなわち、自同性を徹底した、イデア化の回路と、自同性を否定し、自同性の矛盾を明らかにして空の回路を明らかにした空観とである。前者のidea は idein で、identity と同根であり、後者の空は svi シュビ（「ふくれる」で中味が「うつろ」）の語根から śūnya の虚ろで、自も他も否定において包み込む。デカルトの「コギト」はイデア化の回路を進み、空の回路からは引き返した、と私はみる。

デカルトは『省察』（V）で考える。

二直角の内属なき三角形が考えられないように、谷なき山が考えられないように、神の存在なき神は考えられない、とする（『省察』V―8）。二つ目の「山の喩え」を考えてみる。山をAとすると、谷は山でないから非Aとなる。山のAが、谷の非Aなく考えられない、とする。分離できないものとして、Aは非Aである。Aは即ち非Aで、即非である。主語である山は、このようになり、〝～でない〟の否定的述語づけをもつ。一つ目の「三角形の喩え」は、内属する二直角が三角形の本質をなし、二つ目の「山の喩え」とは異なる。一つ目は本質がなければ有り得ない、三角形の存在である。対して、二つ目は、それでない他によって限定された「山の喩え」である。これらを並列して、神の存在証明に用いたところに問題を残す。残した問題は、たかが喩えではなく、根本的と考える。「三角形の喩え」は、イデアの定義〝超え（存在）〟と〝たらしめる（本質）〟で、自同性、同一性である。対して、「山の喩え」は、山と名づけ（限定）られるために、山でない他のもの（非限定）を要する。谷でもよいが、川でも、海でもよい。捨象による。島嶼の山は海によって山である。山と三角形の異質の喩えで、神を考えたところに問題を残した。

また、事象は矛盾する性格をもつと、言われる。「自性」はまた「無自性」でもある。端的に、火がもつ「自性」は燃す可燃であるが、火そのもの自らは、燃さない不燃の「無自性」である。自らを燃さないから、他の紙などを燃すことができる。燃すことができる可燃は、「自性」だが、それは自らを燃さない不燃の「無自性」だからである。この自と他は、火という同じ名前ながら〝燃さない〟と〝燃す〟、矛盾する性格をもつ。それは、またナイフはペーパーを切る「自性」が、それができるのは自らを切らない、「無自性」だからである。

二回路を、シンボリックに人物で示せば、前者がソクラテス・プラトンで、後者がブッダ・龍樹であり、両者のアポリア保持者としてヘラクレイトスが考えられると思う。従って、「ヘラクレイトスの二回路」というべきことが、アテネのアゴラとインドの北と南で展開されたと考えられる。実証を求めないし、実証され得ることでもないであろう。ただ、紀元前六世紀から、五世紀にかけてのことである。

結論を先どりするなら、要するに二回路の一方のイデアは、他方の空観に基礎づけられるであろう。〝根拠に（根拠なき）空観あり〟である。このことが、思考の二回路を今後、統べる方途であろう。また、diversity の原理、信仰・価値が衝突する未来のあり様であろう。二一世紀、グローバル社会のあり様である。

従って、デカルトは「谷を欠いている山を思惟すること」（『省察』V―8）が、矛盾であると指摘して、空の回路に入りながら、それ以上には踏み込まず、引き返したと思われる。山を考えることは、山を山たらしめている〝非の山〟つまり谷を考えることを意味する。更には、川や海を考えることを意味する。火が紙を燃すことを考えることは、〝火が自らを燃さない〟つまり「無自性」を考えることを意味する。〝火は火を燃さず〟の指摘に至りながら、その回路を閉じ、引き返したと思われる。

第一章　コギトの自性

一　自性とは

デカルト哲学の第一原理は、「われ思う、故に我あり」（コギト・エルゴ・スム）であり、この言葉は『方法序説』（第Ⅳ部）に出てくる。このコギトは「思う」で考える、思惟することである。その「思う」コギトするのが「われ」である。のち明らかになるが、「我あり」の「我」は「思う」ものを、ここでは意味する。身体と区別された「思う」コギトは、従って「我は考えるもの」である。英訳でI am a thinking thing（Sum res cogitans）とも言う。ここから、エゴ・コギト・エルゴ・スムとも言うが、最初のエゴ（われ）を省略して慣らされている。省略を慣例なので問わない人もいるが、私はそれなりに理由がある、と思う。後に述べたい。

「自性《じしょう》」は、もともと仏教の用語で、紀元前二世紀頃に部派に分かれた最大の学派「説一切有部《せついっさいうぶ》」が、ものやこと、心理作用などの一切を要素であるダルマ・法に分け、それが通常七十五法あるとしたことからの用語である。ものやことなどが常に固有の同一性をもつ、それ自身で存在するという本体を、また他から独立した実体を「自《じ》性《しょう》」（スバブハーバ）と言う。一切を三世にわたり「有」ると説いた部派なので「説一切有部《せついっさいうぶ》」と言う。「有」とは存在であり、本体で実体である。ブッダの言説を「有」「存在」「ある」として体系づけた『倶舎論』などによる所謂、小乗仏教とされているものの理論である。

　のち、この「有」「存在」「ある」を否定して、大乗仏教が成立する。大乗仏教の、紀元前後に成立した経典群（般若経、維摩経、華厳経等）の一部である、般若経と総称されるものを理論化した論者の代表が龍樹（ナーガールジュナ、二～三世紀の南インドの仏僧）である。その代表作が『中論』（ムーラ・マディヤマーカ・カーリカ）である。ここでは、縁起が説かれ空観が示される。というより、瞑想で空観を得て、縁起で理論化された。「無」「非存在」「ない」として体系づけたとも言えるが、正しくは、その「ない」も否定して、「ある」でなく、「ない」でないである。「有」「無」共に否定したところに空観はある。〝二項対立の共否定〟と言ってよいであろう。対立の撥無とも言われる。そこに「縁起」する、そう説くのが大乗仏教で、その理論の中心に龍樹がおり、それで八宗の祖と中国、日本では言われる。「有」「無」の共に否定した空には「縁りて起る」（月称の解釈）のみだが、それは「無自性」（ニフスバブハーバ）だからである。相依相待《そうえそうだい》の relationality の相依り相俟って生起するのは、「空」sūnya だからで、「無自性」だからである。

　そこで「言葉」は、日常生活でものごとの区分をし、発見に命名して便利だが、執われてしまって不便にもなる。

真のありようにとり、「言葉」は真のありようを隠してしまう、カバーする、覆う働きもある。副作用を伴う。「言葉」は、名づけのディスカバーする働きもあるが、反面また執れでカバーもする働きがある。「我語取」を中心とする執れである。排斥される「戯論《けろん》」は、ここに生れるのであろう。

もとに戻ろう。

小乗仏教の説一切有部における、五位七十五法などは、「有」「ある」としての「存在論」である。（もっとも、ブッダには「無我」があり、人法二無我から、人法二空、そして「一切法空」の道筋も考えられる（上田義文『大乗仏教の思想』一九八頁以下）。が、しかし）

この「存在論」を、デカルトのコギトの第一命題にみてとろうとするところに、異質的な二者の「コギトの自性」という接続があるのである。

デカルトは『省察』Ⅱ部で「私は有る、私は存在する je sui, je existo. を必然的に真であるとする（第三段）。その少しあと（第六段）でも「ここに私は発見する、思惟がそれだ、と。これのみは私から切り離し得ないのである。私は有る、私は存在する、これは確実だ。」と、「考える我」存在の再確認をする。

龍樹は、〝事物を事物たらしめるそれ自体はない。それで他ない。〟とし、それ自体の自性はなく、それで他なく無自性と主張する（『中論』第一章観因縁品の三。他にも一三章の三、一五章の三）。

二　デカルトとデカルト哲学の概要

デカルトその人とデカルト哲学について、概要を捉えておきたい。

ルネ・デカルト（René Descartes）は、一五九六年三月三一日、フランスのトウーレーヌ州ラ・エイに生まれる。父は法官（ブルターニュ高等法院官。法服貴族の生れはバイエの誤り、と小林道夫『哲学の歴史5』とレヴィス『デカルト伝』で指摘あり）で、四月三日に洗礼を受ける。のち著作は、教会から『禁書目録』（一六六三年）に載せられ、排除される。幼少時から二〇歳過ぎまで虚弱体質で、肺が弱く、こんこんと空咳をし、後に肺炎で北欧のスウェーデンのストックホルムに客死する、そのような体質をもっていた。一一歳から八年間、伝統校であるラ・フレーシュの学院（最新のレヴィス『デカルト伝』によると、一六〇七年復活祭の日に入学し、一六一五年九月卒業したとある）で寮生活をおくり、スコラ学、数学、ラテン・ギリシアの古典語を学ぶ。虚弱体質のため朝、ベッドに長くいて、思索にふけり、メモもとる。ラ・フレーシュの学院のあと、更に一年ほどポワチェ大学で医学と法学を学び、法学士号を取得した（一六一六年一一月）。最高学府のパリ大学、ソルボンヌには行っていない。二〇歳に達したデカルトは首都パリに出て、勝負事をしたり、無為の生活もして、学校と書物以外の「世間という大きな書物」（la grand livre du monde）に学ぶ（『方法序説』I―14）。服装は、黒中心の学者風を嫌い、流行をとり入れたものを好んだ。この世間を学習しようとしたのか。ただ、節制で、陽気で無欲恬淡《てんたん》だった。二二歳にはオランダに赴き軍職につく。デカルトの体質は虚弱だが、気質は武人的なところがあり、エピソードとして川渡りで船頭の悪だくみを剣で制圧したり、恋敵と決闘もし、後にゆるした、ともある（レヴィス『デカルト伝』、バイエ『デカルト伝』、アラン『デカルト』、サスイー『デカルト』他）。

一六一九年一一月一〇日二三歳のデカルトは、南ドイツのウルム付近の小村ノイブルクに冬営中、かの有名な炉部屋で〝三つの夢〟をみる。「この日、驚くべき学問の基礎を見いだした」と、最初の伝記作者バイエが、残存した本人の日記から『デカルト伝』で述べている。

三二歳、オランダに移住し、隠れる生活を以後二〇年間続け、移住二四回、転地一三回くり返す。モットーはオビディウスの「よく隠れるものはよく生きる」（Bene vixit, bene qui latavit）であった。一人でいる孤独こそ、思索を深めるのに必要不可欠としたのであろう。だが、三八歳の頃、エレーヌという女性と同棲生活をしてもおり、フランシーヌと名づけた娘をもうけてもいる。娘は五歳で他界する。五三歳のとき、オランダの王女エリザベートのため『情念論』を出版し、客死のストックホルム行きは、スウェーデンの女王クリスチーネに招かれてのものだった。肺炎のため一六五〇年二月一一日客死する。享年五三歳一〇ケ月一一日。遺体は二七年後の一六六七年にフランスへ移送される。

著作は必ずしも多くはない。列記する。

『方法序説』（Discours de la méthode）一六三七年、四一歳。自伝風。六部構成。

『省察』（Meditationes de prima philosophia 第一哲学の省察）一六四一年、四五歳。主著。六部構成。

『哲学原理』（Principia philosophiae）一六四四年、四八歳。体系書。

『情念論』（Passions de l'âme）一六四九年、五三歳。エリザベートのため。

死後に、『精神指導の諸規則』など。

デカルトの哲学を主著『省察』を中心に、しかも、そのコギト・エルゴ・スムの第一原理に焦点を当てて概要を述べておきたい。通説とされる読み方にできるだけ沿って先ずは、述べておきたい。

『省察』は、デカルト四五歳のときの主著で、正式には「神存在、人間の心身の区別を論証する第一哲学の省察」で、「第一哲学」即ち形而上学（存在論）を反省・考察した著作である。『省察』は〝せいさつ〟と発音されることが多いが、〝しょうさつ〟も誤りとは言えない。英語のmeditationで、ラテン原文のメディターティオーネース Meditationesである。「形而上学」はMetaphysicaで、physicsフィジックスの物理、自然の諸学問を、メタ・超えた（原義は、諸学の「後」の編纂から）ところの「存在」ontologiaを明らかにする。それで諸学問の根本で、第一である哲学、基礎学を意味する。従って、デカルトの諸学問を一本の樹木に見立てた「智恵の樹木」の比喩（『哲学原理』書簡）では、「根」rootに相当し、家屋では「土台」fundamentalに相当することとなる（『省察』Ⅰ—1）。第一哲学は形而上学のことで、〝ある〟ことを明らかにする「存在論」である。

『省察』の全体は六部構成で、まずは論題の要旨をみておく。

省察一……疑われ得るもの（パラグラフに番号づけると12から成る。これをⅠ—1〜12と略記する）。

省察二……精神の本性。精神は身体よりも容易に知り得る（Ⅱ—1〜16）。

省察三……神。神は存在する（Ⅲ—1〜39）。

省察四……真と虚偽（Ⅳ—1〜17）。

省察五……物の本質。そして神は存在する（Ⅴ—1〜16）。

省察六……物の存在と心身の実在的区別（Ⅵ—1〜24）。

『方法序説』は、『省察』の四年以前四一歳時に公刊されたデカルトの著作中で最も有名であり、多くの人々のために通用していたフランス語で書かれ、それ故に読まれた。学者用のラテン語ではなかった。従って、より多くの人に理性の光を当てる啓蒙に役立ち、しかもラテン文訳の「コギト・エルゴ・スム」が出てくる（『方法序説』Ⅳ—1）。『方法序説』の正式タイトルは「理性を正しく導き、学問で真理を探求するための方法の序説。そして……」というもので、理性を正しく用いる方法の序文である。序文だから、その後には、諸学問とその理論が本文として続く。その本文は、物理、自然学などの三論文である。この自伝風の『方法序説』も六部構成で、『省察』の六部構成と同じで、旧約聖書の「創世記」の六日間で世界は創造されたという記録を連想させようか。また、先のデカルトの喩える「智恵の樹木」も「創世記」に描かれた「生命の樹」と対をなす「善悪を知る樹」を連想させる。が、その関連はよくは解らない。

ともかくも、『方法序説』の六部構成の論述要旨を挙げる（パラグラフの番号づけは『省察』に倣う）。

第1部……スコラ学の不確実。世間という大きな書物 la grand livre du monde へ（Ⅰ―1～15）。

第2部……南ドイツの寒村の炉部屋での考察で、四つの規則すなわち①明証性（明晰かつ判明）、②分析、③総合、④枚挙。但し〝三つの夢〟とその内容には触れられていない（Ⅱ―1～13）。

第3部……モラル（道徳）は暫定道徳 moral provisoire として、三つの①良き慣習、②意志強く、③克己（Ⅲ―1～7）。

第4部……形而上学の考察に向い、方法的「懐疑」、「考える私」、「神」、「物の存在」。コギト・エルゴ・スムも出る（Ⅳ―1～8）。

第5部……宇宙、自然現象、人体の機械論など（Ⅴ―1～12）。

第6部……ガリレオ・ガリレイの地動説が宗教裁判で否認され、現実の権威との間にコンフリクトを抱える（Ⅵ―1～12）。

なお、テキストの邦訳では、諸先学のものを使わせていただいた。中でも『省察』では、三木清訳、桝田啓三郎訳を、『方法序説』では、落合太郎訳、谷川多佳子訳を借用させていただいた。ただ、テキスト参照の上で、手を入れた箇所もある。

テキストは、Descartes Œuvres philosophiques,
Tome I（1618―1637),
Tome II（1638―1642),
Tome III（1643―1650),
Édition de F. Alguié, Garnies の三巻本。

併せて、Discours de la méthode suivi des Méditationes par René Descartes. présentation et annotation par F. Mizrachi. Union Générale d'éditions.

英訳では、Descartes A Discours on Method, Meditation and Principles. Translated by J.Veitch, Everyman's Library.
を使用した。

三　『省察』Ⅰ部

主著の『省察』に戻る。

デカルトは『省察』Ⅰ部で〝疑い doute, doubt 得るもの〟を、まず次のように考える。いかに多くの虚偽を真なるものとして受けいれてきたかを、数年前から気がついていた。だから、その上に築かれたものは疑わしいのである。もし、学問で確実なものを築こうとするならば、土台 fondement, fundamental となるものから吟味してかからねばならない。そして、今、学問的に成熟し、年齢もその根底的吟味にふさわしいと考えるので、この年来の課題に着手する（Ⅰ―1）。この課題のために総てを虚偽として示す必要はない。理性の明白な分別する力で、少しでも疑いのあるものについては拒否することとする（Ⅰ―2）。感覚が多くの虚偽をもたらしていた（Ⅰ―3）。感覚は誤りが多い、特に微小もの、遠くのものでそうだ。だが、「私が今、ここに居る」、暖炉の側の椅子に坐り、冬着でいるというのは、感覚によると言えるが、確実なのではないか。確実と思い、否定できない「私が今、ここに居る」ということは、しかしながら夢の中でのことかもしれない。夢の中でも、覚醒時と同じ意識構成がされているかもしれない。私は今、夢みているかもしれない。そこに明らかな区別がないことに驚く。この驚きが、今、私が夢みていることかもしれないことを確信させる（Ⅰ―5）。それで、私達は夢みているとしよう。そうとするなら、例えば夢の中の私の手は、動かさずに動かしている虚動として、この手は虚構だろうか。サイレンの語源であるギリシア神話のセイレネスは、上半身が人（女）で下半身が鳥の姿をした〝海の怪物〟で、人（女）や鳥の寄せ集めだが、空想でしかない。更に私の手の虚動だけでなく、虚構を作り、新しい本質に類した虚妄を作れるとしよう。

しかし、どうだろう。それらを構成する「色」だけは、現実にある、のでなかろうか。単純で、普遍的な「色」のようなものから、現実は構成されざるを得ないのでなかろうか。夢の中でも、覚醒していても、この単純で普遍的な「色」に類するものから、思惟の中で、構成されることを必然的に承認しなければならない（Ⅰ―6）。この「色」に類するものに、物の「本性一般」「延長」、その延長の「形体」「量」（大きさ、数）、「場所」「時間」などがある（Ⅰ―7）。

それ故に、複合されたものの考察による学問、物理学、天文学、医学などには疑わしさが残る。それに反し、算術（arithmetic で、mathematics でない初算数学）、幾何学など、単純で一般的で、しかも自然界に有るか否かを考えない学問は、疑い得ないものをもつと言ってよい。何故かなら、覚醒時にも、睡眠時にも、二に三を加えると五であり、四角形は四辺以上でない、からである（Ⅰ―8）。

けれども、万能の神が存在し、私もその神により創造されたという、古くからの意見が心に刻まれている。だが、完全に知っていると思っても間違っていることはある。二に三を加えると五であり、四角形は四辺以上でない。これも間違っていることはある。間違うように神はしたかもしれない。だが、神は至善と言われているので、間違うようには欲しなかった、と思われる（Ⅰ―9）。しかし、万能で、創造の神も虚構かもしれない。私を創造した神が無力とすればするほど、私は間違い、不完全であることは確かのようだ（Ⅰ―10）。信じ易い心が占領するのを気をつけねばならない。すべてが虚偽で、空想と仮想する。いかに逞しく虚偽で空想としても、認識についてなので問題はない。行為についてでないから（Ⅰ―11）。そこで、悪意ある有力で、老獪な霊が私を欺くと仮定する。この悪霊が、私の信じ易い心に罠をかけ、夢の幻影を作っているとしよう。真なるものに至らなくとも、虚偽には同意しないようにしよう。

夢で自由を得ていた囚人が、覚醒して不自由になることを虞れる。そのように、古い意見の囚人になることを虞れる。しかも、光の中へでなく、闇の中で過ごすのを虞れる（Ⅰ―12）。（プラトンの〝洞窟の比喩〟を想いながらの記述であろう）。

四　『省察』Ⅱ部

『省察』Ⅱ部に移ろう。

第二日目が想定されている（天地創造の第二日目とも理性主導の第二日目ともとれる）。ここで、デカルトは〝精神の本性。精神は身体よりも容易に知り得る〞ことを明らかにする。後に、問題となる、心（精神）と身（身体）の心身二元論即ち、物心二元論で、まずは心（精神）の本性を明らかにする。容易に知り得るからである。

昨日の省察で、私は懐疑の中へ投げ込まれた。それは渦巻く深淵の中へ不意に落ち込んで、混乱し、足を底にもつけられぬし、また水面へ浮かび出ることもできないような状態だった。しかし、昨日と同様に、僅かでも疑いの余地のあるものは虚偽であるとして、払いのけ、歩み続けよう。その先が、確実なものは何もないと、確実に知るとしても前進しよう。アルキメデスは、地球移動のために、一つの確固不動の支点だけを求めた、という。それに倣いたい（Ⅱ—1）。

そこで、一切を虚偽と仮定する。見る、記憶、感覚、物体、形体、延長、運動、場所も一切合切を虚偽と仮定する。であるならば、真なるものとは何か。多分、「確実なものは何もない」il n'y a rien au monde de certain, there is absolutely nothing certain. ということであろう（Ⅱ—2）。

それでは、「確実なものは何もない」と、どこから知ったのか。神のようなものか、別の名によるものによるのか。この考えを、私に注ぎ込む「作者」produire, producing は存するのでないか。そのように存する或るものとして、私はあり得るのでないか。

しかし、一切を虚偽とし、一切合切を虚偽と私は私に「説得」persuadé, persuad した。強く勧め納得させた。確信させた。

「従ってまた私は存しないと説得したのではなかろうか。否、実に、私が或ることについて私を説得したのならば、確かに私は存したのである。」（Ⅱ—3）。私を説得した私は確かに存したのである。

しかし、老獪な「欺瞞者」trompeur, deceiver が、私を欺いているかもしれない。欺くがよい。しかし、欺かれていても、〝私が或るものである〟と私が〝考えている間（限り）〟は tant que je penserai être quelque chose、彼は決して私が何ものでもないようにすることはできないであろう。

このように一切を考えた結果、最後の命題「私は有る、私は存在する」Je suis, j'existe. I am, I existo. は、言い表わす度に、把握する度に、必然的に真 nécessairement vraie, necessarily true として、立てられねばならない（Ⅱ―3）。

整理しよう（Ⅱ―3）。

総ては疑わしい。だが、疑わしいとする懐疑思想を抜け出し、確かなものを得たい。そのため「確実なものは何もない」からスタートする。だが、そのスタートの「確実なものは何もない」その考え・思想で、既に「作者」の私が存在したのでないか。しかし、その考え・思想の内容は「確実なものは何もない」だったと説得した故に〝ない〟。だが「否・実に」そう説得したのなら、そのことは〝ある〟存在する。しかし、「欺瞞者」が私を欺いているかもしれない。いくら欺いていても、私が或るものと考えている限り、私は存在する。かくて「私は有る、私は存在する。」。すなわち「われ思う、故に我あり」cogito, ergo sum（『方法序説』Ⅳ―1）。

ここで、懐疑思想から三段階を踏んで、私の存在確認に至る。①「作者」として、②「説得」して、③「欺瞞者」に欺かれても、である。①「作者」として存在する、アル、②「説得」して内容からナイ、だが「否、実に」として「説得」したこと、それ自身、形式からアルと、③「欺瞞者」を想定し欺かれたとしても、欺かれていると私が考える限り、その間は、私は存在するアル。三段階の存在アルとナイは、①「作者」アル、②「説得」ナイとアル、③「欺瞞者」アル、と整理できる。ナイは②「説得」のみで、スタートの「確実なものは何もない」懐疑思想の投影のみである。

しかし、どうだろう。三段階の存在アルと存在しないナイは、今一つ別の読み方、整理もできよう。下図で示す。

①のナイをスタートの懐疑思想として読み込み、③のナイを想定で欺かれた仮定として強調し、取り入れて、この図は完成する。この整理はまた見事に、纏まる。即ち、①「作者」のナイとアル、②「説得」のナイとアル、③「欺瞞者」のナイとアル、として纏まる。三段階の夫々で結着はアルの「存在する」である。ナイ「存在しない」或いはナイかもしれない懐疑思想との対決での結着である。アル「存在する」の勝利である。考える私のアル論・存在論の勝利である。デカルトの思惟世界ではそう勝利し、モノローグし、一人芝居を演ずる。あたかも、ハムレットの to be or not to be のように perform する（ちなみにシェークスピアの「ハムレット」初演は一六〇二年、デカルト六歳時で、年数的に観劇可能）。

次に、若干の論評を試みたい。

「作者」produire, producing とは、生産する、作る、生ぜしめることで、天地創造の創造でもあり得るし、壺を製作する匠の製作でもある。人による創造なら「人神 the man-god, der Menschgott」を、匠の神による壺のフォルムならデミウルゴスを想わせる。今日的には、演劇、映画、アニメやTV番組の

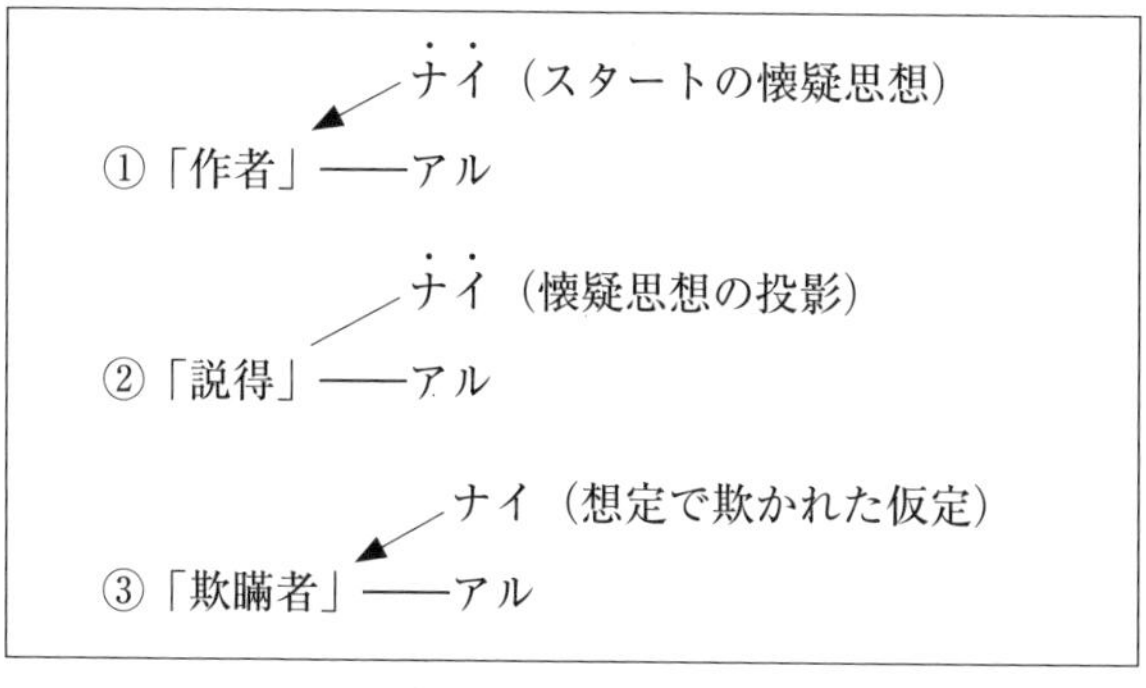

企画・製作者であるプロデューサーと語源を同じくする。

ということは、「確実なものは何もない」との考えが存在するなら、その原因がなければならない。その原因が「作者」で、私自身であり得る、はずでないか。結果があるなら原因もある筈だ、という因果関係を導出し、因果律が前提されている。

デカルトの時代一七世紀は、ガリレオ・ガリレイを父とする近代科学の揺籃期であって、当時としては頷けないこともない。

しかし、今日二一世紀は量子力学の時代で、記述は本質的に確率的・統計的とならざるを得ず、ニュートン以来の古典力学の決定論的・因果性では不充分にすぎる。縮めていうなら、日常生活の事象はさておき、宇宙や素粒子の世界では絶対時間、絶対空間は通用せず、かの〝空っぽの宇宙（空間）に変化（時間）はない〟というエルンスト・マッハや、古く〝時に別体なし、法（事象）に依って立つ〟との華厳での主張から、近代の因果律はどのように有効性を持ち得るか。問われなければならない。

従って、ここでの「作者」由来の私の存在説は、今日では無力ないし必然とは言い難い。「作者」として、私は或るものとして、あり得ないのでないか。むしろ、〝作に縁り、作者ある。作者に縁り作が働く。〟（『中論』第8―12、観作・作者品）とか、〝作により者が表示され、者により作が表示される。〟（同、第9―5、観本住品）の正当性が示されるべきであろう。

次に、「説得」した persuadé, persuade とは、私が私に「確実なものは何もない」と「説得した」として使われる。ペルスュアデとは、英語の persuade のことで、共に、「説得する」の他に〝確信した〟〝納得させる〟でもあり、語源のラテン語 persuades は「強く勧める」の意味をもつ。

再度引用しよう。「従ってまた私は存しないと説得したのではなかろうか。否、実に、私が或ることについて私を説得したのならば、確かに私は存したのである。」（Ⅱ―3）。私は存しないと説得した。だが、私が、私を説得したのならば私は存在する、と言う。ここで、主語と述語の関係で、主語が挿入されているが、述語が先ずあると解されるべきと考える。つまり、〝私を説得した〟という述語部分の先行性である。〝私を説得した〟働き・作用があり、その働き・作用から、主語の私が、後発されると考える。働き・作用の前に主語である主体ないし実体はあり得ないと考えるからである。後に出る、ガッサンディの反論を引き起すからである。「説得した」ことで、働き・作用が、私を存在たらしめる。かくて、〝私が、私を説得したのならば、私は存在する〟と、主述の伝統的叙述からならば可能となる。

しかし、これは自同性である。〝私を説得した私〟という同一の私である。私自身、私そのものの自同性である。自己言及のイデアである。自己確認であり、アイデンティティである。いわゆる「主語論理」と言われているものである。

注目すべき註解を次に考える。

「mihi persuasi（私は私に説得した）が、文法的には Hauptsatz であり、……」として、「この文法的なものを通して、近代世界全体の根本が語られていると考えられるのである」。Hauptsatz は、主文で主題でもあり、ここでは主語に相当しよう。それに従属するのが、Nebensatz で、副文で述語に相当しよう。それで一切の根底に、mihi persuasi（私は私に説得した）即ち「自己意識」が、je pense が眼を開いた、と註解する。「説得した」ことを骨格とした読みの註解例である（落合太郎訳注『方法序説』岩波文庫、昭和二八年八月版、一九六頁）。

「説得した」とは、私が私に対してであった。オントス・オン ontos on、～そのもの、それ自身 it-self とも、ほぼ同義で表現される。また、記号論理学ではトートロジーとして、同語反復の例えば「燃えて燃焼する」というようなこととしても言われる。ただ、it-selfにあるように、文法的な再帰性はみてとれ、その有意味性は問われなければならない。～そのもの、それ自身とは、反射を意味するreflexの反省、内省でもある。ここから、自意識、自覚、自己意識self-consciousnessをもたらす。心理学的には、「自我意識」と称される自己の能動性の意識、単一性の意識、時間経過に対して同一である意識、外界・他人に対する自己の意識、の四面から成ると纏められている。哲学的には、一般に「自己意識」は、諸体験の統一的・恒常的・自同的主体としての自我の意識とされる。

ヤスパースは〝デカルトの思惟（コギト）とは何か〟と問うて、二つの解釈を出す（『デカルトと哲学』）。一つは〝点のような空虚な自己思惟〟で、思惟しつつ思惟されたものを創造する、それ故に自らが一切の存在で一切を有する「神的な思惟」である。二つ目は、人にあっては（「人的思惟」）、自らが充足することなく、自己思惟という〈われ思う〉の空虚な点を見出すだけで、あたかも瞬間に線香花火の瞬く花の点滅のように虚無へ墜落しゆくだけとなるか。或いは〈現実的な意識〉で、二様に分裂して、他の対象を求めていく、思惟するとそれを知っているものとの分裂するものになるかである。そうヤスパースは二つの解釈を示す。つまり、「神的思惟」と「人的思惟」（それは虚無か意識か）の解釈である。

一つ目の、神的な自覚的同一性は、人のものではない。もし、人が神的な同一性を倣うなら、空虚な点となる。後の一九世紀に描かれるドストエフスキーのキリーロフのピストル自殺は、あえてこの証明をしようとしたための「人神　the man-god, der Menschgott」の自殺と受けとれよう。己が神であり得る、生きるも死ぬも自由であるとの行為の一つが自殺である（『悪霊』Ⅰ―3―8、Ⅲ―6―2）。

二つ目の「人的思惟」は、自ら充足することなく、〈我思う〉自己思惟の空虚な点について、ヤスパースは虚無墜落と否定するが、それは後で別に考えてみたい。次に〈現実的意識〉を考える。人の二様に分裂した、思惟するとそれを知っているものとの分裂は、自覚的同一でなく、従って直接的でなく、予め、一つの他者として与えられている何ものかと関わる。デカルトの〈思惟するもの〉は、〈疑い、理解し、……意欲し、……想像、感覚を有するもの〉で、意識にまで及ぶ。思惟は意識であり、意識の現象学となり、意識の作用と状態となることで、ヤスパースは疑わしいものへと落ち込むとする。そもそも、デカルトの確実性とは、単に一つの独断論的意志の新たな形態に過ぎなかったとする。それも合理性の衣装をまとった独断論だ、とヤスパースは言う。

継承された自我存在の謎は、カント以降、フィヒテ、シェリングへと続く。

後に、「厳密な学としての哲学」を目指した、フッサールは独特の現象学を編み出しながらも、晩年には、厳密学の夢は見果てたとして、厳密 strang の旗を降す。世界を有意味に把握しようとするなら、内容の捨象はできず、従ってフッサールにとって世界は〝熟知性 trautheit の基盤〟と言わざるを得なくなる。与えられた世界からの出発は、厳密学ではなく、現象論となる。身体の現象論（メルロ・ポンティなど）に継承されてゆく。

日本で、多くデカルトの哲学は〝自己意識の哲学〟とされ、それは西欧哲学の特長ともされる。この「自己意識」self-consciousness とは、デカルト哲学を離れたとき、どのようなことなのか。もっと広く、深く、例えば唯識思想のマナ識、アーラヤ識をも含めて考えなければならぬ課題であろう。例えば、三法展転《ちんでん》で同類因等流果と異熟因異熟果などとして。

「省察」Ⅱ部に入り、私の存在を含め「確実なものは何もない」というラディカルな疑いの中で、抜け出す三段の夫々を検討し、脱出した。「作者」「説得」「欺瞞者」に対処することで、〝私の存在〟を得た。「私は有る、私は存在する」。よく言われる「われ思う、故に我あり」の cogito, ergo sum である。Ego cogito, ergo ego sum と ego

を入れ表わされもする。

先を急ごう。

「私は有る、私は存在する」その〝存在する私（我）〟とは何か。結論はこうだ。思惟するものだ。Sum res cogitans, I am a thinking thing. 思惟する間は、私は存在するが、思惟をやめたら私は存在しない。思惟する私、考える私が存在するのであって、考えない私は存在しない（Ⅱ―6）。

その結論の途中（Ⅱ―5）で、〝私とは何か？〟として問い、人間だ、理性的動物だ、と考えても、そうすると、動物とは、理性とは、と問わざるを得なくなり、多くの困難に入り込む。止す。次に、〝私の本性とは何か？〟として、顔、手、腕など部分から成る全体を身体と名づけ、この身体が栄養をとり、歩き、感じ、考える、活動することを霊魂と〝関連づけた〟。では、〝霊魂とは何か？〟或る微細なもの、と想像するのに留まった。そして、〝物体とは何か？〟形で空間を占め、五官で知覚しうるところのもので、考える力などをもたないと判断した（Ⅱ―5）。それで、結論に至る。「ここに発見する、思惟がそれだ、と。これのみは私から切り離し得ないのである。私は有る、私は存在する、これは確実だ。しかし、いかなる間か。もちろん、私が思惟する間（限り）である。」（Ⅱ―6）。〝思惟するもの、とは何か？〟「ただ思惟するもの、言い換れば、精神、すなわち霊魂、すなわち悟性、すなわち理性である。」（Ⅱ―6）。〝思惟するもの〟は、精神、霊魂、悟性、理性と、〝すなわち〟で結び同義と捉えた。霊魂は、理性で〝思惟するもの〟で、凡そは、ここで物体、身体と区分された。しかし、先の〝関連づけた〟との表現で、困難も表わした。身心二元の後に続く困難である。

「しからば、私は何であるか。思惟するものである。これは何をいうのか。言うまでもなく、疑い、理解し、肯定し、否定し、欲し、欲せぬ、なおまた想像し、感覚するものである。」（Ⅱ―8）。ここでは、有名なラテン詩「健全な精神は、健全な身体に宿れかし」mens sana in corpore sano.（ユウェナリス）の精神 mens の継承に留まる。

確実な知のための〝疑い〟、それは、ある種の〝理解して〟に依存し、〝肯定し、否定して〟も、その判別ゆえに、そして、その〝疑い〟遂行は、自由な意志である〝欲し、欲せぬ〟ゆえの行ないだから、ここまではよい。しかし、後半の〝なおまた想像し、感覚する〟も含めるとは、おかしいのではないか。確実な知のため、少しでも疑わしいものは一切排除し、その排除の中には〝なおまた〟の〝想像し、感覚するもの〟が含まれていたのではないか。

それに答える（Ⅱ—9）。まず、〝想像〟は仮定し、否定されても、〝想像する力〟はあり、〝思惟の部分〟をなす。次に、〝感覚〟は、夢の中としても「しかし、私は見、聴き、暖くなると私には思われるということは確実である」。〝私には思われる（気がする）〟ことで、偽でなく、真となるという。想像でなく〝想像力〟が、感覚でなく、〝感じるとの思い〟が思惟で確実である、とする。

コギトは「高次のコギト（二乗化された再帰性）」と指摘される（上田閑照『私とは何か?』岩波新書、九〇頁以下）。確実と思われた第一原理のコギトは、ここで「直接に意識している」（第二答弁付録）に拡がる。その定義は「思惟 cogitatio という語によって、私はわれわれがそれを直接に意識しているというふうにして、われわれのうちにある一切のものを包括する。このようにして意志、悟性、想像力、および感覚のすべての働きは、思惟である。」（桝田啓三郎訳『省察』の注、角川文庫、一二五頁）とされる。このコギトの〝直接的意識〟の拡がりは何か。明晰・判明の真理規準に託すのか。直観 intuition、直覚にまつことか。次に考える。

物体を考える（Ⅱ—11）。蜜蠟（ミツバチの巣からの蠟 wax で、ろうそくとして灯火でも使う）を例にする。蜜蠟は蜜の味もすれば、白くもあるが、味は変り色も変る。しかし、存続している。

存続しているのは、多分、今、私の思惟するところのもの。それが〝蜜蠟そのもの〟即ち物体だったのである。

物体は延長のある、しなやかな変化し易いもので、精神によって知覚する。私は、変化することを理解はするが、想像することでは理解はできない。「従って、私はこの蜜蠟が何であるかを実に想像するのではなく、ただ単に精神によって知覚する、ということを認めるのほかはないのである」。知覚は、視、聴などの感覚由来でなく、想像作用でもなく、「ただ単に精神の洞観である」。これは、注意の多少に応じ、不完全な混乱でもあり得るし、「今のように明断で判明でもあり得る」(Ⅱ—12)。

精神は誤り易く、言葉そのものに執着して一方では欺かれる。例えば、窓の外を通る人を眺めるなら、人間そのものを見る、という。だが、眺めたのは帽子と着物で、習慣から人間と〝判断した〟のであって、或いは〝自動機械 artificial machines〟が隠されていたかもしれない。かく、見て知る〝知覚 perception〟も、それが何かの〝判断 judgement〟能力によって捉えていたのである。

知覚は、判断する精神の洞観なのである。この〝洞観〟とは、洞察で、先の直観 intuition、直覚で、また直知でもあり、ラテン語では「熟視する」を意味する inspectio である（独では Anschauung)。従って、単なる〝直感〟（すぐさまの感じ）とは区別されるべきである。外的感覚とも区別されるべきである。

知覚は、先に述べたように、視覚、触覚の作用でもなく、想像の作用でもなく、〝洞観〟インスペクティオという精神の働きなのである。眼で見ると思ったものでも、「これを専ら私の精神のうちにある判断の能力によって把捉するのである」(Ⅱ—13)。

蜜蠟の外的形式でなく、〝いわば、その着物を脱がせて、その赤裸のままを考察する場合、たとえ未だ判断に誤りがあるとしても〟「私は実際、人間の精神なしには、かように蜜蠟を知覚することはできないのである」(Ⅱ—14)。

私自身は精神そのものである。そして〝この蜜蠟をかくも判明に知覚する私〟とは何か。〝私は私自身を一層真に、一層確実に、一層判明に、一層明証的に認識するのではないか〟何故かなら、蜜蠟を見る、その見ることで、蜜蠟が存在すると私が判断するなら、私自身は存在するのではないか。〝見るというそのことから、私自身が存在すると結果するから〟それは蜜蠟でないこともありうるが、〝私は見ると私が思惟するとき、思惟する私自身が或るものでないとは出来ないのである〟（Ⅱ―15）。換言すると、私の思惟は、思惟する私自身なのである。

かくて、物体そのものは、感覚や想像によってではなく、悟性によって知覚される。思惟によって理解される。インスペクティオ即ち「洞観」、洞察で、直観 intuition、直覚、直知による「知覚」の「判断」なのである（Ⅱ―16）。人間の認識は、「洞観」即ち「直観」intuition に始まり、「知覚」perception され、次に「判断」judgement されて、更には「推論」inference もされていく。そこでの真偽は、明断・判明の真理規準に託される。

五　『省察』Ⅲ部

『省察』のⅢ部に移ろう。Ⅲ部は、神についてと、神の存在がテーマである。

自分に話しかけることで、「洞観」即ち直観、直知、インスペクティオを深めてゆきたい。「私は思惟するものである。」I am a thinking thing。それは、疑い、肯定・否定し、僅かを理解し、多くを知らない、欲しまた欲しない、なおまた想像もし、感覚もするものである。この文の末尾にある、感覚し、想像するものは、外部にない場合も、感覚すると思い、想像力と称する思惟の仕方は、一定の仕方である限り私のうちにある。～と感じると考え（思い）、～と想像すると考える（力）、その仕方は考えること、思惟していることである（Ⅲ―1）。

以上は、これまでの要約だった。再度言う「私が思惟するものであるということは、私に確実である。」I am

certain that I am a thinking thing. では「確実」certain とは何か。ここでは、明晰で判明な知覚以外はない。そこから「一般的規則」general rule として、「私が、極めて明晰・判明に知覚するものは総て真である」all that is very clearly and distinctly apprehended is true. を立てる（Ⅲ—2）。

以上の整理をしておこう。

①私とは何か？　私は考える、故に私は存在する。Ego cogito, ergo ego existo. 考える（疑う）ことで、私の〝存在すること〟を自覚する。所謂、コギト・エルゴ・スム。

②私はどういうものか？　考える間（限り）私は私である。私の〝本質〟は思惟する（考える）ものである。Sum res cogitans.

③私の〝存在〟①、と私の〝本質〟②、の「確実性」certainty は、どこから得られるか？　真の「一般的規則」に拠る。「極めて明晰・判明に知覚するものは総て真である。」Omme est verum, qued valde clare et distincte percipio. これによる。

そこで「明晰・判明」clara et distincta とは何であるか？『哲学原理』（Ⅰ—45）を要約する。「明晰」クリア clear とは、注意する精神に現前し、かつ明らかな認識のことで、在り在りと明白なもの。「判明」ディステンクト distinct とは、明晰であると同時に、その他一切から区別されて、明晰のみを含む認識のこと。判明なものは必ず明晰だが、明晰なものは総て判明とは言えない。判明は明晰に包摂される関係にある。これは「自然の光」即ち、生れつきもった「真偽判断の能力」（『方法序説』Ⅰ—15）のことで、また「明証性の規則」（『方法序説』Ⅱ—7）とも言う。

予告もしておこう。①は「われ思う、故に我あり」、②は「我は思うものである」、③「明晰かつ判明に知るものは真である」。つづいて、④は「無からは何も生じない」Ex nihilo nihil fit.（Ⅲ―14）、⑤は「神は欺瞞者ではない」Veracitas dei.（Ⅲ―38）即ち、神の誠実性。

神の存在証明の三つも予め示しておこう。①生具観念から（Ⅲ―22）、ア・ポステリオリに証明される。「我々のうちにある神の観念は神を原因として必要とする、従って神は存在する。」（「諸根拠」定理二）。②存在論的証明で、本性から（Ⅴ―7）、ア・プリオリに証明される。「神のうちには必然的存在が存する」（「諸根拠」定理一）。数学上の真理と同じ（三角形の内角の和が二直角と同様）。或いは一層、明証的 evidence である。一層、明晰かつ判明である。アンセルムスに代表される。③究極原因の神から結果する、分有することで維持される（Ⅲ―33）。「完全性を形相的に優越的に、自己のうちに有し、かくして神である。」（「諸根拠」定理三）。その完全性を分有しながらも、対極の無に誘われ欠如する故に誤り、悪に陥る。自由意志の働くところ（『哲学原理』では、①の生具観念はⅠ―18に、②の存在論的証明は、Ⅰ―14に、③の分有ではⅠ―20、にも証明がある）。

私の解読としては、①の生具観念で、個物の私という現象をして、②の存在で、私を超越し超え、③の分有で、私に内在する欠如の本質でたらしめる。そのようなヘレニズムの神（神のイデア面）とも読みとれる。信でなく、知で証明される〝哲学者の神〟がここにある。

『省察』Ⅲ部（神の存在）に入り、Ⅰ、Ⅱ部の整理をし、「明晰・判明」の真理規準である「明証性の規則」に及んだ。真理規準 criterion とは「明晰・判明」の「一般的規則」として、立てられたものである。このクライテリオンは真であるか否かの規準、ものさし、「判断の手段」である。真偽判断の力は、「自然の光」でいわば「理性」であるが、それは二種ある。第一は、万人に平等にある思惟で、真理の区別だけをする場合で、真理の認識能力（有名な『方法序説』の冒頭、ボン・サンス、良識の公平賦与）。第二は、極く少数者にしかない、従って不平等な、真理を発見する能力である（一六四五年八月一八日付、デカルトからエリザベトへの手紙。『デカルト書簡集』ほか）。

先を急ごう。

私があり、その私は〝思惟するもの〟であった。その思惟は、思惟内容を分類して真偽を区別する必要がある。〝思惟するもの〟の一つは「観念」idea、ものの像、かたどりである。二つは「意志……感情……判断」である（Ⅲ―5）。

「意志」はキマイラを想像しようと、また「感情」は曲ったことを願望しようと、それ自体は真である。だが「判断」で、私の内の観念と外にあるものとの「類似あるいは一致している、と私が判断するところに」誤りが生まれる（Ⅲ―6）。

「観念」は「生具のもの idea innate」、「外来のもの」、「作られたもの」に三分できる。所謂、「観念三分類説」。「生具のもの」イデア・インネィトとは、本性由来の真理とか思惟、理解など。「外来のもの」とは外界からの噪音、太陽など。「作られたもの」とは構像されたセイレネス（半人半鳥）などのこと。真の起源を洞観、探究しなければならない（Ⅲ―7）。

太陽は感覚では小さく見える。だが、天文学上は、地球より何倍も大きいものとして示される。かくて、理性は感覚器官の誤り易さを知らせる。従って、「外来観念」は虚妄である。「作為観念」も本質の寄せ集めにより構像されたセイレネス（半人半鳥）などなので虚妄となる（Ⅲ―11・12）。

残る「生具観念」は三分される。「様態」modus である偶有性の観念と、「有限実体」である私の観念と、「無限実体」である、無限なる全智全能なる、一切の創造者たる神 dues の観念である（Ⅲ―13）。

原因は結果に対して優越する。因果決定論である。この因果律は近代のもので、スコラ学では理由律とされた。

結果は原因から実在性を得る。「……原因のうちには少くともこの原因の結果のうちにあると同じだけの実在性が存しなくてはならぬということは、自然の光によって明瞭である」。かくて「いかなるものも無から生じ得ないということ」（Ex nihilo nihil fit.）が帰結する。より多く完全なもの（多くの実在性を含むもの）は、より少ないものから生じ得ない。実在性だけでなく「観念」についても言える。例えば、石で考える。ある石の観念は、形相的に、優越的に、あるより多くの実在性（完全性）をもつ原因によらなければ私の内にはない。「この観念が無から出てくるということはあり得ない」。（Ⅲ―14）。

観念は他の観念から生まれるとしても、無限に遡ることはできない。第一の観念に到達し、この観念の原因は一切の実在性を形相的に含む原型ともいうべきものである。このように「私の観念は影像の如きもの」（画像の如きもの）である。完全性において及ばないが、しかし、自然の光により明瞭である（Ⅲ―15）。

結局、何を言いたいのか。まとめる。私の中にある観念には、客観的実在性で形相的に優越的に原因である他のものが存在する。ということは、私自身が原因でなく、また、私は世界で孤独でない（Ⅲ―16）。

私の中にある観念には、〝私自身の観念〟〝神の観念〟〝物体の観念〟天使、動物の観念、他の人間の観念がある（Ⅲ―17）。

結局は、天使、動物、他の人間の観念がないとしても、これらは〝私自身の観念〟〝物体の観念〟〝神の観念〟から構成されている（Ⅲ―18）。

〝物体の観念〟で、明晰に判明に知覚するのは僅かだ。それは「大きさ」ないし長さ、広さ、深さにおける「延長」、これによる「形」、そして「位置」「運動」「変化」。なお、「実体」「持続」「数」を加えられる。他の光、色、熱など触覚的なものは不分明で不明瞭と私に思惟される（Ⅲ―19）。（既述の色は夢でも（Ⅰ―6）。）

これらの観念は私という「作者」によっている（Ⅲ―20）。

しかし、〝物体の観念〟で、明晰で判明なものは、私自身から出ているように思われる。石は、それ自身で存在できる「実体」であり、「延長」するものと思惟し、他方、私は「実体」であり「思惟」するものと思惟される。石は「延長」で、私は「思惟」の性質で大きな差異があるが、石と私は「実体」では同じである。〝物体の観念〟は「延長」の属性で、かつ形、位置、運動の様態であったが、それらは、「思惟」する属性の私に含まれ、私が優越している（Ⅲ―21）。

〝神の観念〟はどうか。〝神の観念〟は「或る無限なる、独立なる、全智なる、全能なる……一切を創造したところの実体である」観念で、単に私自身から出てきたものと思われない観念なのである。それ故、「神は必然的に存在する、と結論しなければならない。」（Ⅲ―22）。これが生具観念からの神の存在証明①である。

何故かなら、私自身は「実体」だが、「有限」なのだから、ということは「無限」の「実体」からでなければ、あり得ないからである。「無限」の下にある「有限」の私は孤独でない（Ⅲ―23）。（しかし、これは単なる知的に満たされた「孤独でない」であろう。パスカルの〝一弾きさせた後の神の不用〟と解したデカルトへの批判は、多分ここにあろうからである。）

無限なるものを有限なるものの否定から、知覚すると思ってはならない。何故か。「無限な実体」the infinite substance のうちには、「有限な実体」the finite substance よりも多くの「実在性」more reality があるから。また、神の知覚は私自身の知覚よりも、先なるものとして明瞭に理解するからである。というのは、私が「疑い」そう意欲したのは、私に「欠陥」deficiencies があったからである。私に欠けるものがあったから「疑い」そう意欲してきたのである。というのは、欠けていることを知るのは欠けていない「完全なもの」があったからでないか（Ⅲ―

24）（これはアウグスティヌスが、悪は単なる「善の欠如」privatio boni であるとした「欠如概念」privative concept として受けとることができるであろう）。

先を急ごう。

私は何者から出てきたのか、と問う。①私自身からか。②両親からか。③他の神より少ない完全なものからか（Ⅲ―29）。

もし、①私自身から、私が出てきたのなら、疑うということがなかった、願望することもなかった、従って欠けていることもなかった。何故か。一切の完全性を私に与えて、私自身は神であったであろうから。疑った故に神ではない（Ⅲ―30）。

時間の本性は、瞬間が持続して保存されるためには新たな創造が必要だ。保存は創造だ（Ⅲ―31）。（「連続的創造」creatio continua と言われ、『哲学原理』の第Ⅰ部21にもみえる。また『方法序説』第Ⅳ部の4にもみえる）。

かくて、私は保存と創造の力をもつか。意識し経験したことはない。故に私は神でない（Ⅲ―32）。

では、私は②両親からか、③他のものからか。いずれから、出てきたのか。原因は結果に優越する実在性がなければならない。私は思惟するもの故に神の観念をもち、従って完全性の観念をもっている。再び整理する。私が①私自身からなら、私は神だ。それはなかった。②は後に。③他のものからなら、それ自身からか神からかと、同じ仕方で問い究極の原因へと無限の進行がなされ神に到達する（Ⅲ―33）。これが、究極原因から分有するところの神の存在証明③である。

残る、②両親からなら、両親は私に質料のうちに或る「一定の性情を据えつけた」だけで、精神である私を作り出したのではない（Ⅲ―36）。

「神の観念」はどこから得たか。感覚由来でない。構像されたものでもない。そうでなく、私に生具するのである。「生具観念」idea innata イデア・インネィト、内に孕むイデアである（Ⅲ―37）。

それは、神が私を創造するとき「植えつけた」。ちょうど芸術家が作品に「印刻」empreinte, impress するように。それで、私は神の像の「似姿《にすがた》」Image, image なのだ。私の拠り所で依存するものが神なのだ。かく完全で、欠陥ない神が「欺瞞者」ではあり得ない。何故か。瞞着と詐欺は欠陥によるものだからである（Ⅲ―38）。

しかしながら、神の観想に停まりたい。何故なら「他界の生活」を信仰で信じているが、この神の観想によって「この世の生活」で最大の満足を経験するからである（Ⅲ―39）。

ここで神の存在証明を再び付け加え、整理する。三つの証明とされる。「諸根拠」による。〈定理一〉は、〝神の本性から認識〟される。三角形の内角の和が二直角であるように。『省察』（Ⅴ―7）に出る。アンセルムスの存在論的証明で有名（先の予告では②）。〈定理二〉は、〝神の観念が我々のうちにある「生具観念」、ア・ポステリオリに証明される〟『省察』（Ⅲ―22）（先の①）。〈定理三〉は、〝神の観念を有する我々自身が存在することから証明される〟『省察』（Ⅲ―33）に出る。究極原因から「分有」している（先の③）。

『省察』の神の存在証明を追求ルートで示す。①われ、Ego（Ⅱ―3）―→②思惟するもの Sum res cogitans（Ⅱ―6）―→③その二分で、意志、感情、判断もあるが、観念 idea もある（Ⅲ―5）―→④観念三分類から、生具観念 idea innata―→⑤その生具観念には「様態」modus（本質の変様で、長さ等の量で可分的なものと、意欲、感覚などの不可分なもの）、それに「有限実体」（私、人間）、更に「無限実体」（神 deus）の観念がある（Ⅲ―13）―→⑥〝原因は結果に優越する〟近代の因果律を用いる（Ⅲ―14・33）―→⑦そして「いかなるものも無からは生じない」（Ⅲ―14）―→⑧私の内にある神の「生具観念」は結果だが、それには原因がある筈だ。原因は無でなく結果に優越する。

故に、客観的実在性として優越する、第一の原型がなければならない。神の「生具観念」という影には、第一の原型がなければならない（Ⅲ―15・16）→⑨それで、「神は必然的に存在する（実在する）と結論しなければならない。」（Ⅲ―22）。→⑩これが「生具観念 idea innata」からの「神存在の証明」ルートである。

また、神は「完全者」ゆえに不完全からの欠如、「欺瞞者」であり得ない（神の誠実性 Veracitas dei Ⅲ―38）とも補強される。

なお、若干の補注を付すと、

②の思惟するものの後に、一般的な規則として「私が極めて明晰に極めて判明に知覚するものはすべて真である」（Ⅲ―2）を立てる。clara et distincta の明証性（evidence 証拠）のことで、直接的確実性、直証とも。

③の観念の後に、観念を三分して〝生具観念〟〝外来観念〟〝作為観念〟とし、夫々を検討する（Ⅲ―7）。所謂「観念三分類説」とされること。

④の「生具観念」は「生得観念」「本有観念」とも訳されるイデア・インネィトで、生れつき具わっている（生具）ネイティブ native な観念のこと。ネイティブもナチュラルも共に「生まれつき」の意だが、前者は〝先天的〟を強調する。この「生具観念」を認めないのが周知のように、ジョン・ロックに代表されるイギリス経験論で、ロックはタブラ・ラサ tabula rasa つまり白紙状態に心はあり、認識の起源は感覚など外界からの経験に由来するとする。この「経験論」empricism は従って、経験を超える transcendental な理性 ratio, Vernunft,nous, logos に起源を求める「合理論」（理性主義）rationalism と対立する。

⑩に続く、「神の誠実性」を「主語論理の破綻《はたん》だ」として批判する西田幾多郎は、図らずもの〝勇み足〟を衝く。デカルトは「われ」から出立して「われ」に生具する神の観念から、神の存在（実在）へ辿りつくルートを採った

が、「神の誠実性」はそのルートを逆転させる。〝勇み足〟と見え、「われ」が……でなく、「神」が……とする。「われ」は、「神」の述語づけ、つまり〝欺瞞されない〟ことで、述語にされる。という意味から「主語論理の破綻」と西田幾多郎は批判する。そして、デカルトのルートの延長はスピノザに至り、そこで、人間は神の様相となり、ならざるを得ないとする。述語になる。無限の下で有限は意味をもつ。〝総ての限定は否定である〟。「有限実体」の私、人間は、「無限実体」の神 deus の下で意味をもつ。このスピノザに至って、デカルトの「主語論理」は貫徹される、と西田幾多郎は言うのである。

しかし、どうだろうか。

むしろ、Ego は、神の様相でなく、「神の死」へ向ったのではないか。神を婢《はしため》の如くしていったのではないか。「神人」でない「人神」である。

そうでないなら、Ego から神が、神から Ego が導かれる、かろうじて、解釈のデカルト的「循環」で命脈を保つか。それとも、神を存在の「自己原因 causa sui」として、神の様相に戻るかである。戻るスコラ的解釈には二〇世紀フランスの中世哲学史家ジルソンに代表されるネオ・トミズムが位置する。

この「生具観念」からの「神存在証明」ルートに力が入っているのには理由があると思われる。端的に他の二つ共々、要点を示す。

神存在の証明に、「生具観念」から向うルートは、デカルトの採った回路であり、近代の個人 Ego から神へ至る道であると言える。（先の①）

次に、究極原因の「分有」から向うのは、アリストテレス、トマスの採った回路であり、ウーシア、中世の教会・義人から神へ至る道である。旧約聖書のヘブライズムの啓示信仰を補強した道と言える。そして、この「分

有」と「生具観念」は共に経験的・ア・ポステリオリな道である。（先の③）

最後に、「本性」から向うのはア・プリオリなもので、プラトンの探った回路であり、ソクラテス、プラトンの古代ギリシア（ヘレニズム）哲学から神へ至る道であると言える。これは、アレクサンドリアのフィロンや、「初めにロゴスあり」で有名なマタイが果したところの旧約のヤーウェ神とイデアとの接合した神学と言えそうだ。幾何学の三角形の内角の和が二直角であるのと同様に、神はその完全性において存在をも内にもつとされるものである。（先の②）

第二章　コギトは必然で確実か

デカルトは、少なくとも私にとって喉に刺さった魚の骨のようなものであった。吐き出して快癒することもできず、さりとて気持ち悪さをもち続けるのも少なからず悩みであった。今にしてようやく、長年の気持ち悪さの対症法を見出せるようになったので、ここに快癒の道を進みたいと思う。

魚の骨と喩えたのは、「必然で」、「確実な」学としての哲学であり、それに悩まされ続け、それ故、喉に刺さって容易にとれないものだった。

このため、デカルトが、一切を疑い「確実なものは何もない」としたところから、「我はある、我は存在する」すなわち「われ思う、故に我あり」（コギト・エルゴ・スム）が「必然的な真」として導出されるに至ったプロセスをまずは辿っておきたい。主著『省察』の第二省察にある。

それは「三段階」を踏んで考察されている。第一段は「作者」（プロデュイール）で英語の producing で、第二段は「説得する」（ペルスュアデ）、英語の persuade である。そして、第三段は「欺瞞者」（トロンプール）、英語の deciver である。

まずは、誤り易い、見るなどの〝感覚〟を疑い、次に嘘で曖昧かもしれない〝記憶〟を疑い、ドグマなど歴史上蓄積された〝古い意見〟を疑い、一切を懐疑の坩堝に投げ入れる。それで、確実なものは何もないとしても、その何もない確実な認識に至るまで歩もうとする。確実性への強い意志を表明する。アルキメデスの全地球を動かすという、てこの原理での支点（フルクラム）、すなわち「確固不動」fixé et assuré, firm and abiding の一点の如き確実性を得るまで歩もうとする。

では、一切の懐疑の中で得られる真なるものは何であろうか。「多分、この一つのこと、すなわち、確実なものは何もないということであろう。」Peut-être rien autre chose, sinon qu'il n'ya rien au monde de certain. what is there, then, that can be esteemed true? that there is absolutely nothing certain（Ⅱ—2）（第二省察の第二段落をⅡ—2と略記する。以下、同）。「確実なものは何もない」と、〝多分〟とし、〝であろう〟としながらも、〝何もない〟とする。ここには知的でありながらも、意志的でラディカルなスケプティシズムがみてとれる。それは〝確実なもの〟を得るために必要とした徹底した懐疑性である（懐疑性は〝疑ったり尋ねたりするが、何事にも保証しないし、答えようとしない〟と、モンテニューは『エセー』第2巻第12章で言う）。デカルトが辿った過去の思索過程の足跡であり、他面からはドラマチックな一人芝居のパフォーマンスとしてもみてとれよう。すなわち独白する一人芝居をプロジュースする。ハムレットのモノローグに通じる。

ともかくも「確実なものは何もない」。ということは一つの考え、思想 pensées, thought の表現である。表現があるからには、その表現するところの「作者」がいる筈である。第一段の「作者」produire, producing のことである。懐疑論者 skeptic は、更には由るべき確かなものは何もないとする無神論者 atheist という「作者」でもある。この場合、徹底するラディカルな無神論者は、一方で有神論 theism へ逆転するか、他方でそのままでの虚無主義 nihilism のいずれかである。厭わしいニヒルを避けたいのなら有神論セイズムである。デカルトの辿った道である。それで、のちデカルトは、このセイズムの論証を三つ用意する。①「生具観念」という結果からする神の存在証明で、デカルトの独創になる最もデカルトらしい証明。②総ては究極原因の神に「依存する」ところの分有から神存在の証明で、アリストテレス・スコラの伝統と思われる証明（以上①②は『省察』Ⅲでする）。③「存在論的証明」と言われる神の本性からの証明で、三角形の内角の和が二直角であるという本質、谷なき山の観念が谷と分離し得ないと同様に「存在」は最高完全者の神と分離し得ないという証明。アンセルムス以来の証明である（『省察』Ⅴに出る）。

「確実なものは何もない」は、一つの考え、思想であるから、その「作者」がいなくてはおかしい。では、この「作者」は誰か。神か、それに類するものか、それとも「私自身」か。〝多分、私自身がかの思想の作者であり得る〟ので、「それ故、少なくとも私は或るものであるのではあるまいか。」。一切が疑わしいとしたが、かくて〝私はある〟存在するのではないか。懐疑思想の「作者」の「私」は少なくとも存在する。そうデカルトは考える。

しかしながら、とデカルトは思索を進める。先に「私」は「私」に一切は疑わしく、存在しないと説得した。それは、感覚、身体、精神も、天、地も存在しないと、私は私に説得した。「従ってまた私は存しないと説得したのではなかろうか。」。「私」もまた存在しないと、私に「説得」した故、「私」は存しない。私は無く、「作者」の「私」は〝無い〟ことだった。

（〝無い〟「私」を作った。作った「私」は〝無い〟でなく、〝ある〟とした。だが内容上は〝無い〟。〝内容上〟は〝無い私〟を作った私は、形式的、あるいは〝作用上〟は有る。ということは、後世のことになるが、二〇世紀活躍のフッサールの用語である、対象を志向し意味を与える意識体験の〝ノエシス〟とその内容の〝ノエマ〟の萌芽ともとれよう。別言すると、有る「作者」の私は、シールドした、形式・作用上の私であり、〝無い私〟は内容上の私である。内容上の私は、シールドされた形式・作用上の「入れ子構造」にある。内容上の〝無い私〟は問わず、外面の保護で守った被覆する「作者」の私は有る、と言える。この「シールド」は〝ということ〟、〝というもの〟、〝というもの自身〟と表現される、イデアの比喩である。）

「作者」プロデュイールの私は〝無い〟。ところが……。

唐突に、「否、実に、私が或ることについて私を説得したのならば、確かに私は存したのである。」と突然の反転した表現をする。先に「説得」したのなら、私は〝無い〟のだが唐突に、「否、実に……」と反転して、「説得」したのなら、私は〝存在〟した、と断定する。〝確かに存した〟と急ぐが如く急転して、断定に向う。Non certes, Far from it そんなこと断じてない、とんでもない、「否、実に……」と強い語調で反転、断定する。私の存在を断定する。どういうことか。

かつて、《「クレタ人は嘘つきだ」とクレタ人が言った。》という「クレタ人（エピメニデス）のパラドックス（逆説）」で、自己言及から生ずる背理がある。それは矛盾する命題が両方成立し、真偽が決められないというもの。どちらの仮定も「その反対が正しい」というもので、「矛盾律」「排中律」に基づくからである。似たものにラッセルの「床屋のパラドックス」があり、ここからゲーデルの不完全性定理が導かれたという。

ここで、仮に《「デカルトは嘘つきだ」とデカルトは言った。》として、「デカルトのパラドックス」としよう。「嘘つき」とは、この場合、「私は〝無い〟」に相当させる。それで、《この文を真とする》と、①デカルトは本当を言っている、②「デカルトは嘘つきだ」は正しい、③このデカルトも嘘を言っている。結果、③は①と矛盾している。背理。他方、《この文を偽とする》と、①デカルトは嘘を言っている、②「デカルトは嘘つきだ」は嘘だ、③デカルトは嘘つきでないが、正しい。結果、③は①と矛盾している。背理。

かくて、矛盾する命題が両方共、成立し、真偽は決められない。自己言及から生じる背理である。「嘘つき」は

「私は〝無い〟」に相当させたので、従って「私は〝無い〟」が成立し、その反対の真の「私は〝無い〟」は嘘だも、また成立する。私は〝無い〟でまた反対に私は〝有る〟。私を〝無い〟とも〝有る〟とも「説得」する。私を説得する私の〝有る〟〝無い〟は、〝有る〟に〝無い〟が、〝無い〟に〝有る〟が主張され得る。

これは「同一律」「矛盾律」「排中律」のアリストテレス以来つづく伝統的な三大原則による形式論理に基づくからである。これらは、同一地平、レベルからの論理ゆえである。（同一地平でなく、重層的にはどうか。例えば四句分別、テトラ・レンマからは異なる展開となる）。

これが、第二段階の「説得」するのである（なお、この「説得」を核として、コギトを解明・解釈するのが落合太郎註解である。訳書の『方法序説』岩波文庫、一八九〜一九七頁で註解する）。この「説得」に「近代の根本が語られている」とし、「自己意識が……眼を開いた」とする、旨の教えを戴いた。しかし、その註解者には「作者」も「欺瞞者」も私の知る限り言及がなく残念と思う。

ここまでを要約しておこう。

「確実なものは何もない」から「私はある、私は存在する」すなわち cogito, ergo sum. へ。その「必然的真」のプロセスの確認をしたい。それは、三段階を経る。――第一段「作者」、第二段「説得」する、第三段「欺瞞者」――。

まず、一切を懐疑の坩堝に――「確実なものは何もない」――「確固不動」の一点を求める。「確実なものは何もない」は一つの考え、思想ゆえその「作者」がいる筈だ。「作者」は神か、それに類するものか、それとも「私自身」か。「私自身」が「作者」たり得る。第一段の「作者」である。懐疑思想の「作者」の私は存在する。有る。

しかしながら、先に一切の疑いを私は私に「説得」した。それ故、「私は存しない」。「作者」の私は〝無い〟ことだった。

唐突に、「否、実に……」と反転して、〝私を「説得」したのなら、私は存した〟と断定する。では、私は〝無い〟のか〝有る〟のか。

〖「クレタ人は嘘つきだ」とクレタ人が言った。〗というパラドックスを適用した。仮に〖「デカルトは嘘つきだ」とデカルトは言った。〗とする。結果、私は〝無い〟で〝有る〟。私を「説得」するは、私の有無共に可能である。これが第二段の「説得」するペルスュアデ persuadé である。

次に進もう。

第三段の「欺瞞者」トロンプール trompeur である。その前に振り返る。懐疑思想の「作者」として「私」は〝有〟る。だが、一切の懐疑で「私も」〝無〟いと私を「説得」した。それで、私は〝有〟りだが、〝無〟い。パラドックスの背理で、いうなればアンチノミー（二律背反）で、有り、無い共に主張し得る。それを、デカルトは共に私を「説得」するのだが、私の〝有〟りを断定する。私の存在を肯定し、断ずる。私の独りなる断定を、即ち独断する。私の〝無〟いは忌み厭わしきものとしてか捨象する。〝存在、ある〟を抽象する。モンテニューの懐疑に幕をおろす。モンテニューの懐疑を断定手段として、つまり方法的として殆ど戦略的に使用する。それで、後に〝方法的懐疑〟と称せられる。一七世紀だが、グローバルなアジア的思惟の窓を閉ざす。

パルメニデスの「ト・エオン」、そしてプラトンのイデア論以来のヨーロッパ伝統の「存在論」の軌道に乗り、それを更に、近代の初めに地固めしたと言えよう。しかし、果たして地固めになっただろうか。

「欺瞞者」の言及も唐突である。私を「説得」したのなら、私は〝有る〟という。次の文で「しかしながら、何か知らぬが或る、計画的に、私をつねに欺く、……有力な、……老獪な欺瞞者が存している。」と断言し、「しからば、彼が私を欺くのならば、疑いなく私はまた存するのである。」とし、理由を「……彼は私を欺くがよい、しかし、私は或るものであると、私の考えるであろう間は、……私が……ないように……できないであろう」。私が考える限りは私は有る、という。かくて「私は有る、私は存在するという命題は……必然的に真である、として立てられねばならぬ」。このように急転回して、決定的で、断定的な命題「われ思う、故に我あり」（『方法序説』Ⅳ―1）の必然的な真理に至るとする。

この「欺瞞者」は、計画的にデザインする摂理の如く、いつ如何なる時も、即ち常時、私を欺く、強力で悪賢く老獪で狡い、トロンプールである。この「欺瞞者」はデカルトの想定になるとは言え、その反対者を想定するなら、伝統的な「神」が、即ちこの上なく全能で、強力で、誠実な欺かない存在を想い出さざるを得ない。ということは、「神」に対する「悪霊」を想い出す。「神」を立てたとき、その影の「悪霊」がつき纏う。サタン Satan であり、ルシフェル Lucifer であろう。あるいはデビル devil、デーモン demon でもあろうか。絶対の「1」を立てた時につき纏う「マイナス1」である。「1」と「マイナス1」が対立する二項として将来するとき、一方は一方に引き裂かれる。「分別」（ヴィジャプニティ）と言えなくもない。それ故、このアポリア解決の一つとして、両者の否定が求められる。「1」でなく、「マイナス1」でない、その「中」のゼロ「0」が求められる。対立の撥無である。中間の中でなく矢が的中するの中で、〝あたる〟を意味する。毒に〝あたる〟中毒の中を意味する。龍樹の『中論』の「中」である。それがサタンでなく神でない、二項対立の共否定の「空観」である。ゼロ śūnya を意味するシュニヤー即ち「空」である。「空」はもともと語根のシュビ svi で「ふくれる」を意味し、その中味は「うつろ」の空虚であることによるという（長尾雅人『中観と唯識』第一―八）。

この「欺瞞者」は、プラトンの洞窟の比喩で説かれる、影を作る者とも考えられまいか。事実、『省察』Ⅰの末尾は、この比喩を想定していよう。影を作る者とは、光なき欠如の主人であり、闇の主人であるといえる。闇の洞窟に住む人々は、生れてこの方、手と首を縛られ（innate に当たるか）、差し込む光と、その差し込む光の方向を見られない。それで後方の通路を通る人や物を見られず、その影のみを、壁面にスクリーンに見る。影をシャドーを、生れてこの方、真なるものと思い込まされている。プラトンの『国家』politeia 第七巻の、この比喩は、プラトンのイデア論をよく伝えてくれる。現象のみを見て知っていて、真なるイデアは感覚で得られない別天地の世界「イデア界」にあるところの原型とする。原型に光が当り、影を作る。その作られたシャドーを現象として感覚で得て、知る。ドクサを知る。この原型そのものそれ自身のイデアは、デカルトの「確固・不動」のものとも言え、パルメニデスの「ト・エオン」の不生不滅・唯一不動とも言えるものに連なる。先に触れた、イデア以来の伝統的「存在論」オントロギーである。オン on「ある」とロゴス logos の合成 Ontologie, ontology すなわち「ある論」である。「ある」が如何なることであるか。その問いと答えの議論である。

ここで、スピノザの考えを参照したい。

スピノザは主著『エチカ』で、次のように言う。「光が光自身と闇とを顕らかにするように、真理は真理自身と虚偽との規範である。」（『エチカ』第2部定理43備考、畠中尚志訳、岩波文庫）。〝光は光と闇とを分け、真は真と偽とを分ける〟そう言ってよいであろう。〝光と真〟に対する〝闇と偽〟と整理してもよいであろう。〝光と真〟を言明、表現、定義 define, positive したとき、それは同時に、その対立、反対、否定 deny, negative するところの〝闇と偽〟とされた。限定することは、否定することを伴う。所謂〝総ての限定は否定である〟とされることである。

デカルトも既述のように（『省察』V―8）、谷なき山と山なき谷の観念は分離し得ないとした。山の観念に谷の観念はつき纏い分離できない。（疑義も加えたが、ともかくも）二分されたまま一つである。〝Aは非Aである、故にA

である〟。また、〝名前はアニヤポーハ（他の否定）にすぎない〟（陳那）とされること。この般若思想とも、ここの一点では通底していよう。

しかし、どうだろう。多くの『省察』読者は、三段階を踏んでの解読に注意を払うだろうか。むしろ、次のステップへ矛盾なく移行できるのなら、それで了解するのでなかろうか。そうだとすると、大事なのは結果で、到達した第三ステップの「欺瞞者」の「欺くがよい」しかし、「私の考えるであろう間は」「私は有る、私は存在する」でないか。欺かれているかもしれないが、その考えている間は、私は有る。考えている限り私は有る。「われ思う、故に我あり」cogito, ergo sum である。そう受けとる。

結論を急ぐ、著者デカルトの思想を理解しようとする読者にとっては、この受けとり方はいわばダイジェストのバイパスである。事実、デカルト哲学のダイジェストである『方法序説』ではバイパスを使っている（第4部）。しかし、先に〝次のステップへ矛盾なく移行できるのなら〟と限定したが、それはどうか。端的には、伝統的な「存在論」とイデアと神とを容易に同意しうる装置を使って、あたかも〝矛盾なき移行〟を装ったのが〝村うちの掟〟で、それに走ったのではないか。ガリレオ裁判の掟に走ったのでないか。論理の「断絶」をあえて敢行した。つまり、イデアと神とが、それまでどおり、あたかも絶対であるかのように、〝理性〟との枠組みで思索したのでないか。だから、視野の今少し広がったヤスパースは〝空虚な点〟を挙げ、疑問を呈する。ヤスパースには、ブッダと龍樹に理解を示した『仏陀と龍樹』という著書がある。ここでの〝空虚な点〟とは、真夏に美しく花開く線香花火のやがて落下する〝火の球〟とも、また玉葱の〝芯〟とも或いは芭蕉の〝偽幹〟とも考えられるものである。

ここで今一度振り返る。

それは、第二段の「説得」するで、一切何もないと私を「説得」した、その私が、唐突に反転して、「否、実に……」私を「説得」したのなら、私は存したとの断定箇所である。この懐疑・無神（虚無）から、独断、有神は何故なされたのか。何故なされねばならなかったのか。滝壺に落下する瀑布のような断言は何故なのか。「断絶」を断乎として急ぎ決した理由はどこにあるのか。

理由の一つは、何らかの知ることは、何らかの信じることに端を発せざるを得ないことによると考える。ここでは、デカルトに同情的である。すなわち、スコラ学初期の代表者、アンセルムスは〝知らんがために我は信ず〟Credo ut intelligam として、知解による信仰を求めた。痛ましい、絶望的な知の行方、切実な惑いでの〝我は信ず〟である。また、それに先立つ古代ギリシア紀元前六世紀の、孤高の暗き人とも称されたヘラクレイトスは〝信じないから〟〝知られず〟と言う。「それが知られず、人の目につかないのは信じないからだ。」（fr.86）とする。この二例からも知ることは、何らかの信じることの断定、時としてその独断を伴うということ。信じる断定すなわち決断は、知ることの根底にあるようにみえる。それ故、デカルトの独断は、この由をもって肯定され得る。同情され得る、と私は思う。信の淵源に思いを致す。

だが、そこでの問題は、二路の一者選択である。有を採り、無を捨てる、抽象である。捨象された無は論外とされる。アブストラクト abstract は抽象だが、反面に影の如く纏う、或いは、それなくしては語の正確な把握たり得ない捨象を意味させない。ここに、アブストラクトは抽象のみで、捨象を容れない偏狭をみる。デカルトは、この「断絶」の記述で抽象のみとし、捨象を採らない。ここに決定的なものをみる。有の「存在論」onthologie に逃げ込む。無の「空観」の路から遠ざかり、安心する。しかし、この強固な有の「存在論」こそ、疑ってみるべきものでなかったか。

理由の二つ目に移る。その前に要約する。「説得」する（第二段）で、唐突反転して、〝私は無い〟を〝私は有る〟

とした「断絶」の理由をみている。その理由の一つは〝知る〟は〝信じる〟ことに由らざるを得ない、それを〝知らんがために我は信ず〟（アンセルムス）と〝信じないから〟〝知られず〟（ヘラクレイトス）の二例から、従ってデカルトの〝独断〟も同情的に捉えた。

それで二つ目。知の迷いは「懐疑」と呼ぶべきで、意志的、決断的な迷いは「絶望」であろう。「絶望」Verzweiflung が「懐疑」Zweifel を含む。意志は知を含む。或いは基礎づける。先に〝絶望的な知の行方、切実な惑い〟での〝我は信ず〟と表現した。知は意志、決断を拠り所とする。意志、決断を俟って知は根拠を得る。デカルトは「疑い」の懐疑で〝方法的〟と呼ばれる以上を出ない。パフォーマンスの域を出ない。演じてみせただけと言える。真意はそこにではなく、デカルトが〝知的に絶望し〟、所謂、懐疑論者としての学生時代から、〝三つの夢〟で一応の結着をみる一六一九年一一月までと想像できる。そこにこそ、痛ましい、切実な惑いでの結着の道があったと考える。従って知性のデカルトは演じられたデカルトであって、意志・決断のデカルトこそが、デカルトである。知的結論の結果でなく、全一体的な納得の「説得」する persuadé, persuade と表現されたのが、この理由である。断定する、独断のデカルトこそが、我々の受け止めねばならぬデカルトである。この〝主張する〟デカルトを受容する。問題は、その〝主張する〟ことが、少なくとも私の考えるところでは、二つの内の一つで、他の一つを顧みず捨てて、自らを疑わないところにある。つまり、ヤスパースの〝空虚な点〟、龍樹『中論』の〝中〟、1とマイナス1の共否定のゼロ、シュニャー（空）、〝二項対立の共否定〟などとされる思想の捨象である。アブストラクトする「存在論」に疑いを挟まず、それで〝よし〟とした態度にある。かつて、ウパニシャッドで、ブラフマン（梵）である根本の創造神と一体化すること（梵我一如のバラモン教）を拒絶し、〝我なき我〟に突き進んだ思想を参照すべきでなかったか。「既に自己が自分のものではない。」（『ダンマパダ』法句経62）。アン・アートマン（無我）。自己の我は自分のものでない、我なきところの我である。

「説得」するの、唐突反転して、私の〝無い〟を〝有る〟とした「断絶」を考え、その理由の一つを、知の〝信〟の淵源性にあり、その理由の二つ目を、信の拠り処に〝意志的決断〟のあることをみた。ということは、意志・決断の基《もと》で信があり、信の基に知が働くこととなる。信は宗教性と関わり、その関わりは宗教哲学の解明するところであろう。

今一度、振り返る。

「確実なものは何もない」の懐疑から、「私はある、私は存在する」の確実へ至るプロセスを、デカルトの記述に従い三段階で考えてきた。すなわち「作者」「説得」する、「欺瞞者」での三段である。

要約すると、一切は《無い》。その〈無い〉とした考え・思想の「作者」の私は有るでないか。つまり、内容・無いの結果《有る》。しかし、既に一切無いと「説得」したのだから、私は《無い》。だが、唐突に論理の「断絶」をもって、「説得」したのなら、私は〈有る〉と反転・断定する。つまり、内容・無いの結果《有る》。そして、これも唐突に、神のように強力で悪賢い「欺瞞者」を登場させて、私は欺かれているかもしれない、とする。操り人形のように仕組まれた私かもしれない。そうであるなら《無い》、しかしそれでも欺け、として、しかしそう考えている間は、そう考えている限り、私は存在する。つまり、内容・無いの結果《有る》。かくて、これを必然的に到達した真理とする。内容と結果との反転した無いと有る。この内実とシールドすること、もの自身。それに、「断絶」のある論述を「必然的」と称し、単に「主張」し、選択・決断したことを「真理」と称している。「断絶」で他の主張の選択があり得たし、それを捨象してしまうアブストラクト「抽象」の偏見性を考えざるを得ない。また、「真理」と称する、この視野の狭さ、いわば〝村の掟〟の視野狭窄を指摘せざるを得ない。

それにしても、「作者」、「説得」する、「欺瞞者」の三段で、整然となされている考究のステップに驚かされる。それらは、疑いの懐疑思想とその「作者」で、思想で《無く》、作者で《有る》。だが、すでに無いと説得したので《無い》、「否、実に……」説得したのなら《有る》。だが、有力で老獪な「欺瞞者」がいるなら、欺いているかもしれない、《無い》かもしれない。だがそう考える限り tant que 私は欺かれていても、そう考えていることは《有る》結果となる。

日常の「有る」が、懐疑で《無く》、懐疑思想の作者で《有り》、説得内容で《無く》「否、実に……」の自らの説得で《有り》、更に欺瞞者が欺いているとすると《無い》。そうだとしても〝そう考えている間〟tant que は《有る》。かくて、私は「有る」と。ここで懐疑思想の「作者」は、人の創造になり、神でない。「説得」するは、理性で人のもので、神々でない。神でなく、神々でない、創造と理性の私がいる。

このように、粘り強く、反芻しながら考え抜かれていることに驚かされる。

しかし、それでもなお、デカルトに沿い考えざるを得ない点が残る。それは、私とは何かと問い、「私は思惟するもの、である。」（『省察』Ⅱ—8）との本質規定である。その〝考える〟本質は広い。それは、それまでの考察を振り返ってか「言うまでもなく」として、思惟とは「疑い、理解し、肯定し、否定し、欲し、欲せぬ、なおまた想像し、感覚するものである。」と規定する。「想像し、感覚するもの」をも〝考える〟思惟することとデカルトは規定する。これは、どういうことか。補足説明をして、想像は「思惟の部分をなしている」とし、「しかし、私は見、聴き、暖くなると私には思われるということは確実である。」（Ⅱ—9）。ここで、想像は思惟として受け入れるとして（想像力）、あれ程、激しく徹底して弁別した、感覚の受け入れ困難性が残る。〝感覚と私に思われる〟ことは確実としている。感覚のリアルでなく、感覚の観念・イデアは確実だ、としている。疑いで否定された感覚の諸々ではなく、そのイデア化され捉えられた観念の諸々は確実に存在する、という。ここに、そのもの、それ自身の存在を認めるイデア論、観念論としてのデカルトの〝私〟の本質規定が明らかとなる。熱いと〝思っていること〟熱さの〝思い〟は存在する。熱さの thinking は、熱さの thought として存在する。従って、英訳で、I am a thinking thing ともされる。〝私は考えるところのものである〟という本質規定なのである。Sum res cogitans である。

そうすると、「作者」は〝作る者〟で、〝創造する者〟で、〝制作する者〟のプロデューサーである。当然、そこでは想像もしていて〝考え〟ている。次の「説得」するは、説き明かし、納得させようと〝考え〟ている。最後の「欺瞞者」は、想定され、仮に思われ、想像されこれもまた〝考え〟ている。結果、三段階のステップを踏んでの《有る》、《無い》、つまり「肯定し、否定し」は、〝考え〟のバリエーションとも捉えられる。三段階は、是非する〝考え〟に集約され得る。内面の法廷での是か非と喩えられる。それ故、cogito, ergo sum の意義は深い。

結局は、結論を急ぐ読者のように、ダイジェストのバイパスで結着する。そのダイジェストは、コギトの〝考える〟ことで、諸々のイデア・観念を考えることである。名づけられた名そのもの、それ自身、Begriffrealisumus である。中世の普遍論争に思いを馳せるなら、実念論のことで、唯名論に対する。実念でオノマ（名目）こそが、real とするプラトンのイデア論の系譜である。近代の理性中心主義、合理論 rationalism のことで、感性中心主義、経験論 empricism に対する。

カロカガチアという古代ギリシアで尊重された言葉がある。善美と訳されるが、カロスが美で、アガトスが善の合成語である（和訳の善美は前後する）。ここで、カロスの美をとって、美のイデアを考えてみる。

美声が、天上から、妙なる、垢れなき声として存在する。その美声は、今仮にミュンヘンのオペラ劇場で偶々《たまたま》の席で私が聴いたとする。その偶々は具体の特殊である。この偶々の具体を〈して〉、美しいと名づけられている永遠、不朽に通じる、偶々の美声、具体を〈超え〉、そしてあたかも天上から、妙なる、垢れなき声という性質をもって、美〈たらしめる〉イデアが存在する、と美のイデアは定義される。偶々の具体を〈して〉、その具体を〈超え〉、その具体〈たらしめる〉ところのもの、それが美の実在のイデアとされる。超越性と内在性をもつ具体の偶々である。そこでは、具体を超越し、名づけられたものの述語づけの可能性が保証される〈たらしめる〉本質である。

このように考えると、美のイデアが〝永遠・不朽〟の存在と考えられたというように、デカルトでは〝考える・思うのイデア〟が〝確固・不動〟firm and abidingのものと考えられたということができる。デカルトは、そのことを〝疑う〟徹底から〝思うのイデア〟への存在へと思索したと言える。〝疑う〟徹底の内容を捨象し、シールドして、形式を抽出して、外面性の思索で、私の存在論に逃げ込んだ、とも言えよう。名づけられた私は、形式・外面上は存在している。しかし、内容・内面の深層の私はどうか。その問い、疑いをデカルトは出さなかった。

ニーチェは、デカルトの確実存在の自我に対して、疑うべきは自我存在である、という主旨のことを言っている（『善悪の彼岸』第1章2・16・17）。シールドされ、名前となった私は確かに存在するが、内容の構成は時々に新たで、別人である。人体構成の六〇兆個細胞は日々一%入れ替るというが、飲食はもとより呼吸の一回一回が別人を作り、生成をなす。微小表象されたものは殆ど変化として意識されないが、意識されるところまでに表象されたものは変化と判る。中学の同窓会等で、白髪の老年者が互いに旧知を確認するのに時間を要するのと同じであろう。連なる名前の同一性がありながらも、時々、日々、年々と、若者が老い、やがての死去へと、その不同一性の変化を迫る。それは、物理法則が実験室で、何度も繰り返され確認される、時間反転の対称性にあるのに対し、宇宙的には確率大の方向へ、エネルギー解消へと向う、所謂、エントロピー増大の原理と同一なのであろう。物理法則の可逆性に対し、不可逆性をもつ熱、波、進化、意識、宇宙の現象なのだろう。

ニーチェは、言葉に対しても言う。「言語はレトリックである。」（『ニーチェ古代レトリック講義』山口誠一訳注解）と。レトリックとは、この場合、説得の方法を言い、ピタノンとも言う。言語は味方を増やす「説得」の術で、いわば弁論の術と言ってよいものであろう。ここで、言語はロゴスを意味する乃至、探究する真理の表現とは大きく離れる。言語は日常生活で、支持したり、同意したりするため、また契約したり、約束したりするために大切な役割を果たすが、しかし真理を表現するか、となると別問題である。むしろ真理を隠す危険がある。パラドックスの効力が発揮するところである。中学の同窓会で、同一名の友人が、もはやなかなか判らなくなった事態に似る。同一はほぼ不同一である。同一のシールドは、中身の同一を保証しはしない。名前は、記憶の名前に背き、別人に近い。記憶の名前は、それに背き別人になったところの今の否定と言える。名前で連なり乍ら時々であり、経歴して前後際断と言えよう。それ至理は言（名前）なし、言を仮《か》りて理を表わさんことを要するで、不立文字で、維摩の一默で、因言遣言のことであろう。彼の岸へ渡る舟・筏は渡ったら不用とするべきで執着してならない我語取であろう。

パスカルは、デカルトを評して言う。〝不正確で曖昧な哲学者デカルト〟とし、〝神を手段として使い、一はじきさせ、のち不用として、許せない〟との酷評をしている。

初め、この言葉を『パンセ』（Brun. 77～）にみたとき、私は奇異に思った。むしろ、パスカルこそ曖昧さをもち、正確、厳格さをもたない哲学者でないかと思ったからである。

パスカル（一六二三―一六六二）も、デカルト（一五九六―一六五〇）も共に、フランス一七世紀という近代の初めに生き、僅にデカルトが二七歳の兄であり、知られる記録によるとパリで一回会ったらしい。そして、共に〝考える時代〟の近代人の精神をよく表現し、一方のデカルトは「われ思う、故に我あり」コギト・エルゴ・スムで、他方のパスカルは「考える葦」ローゾー・パンサンで、あまりにも有名である。共に〝考える〟〝思う〟パンセpense, thinkのことで、人間は自然に比し、弱く取るに足らぬ（例えば東日本大震災のように）が、考えることで偉大で尊厳性をもつとした。近代人の独立と偉大性の宣言をした。しかし、後になるが、やはり影の部分の傲慢、不遜なものをもち、他の生き物、温暖化や気象などで自然環境に仕返しを受ける。他者との調整に苦しむ。孤独に落ちる。今日の問題の諸々となる。

デカルトは、一見して「厳格で」、正確で、曖昧さを寄せつけない「必然的真理」を掲げる印象を与える。反面、パスカルは、「繊細の精神」を掲げたことからも解るように、厳格、正確さから遠く、曖昧のように受けとられがちである。私も、その一人だった。

しかし、どうだろう。デカルトは数学を尊重し、論理を、自然や機械的なものにみようとする、その態度から反論を許さない、必然性で貫く。しかし、その第一原理「われ思う、故に我あり」のそもそもにおいて独断があり、いわば時代の常識を使用して反論を許さない。必然的に真理である、という。しかし、この必然的な真理はいわば〝ぱらぱら〟に崩壊する。崩壊せざるを得ない。デカルトである私は〝かく主張する〟と言い直してほしい、と思う。他の主張もあり得る、視野の狭さを自覚して、〝主張する〟と言い直してほしく思う。主張ならば、他の主張と並んで検討され得ることを許容している。それを許さないことに、デカルトを代表させて近代人の傲慢、不遜を、内なる私を含め、糾弾せざるを得ない。

このように考えると、パスカルの方が、正確で的確であると言えるように思う。厳格は、古典物理学の法則が絶対性をもった、反論を許さないガリレオ・ガリレイ、ニュートンの物理学に対応した表現でなかったか。実験室で繰り返される物理法則は、何度実験しても同じ結果をもたらす。いわば〝時間反転に対して対称である〟絶対性であった。それを、普遍化するのは、宇宙物理、天文学では許さないし、素粒子など量子力学の微小世界でも許されない、ようである。いわば、絶対から相対へである。

海岸にゆくと、大波がくる時がある。その大波は、潮の干満や台風や津波で変化する。しかし、その大波が寄せてきて、引き返すときの落下する点滴の音は、波というより、それを構成する水滴の音であろう。

これと、ほぼ同一とみられまいか。ここに大波の意識的な音と水滴の微小表象を区分けしうるであろう。オノマトペでは、「ザブン、ザブン」が「ポト、ポト」である。ライプニッツの言う「意識的表象」apperception と「微小表象」petites perceptions のことである（『単子論』21）。

比喩ながら、結局はビッグバンの約一三七億年前からは「意識的表象」にあるが、ガリレオ、ニュートン以来の古典物理学は、「微小表象」の反復同一性の法則にあると言えるのでないか。絶対性は、この反復同一性の法則で担保され、相対性は、反復を内包する大局において担保される、と言えよう。

デカルトは、こう考えるとガリレオの近代科学の幕開けを受け、後続するニュートン力学との間で、その基礎づけを行なったと言えるが、その一つが、この「微小表象」で果したと言えよう。一七世紀の絶対性確信の哲学として、世界を基礎づけた、と言えよう（なお、絶対王政は一六～一八世紀で、主に王権神授説によった）。

そうすると、パスカルは、デカルトによる単なる「方法的」すなわち、仮のパフォーマンスの「懐疑」としてでのものでなく、それは、身に沁みわたる「絶望」として、すなわち「信」ないし宗教的根源の問いかけとして受けとっていたと言えよう。パスカルが、デカルトを許せないという〝神の問題〟は、この知的地平の問題ではなく、実存的あるいは心身一体存在の垂直問題として考えなければならない、こととなる。

先に、デカルトの断定を「省察Ⅱ」の文脈にそくし考え、その断絶「否、実に……」Non certes……Far from it

……をデカルト独断とした。それはむしろ、主張とすべきとした。このような断定は、もう一つある。指摘するまでもないようなことだが、ロックが否認する「生具観念」idea innata である。ロックは、タブラ・ラサ tabula rasa の意味する〝白板〟に認識の起源を求める英国経験論の代表者で、前にF・ベーコン、ホッブスがいて、後にバークリー、ヒュームと続いた。感覚由来の経験を認識の起源とするので、生具するイデアを認めない。哲学史的には、アリストテレスの個物の具体把握の傾向をもち、感覚を尊重する。それに対し、デカルトの大陸合理主義の思想系譜は、プラトンの idea 即ち観念の超越的なものを尊重する傾向をもつ。

この問題を、Ich denke 意識一般から、カントにより端的にア・プリオリとア・ポステリオリ、つまり形式と内容、から総合化への試みとしてなされた。カントは、ドイツ観念論の始まりとされ、フィヒテ、シェリングを経てヘーゲルに至るとされる。この合理主義的なヘーゲルの弁証法に反対したのが一九世紀デンマークのキェルケゴールである。

ともあれ、認識の起源に「(生具)観念」を認めるか、「タブラ・ラサ」の白板で何もない白紙とするか。カントは科学の認識上において、その基礎づけをニュートンの古典物理学にそくして遂行した。既に、キェルケゴール出現を準備するように、意志の自由、霊魂の不滅、神の存在を要請 postulate して、実践理性と認識を截《せつ》断した。截断できるものか。してよいものか。知は信なくして可能か。かのアンセルムスの〝知的絶望〟、〝知らんがために我は信ず〟を想い起すべきでないか。それは、またデカルトの断絶する「否、実に……」の Non certes……Far from it……の蛮勇をなさしめた断定という処理である。そこには、〝主張する〟という余裕はない。疑いは、解消され早々に断定、独断へと向わなければならぬ、という〝小さい疑い〟である。〝大きな疑い〟は、その中で悩み続けた歴史と精神の嫋《たお》やかさが〝主張する〟とする。

〝主張する〟精神の嫋やかさは、二項対立のいずれかで処理できぬという、精神の強靭さでもある。ビバレンツというＹＥＳかＮＯかでない。ビ（二つ）のバレンツ（数価）は、同一律を、矛盾律を、そして排中律を原理とする。所謂、伝統的論理学の原則である。ＹＥＳならよい。ＮＯなら対峙する、対決・論の正否を迫る。論争も可能となる。

それは、それでよい。しかし、排中律のそれ以外は許さないとは、どういうことか。味方ならよい。敵なら対峙する、対決・論の正否を迫る。それ以外は許さない。その局限した偏狭を訝《いぶか》しい、と思う。

この問いに一つの答えを与えたのが龍樹である。もとより龍樹は、大乗経典の諸々の般若経を論として理論展開した「論師」である。その主著が『中論』である。

『中論』の「中」は、的中するの「中」（矢が的に中《あた》る）で、命中の「中」で、中毒の「中」である。有アルと無ナイの二項として対立するものの共に否定することで、〝二項対立の共否定〟と言える。苦と楽の二項を共に排斥する、対立の撥無とも言う。無二智とも言う。断食苦行でなく、快楽追求でもない、両者から離れた中道の路である。従って、『中論』の「中」は、中間 middle でなく、中心 center でなく、平均 average でなく、内部 inside でない。対立を共に否定する「空」であり、更に「八不」である。〝二項対立の共否定〟である、縁りて起る縁起である。

「自己の身心および他己の身心を脱落《とつらく》せしむるなり」と自己、他己《たこ》の二項を共に否定（脱落）することを仏道としたのは道元である。従って、龍樹の『中論』の「中」は、この点で日本の鎌倉期の道元に伝わっている。

第三章　コギトの無自性

一　「われ思う」の「疑う」は「疑わず」

「疑う」doute, doubt というのは、主張されたことを、そのまま受け入れないこと、それを否定または第三のものをもあり得るとして宙ぶらりんの状態にしておくことと言えよう。信用しない〝不信〟であり、詳細にしない〝不審〟でもあろう。心が安まらない〝不安〟をも派生させる。

ラテン語で「疑う」はドビト dubito である。これは仏、英語でも同じことだが、語根に「二」の dubi を含む。「二」つの間で分裂され、揺れ動く不安定を意味していよう。また独語では、「二」の Zwei を含む。「疑う」Zweifeln は、接頭語に Ver- を付け、Verzweifelung「絶望」へと、知的なものが、主体・身体的にして実存的なものへ至るプロセスとしてもみてとれる。どれもネガティブである。

「疑う」状態を懐きつづけることを「懐疑」というが、これは「懐疑論」scepticismとして使われることが多い。決定的な真理判断を差し控える宙ぶらりんのどっちつかずの立場である。このスケプティシズムは、古代ギリシアで既に、ピュロンの一派（ピュロニズム）としてあったが、近代では、モンテーニュが有名である。モンテーニュは彼のスケプティシズムから「私は何を知っているか?」（クセジュ?）と問い、これまた有名である。文庫名にもなっている。

スケプティカルであることは、無知ignoranceを容認すること（不可知論agnosticism）で、〝問い〟を深める態度にはなるが、他面では、ポジィティブな肯定される存在で、その究極の神存在を〝答え〟として当然とする西欧世界では〝危険視〟されもする。「無神論者atheist」という、いかがわしく信用ならぬ者として扱われがちである。この「懐疑」を真理を得るための手段、道具として使ったのがデカルトである。『方法序説』で、また『省察』第一の題目で〝疑い得るものについて〟としてあるように、著者デカルトは文中で疑いの渦中に沈み込む。疑いの坩堝melting potで、確実なものは何もない。その何もないことを確実と知るまで、先に進めていく。しかし、進むその背後には、一つの「確固不動の点」が確信されていたと思われる。即ち「アルキメデスは、全地球をその場所から移動させるために一つの確固不動の点のほか何も求めなかった。」（『省察』Ⅱ）という「確固不動の点」である。アルキメデスの「てこの原理」で一点を支点fulcrumとして得られれば、小さな力で大きな力が得られる。レバレッジを利かせればよい。「確固不動の点」のフルクラムを得られたという確信が既にあった。「てこの原理」を応用した身近の釘抜きや爪切りで明らかなように、小さな力でも、一点のフルクラム獲得で全地球の移動をも可能となるという確信がデカルトには既にあった。〝我に一点のフルクラムを与えよ、されば地球をも動かさん〟と言いうる確信、気概である。この気概、意志を理性の働きとデカルトは数えた。従って「懐疑」は、デカルトが峻別するように「疑うためにのみ疑い、つねに不決断であることを衒う懐疑論者を私は模倣したわけではない。」（『方法序説』第3部）のである。つまり、衒学的ペダンチックな懐疑論者のようにではなく、「それどころか、全く反対である。もともと私の計画は、私自身に確証を与えることである。」（同所）。確証を得る「計画」の下で、疑い、懐疑したという。パフォーマンスである。この「計画」は実に、「方法的」である。それで「方法的懐疑」と後に言われるようになる（野田又夫『デカルト』岩波新書、八九頁）。

「方法的懐疑」の「方法的」とは手段、道具としての使用だが、これは愛読したモンテーニュの『エッセー Essais』をもって演出させてみせたとも、パフォーマンスしてみせたとも考えられる。即ち懐疑の解決を〝試み essayer〟から借用して、決着を示してみせようとしたと考えられる。その意味では、懐疑論者モンテーニュの弟子とも言えるデカルトがここにあると言えよう。

だが、結着地点が既に確証されながら、演出させてみせたとも、パフォーマンスしてみせたということは、師モンテーニュの〝試み〟だけにつきないと思われる。というのは「疑う」は、既に「疑わない」でなかったか。「疑う」を「疑わない」に橋渡ししたのが、「方法的」な手段、道具でなかったか。手段、道具として「疑う」を、「疑わない」真理獲得の方法として使ったのでないか。思考回路、思考のプロセスとしては、こう言いうる。しかし、更にこれに留まらないのでないか。

「疑う」を「疑わない」とするのはパラドックス paradox である。パラドックスとは、多くの人の意見 opinion であるドクサ doxa の臆見に対する逆説である。通常は受け入れられない、普通の言語生活になじまない表現のことである。馬鹿馬鹿しいとして頭から否定されるのが落ちの言い方が、パラドックスである。

だが「疑う」という作用・働きは「疑うということ」であろうか。「疑う」という「こと」は、「疑う」という「作用」働きでは、ないのでないか。「疑う」は「疑わない」ではないか。五～六世紀、インド・新因明の論理学者、陳那は言う。「名前は他の否定（アニヤ・ポーハ）である」と。名づけは、その他の否定によっている。名づけの「疑う」は、「疑わない」という否定によっている。名前という限定は、その他の否定を通して名前の限定たりうる。それをスピノザでは〝総ての限定は否定である〟と言う。

「疑う」は「考える」思惟することである。「考える」思惟する作用は即ち思考作用だが、思考作用が思考する「こと」とするのは不合理でないか。筋の通らぬことでないか。見る作用を見る「こと」とするのは不合理なように、おかしなことでないか。それ故、「われらは終日見ているが、しかも別に見るということがないのである。」（菩提達磨『無心論』）。

このパラドックスは、急がないでゆっくり考えてみたい。まず、パラドックス paradox は、ギリシア語の para（逆、反、超）と doxa（意見、通念、臆見）の合成語で、「逆説」「背理」「逆理」と訳されている。通念の〝急ぐなら最短を行け〟を、矛盾するようでいて実は安全・着実な正道が結局は近道という「急がば回れ」More haste, less speed. の成立が典型である。また、合理であれば信じ、不合理（不条理）なら信じないのが通常であるが、「不条理なるが故に、われ信ず」credo quia absurdum. というテルトゥリアヌス（三世紀）の初期キリスト教の護教で有名な、後に要約された言葉もある。「点滴石を穿《うが》つ」Constant dripping wears away a stone. のように「柔よく剛を制す」（『三略』の上略）の例もある。カントの二律背反（アンチノミー）、ゼノンのパラドックス、エピメニデスの嘘つきのパラドックス、更に集合論に関連してはラッセルのパラドックス、カントールのパラドックスなどが有名である。これらはギリシア思想以来の言語とその思想であるから当然だが、ここでは拡張し、世界的視野から、アジアを含めて考えてもよいであろう。

運動と変化の否定を主張したのは、龍樹のパラドックスである（『中論』第2、観去来品《こらい》）。端的に「行く者は行かず」（去者則不去）と言われる。去者が去るとの主張は、去りつつある者が去るとの主張で、二種の去るがあり、誤りとなる。それで「去者は去らない」（同第2—10）。

また、デカルトはこうも言う。「我々は疑っているとき、自ら存在していることを疑うことはできない。そしてこれは正しい順序で、哲学するとき最初に認識されることである。」（『哲学原理』I—7）と。では、私の存在を疑い、〝私は存しないと説得した〟（『省察』II—3）のは何だったのか。パフォーマンスで「方法的」であるとしなければならないのか。思索追求と結果整理、原理追求と体系書の区分けで了解しなければならないのか。ともあれ、〝疑うは疑わず〟である。〝思うは思わず〟でもある。パラドックスである。〝作に縁り作者あり、作者に縁り作が働く〟（『中論』第8、観作作者品）とも解される。〝縁りて起る〟（月称）縁起は、先住論なく相応論ない（『中論』第9、観本住品）。また、コギトは「直接的無媒介である」、「私は思考する」と「私は存在する」を同時に捉える（谷川多佳子『デカルト研究』岩波書店、七五頁）。それで、ego cogito, ergo sum. との確実な第一原理に到着する、と言う。

ここでは、題目の〝疑うは、疑わず〟を再度、確認しておきたい。

デカルトは、『省察』第I部で、学問の確実な土台を得るため、既にある一切の知識を根底的に吟味するため、少しでも疑いのあるものについては拒否する。少しでも疑いのあるものについては、ラディカルな疑いだから、感覚で得られたものは案山子を時として人間と見誤るように、錯誤、錯覚がつきまとうので、従って拒否される。拒否された第一の感覚的知識に次いで、第二の拒否されるものは夢の中の知識である。デカルトは「今、私が此処に居ること」を例示して、夢の中のことなら、それはそれで確信していて疑えるか、と自らに問う。一六一九年南ドイツでの、かの炉部屋を彷彿とさせ、自問自答する。夢の中でも、覚醒時と同様に、同一の意識構成がなされていないとは言えない。つまるところ、夢の中と覚醒の明確な区分は殆ど不可能である。次に問う。私は手を伸ばさずに伸ばしていると夢見て、いわば覚醒時からは虚動だが、この〝手〟は無根拠か、と問う。それを既にある本質の寄せ集めに過ぎないとして示す。セイレン（半人半鳥）の属性の寄せ集めの如きものとして。つまり夢の中の虚構であろうと、空想であろうと、総て疑わしい。しかしながら、それら一切を思惟するものは、真であると言わざるを得ない、とする。あたかも単純で、普遍的な色のようなものとして、思惟するものは真であるとする。換言すると、感覚を基礎にもつ物理学などの帰納的学問は疑わしさが常に伴うが、それに反し、純粋思惟（理性）を基礎にもつ数学は常に確実で疑い得ぬ、と結論づける。それは、例え夢の中でも同様とする。但し、過去のスコラ的見解が頭をもたげる故に〝信ずる〟という習慣から脱出しなければならない。ここでは認識で、行為の問題でないのだから、こうするのも差しつかえないだろう、とする。更に、〝有力で老獪な霊〟が私を全力で欺こうとしていると仮定もする。しかし、それに備えて懐疑の精神をもって、欺瞞への誘いを拒んでゆく。

　デカルトは『省察』第Ⅱ部で、〝精神の本性〟は明白なものであることを、身体、物体と比べて追求していく。そこへ至る前に、『省察』第Ⅰ部で「懐疑のうちに投げ込まれた。……恰かも渦巻く深淵の中へ不意に落ち込んだように、私は狼狽して、足を底につけることもできなければ、泳いで水面へ脱出することもできないというさまだった。」と危機的表現で、次のステップへの効果を用意する。

　そして、「そこで私は、私が見るすべてのものは偽であると仮定する」。その偽には記憶、感覚を含み、身体で端的な物体の形、延長、運動、場所も、偽りと仮定する。「しからば真であるのは何であろうか。多分この一つのこと、すなわち、確実なものは何もないということであろう。」と白紙のゼロ地点に思考を帰らせる。迷ったら原点に戻って再出発するのがよいというのも、これまたデカルト独特のメソッドと、ここから受けとれよう。

白紙のゼロ地点から再度、考え出してみよう。デカルトは「私が見るすべてのものは偽であると仮定する。」「確実なものは何もない。」とする。私が見るものは偽で、確実なものは何もない、ということは、見られている「もの」、確実とされる「もの」がないということである。「もの」がない、ということは、対して立てられた「もの」がないことで、対象として、客体としての「もの」がないことである。しかし、対象、客体の言葉に引かれて主体なり観察者を想定してしまうのは誤りであろう。早計の誤りであろう。というのは主と客、観察と対象のような後に分別として成立する以前の初源の思考に今はあるからである。つまり、見られた確実な「もの」がない（vorstellen の対象がない）ということは到達した結果がないことであって、その到達への作用が働いていなくては、そうは言えない。疑いの作用が働いていたが、見られた確実な「もの」がないと判明したのである。そうすると疑いの作用は働きとしてあった。働いている疑いの作用は疑えない。疑いない働きがある、このことは確実だ。疑いない働きの不疑は不可疑だ。

こうも言えよう。デカルトは疑っているそのことに於て、自らを疑っていない。また、デカルトが疑いのうちに作用する自らを保っている、ということ自身に、疑わずということがある。疑うが疑わずである。そして疑わずが疑う。ここに、疑うが疑わず、疑わずが疑うの逆説が成立すると言えよう。疑は不疑で、不疑が疑のパラドックスの成立である。このパラドックスは不可得疑である。

それでは、不疑と可疑にある、この可と不の二面をもつ「もの」とは何か。「もの」は一者である、とここでは言う。一者の「もの」は、後に成立する「われ」である。ここに「もの」の主体である主語面が成立し、先の「もの」の客体である述語面と区分される。この区分される前の「もの」である「我」が不疑であり、可疑である。一者の「我」が矛盾する不疑と可疑を内包している。シャーンタラクシタの言うように、単一性と複数性の矛盾する性格を内包して成立している。この場合、名づけられている「我」が、自他に疑いをもちながら、自らに疑いをもっていない。疑いの作用で、一つでなく、名で一つという矛盾にある。〝作用で不一、名で不異〟にある。更には不一、不異である。八不の二つである。龍樹の縁起を説いた『中論』のテーマである。空観である。縁りて起る相依は、関係の両項の有 sattā を両方とも否定してしまう。

空 śūnya において、デカルトの「我」を考えると、こうなる。それは龍樹が、そして、その流れを汲むシャーンタラクシタの「我」の単一性と複数性の性格〝作用で不一、名で不異〟の矛盾に忠実だったからと言えよう。私のみるところ、この矛盾に忠実だった先蹤にはヘラクレイトスがいると思われる。それを否定面で実現したのがブッダ、そして龍樹であり、それを肯定面で継承したのがソクラテス、そしてプラトンと考えられる。つまり、イデア論の継承者としてデカルトがヘブライズム転倒時に、ヘレニズム再生者としていたと思われる。

二　「故に」は「縁《よ》りて働く」

デカルト哲学の第一原理は「われ思う、故に我あり」（『方法序説』第4部）だが、ここでの「故に」は、従来「とりもなおさず」あるいは「そのまま」「すなわち」（即ち）と直観的にあるいは直接的（無媒介的）意識に解されていた。「われ思う」ことが「即ち」「直ちに」、「我あり」の直観、直知あるいは直接的な意識であると、解されていた。従って、思うことが、即ち我存在であって、ここに「思惟する我」「考える我」という言い換えもなされる。このことは、仏、拉、英、独語においても同様である。je pence, donc je sui. の donc のことであり、ego cogito, ergo sum. の ergo であり、I think, therefore I am. の therefore のこと、そして Ich denke, also bin ich. の also が当てられる。

この「故に」は、デカルトが生存した時代（一七世紀）から誤解にさらされた。有名なガッサンディ（P.Gassendi）の「三段論法」による推論的理解も、その一つである。それによると、大前提の「総て思惟するものは存在する」がまずあって、次に「我は思惟する」の小前提があり、「故に」として導かれるところの「我あり」が結論すると推理、主張された。デカルトの第一原理は、この大前提がなく、それ故に真理でないと攻撃された。

それに対し、デカルトは、この攻撃の最大の誤りは「特殊的命題の認識がいつも弁証法の三段論法に従って、普遍的命題から演繹されなければならぬと思っていることである。」とした。普遍的命題とは、大前提のことで、ここからの演繹が誤り、だとデカルトは反撃する。端的に、大前提「総て思惟するものは存在する」は、ない。普遍に到達するためには常に、特殊から始めなければならない、とデカルトは考える。特殊である直知の「われ思う」コギトがスタートで、そのコギトの前提はない、とする。直知を事実とするなら、少なくともここでは帰納的であって、演繹的ではない。それまで、よくなされていた普遍から三段論法で演繹する、その誤りを指摘して、逆に真理へは特殊から始めなければならぬことを主張し、三段論法的解明は当らないとした。大前提という、別の真理はなく、その推理は当らないとした。

スコラ学の神存在の真から、演繹的に展開するものが真なのではなく、特殊から帰納的に、いわば自然科学的、ガリレイ的に真を求めるメソードを示し、特殊から帰納し得たものこそ真とする。神・中心から、まずは認識的に我・中心へである。

では、誤解され易い「故に」を用いないで、表現できないか。

ヤスパースは二つの例を試みるが、結局は妥当性を欠くと結論する。ともあれ試みた二例の一つ目は、cogito, sum（われ思う、我あり）で、そうすると〝並列だけ〟となる。関連がない。致命的である。二つ目は、cogitans sum（われ思うとき我あり）で、そうすると、存在出現の連関を示すが、〝無内容で現存在の次元に〟留めてしまう。経験する具体、個別に止まる。経験を超えた形而上学、第一哲学ではなくなる。このように、二つの試みはうまくいかず、ヤスパースはデカルトの思惟に即してしか、結局、この第一原理は受け取らざるを得ないとする。

「故に」を使い、一見して推論に似た形をとるが、もとよりデカルト自身にとっては、推論ではない。ガッサンディへの先の反撃のとおりである。前提なしの根源を示している。直知、直観を表わしている。〝作により作者あり〟（『中論』第8、観作作者品）の直接性を示している。燃すによりて火という如く、思うによりて我あり、という。そうも解される。思惟が働き、働きが後に私に関わることで私を自覚する。自覚することで自己に還帰する。それを、意識する「思惟作用の統一」がなされる、とヤスパースは言う（『デカルトと哲学』）。

しかし、この「思惟作用の統一」と言い、「自覚」と言い、「還帰」と言い、或いは〝再帰〟〝反省〟と言われようが、奇妙ではないか。何ら根源としての根拠に至っていないのでないか。そのような疑念を引きずる。単なるリフレインしている。トートロジーでないか。ヤスパースも言う。「彼の真理の最終根拠が、彼の確信している態度の最終根拠が摑めないのである。」（同書）。「自然の光を真理規準」と言っても、「自然の光」を吟味しなければ独断的とならないか。ここに、私はデカルト哲学の体系では〝明解〟でありながら、根源では、〝不明瞭〟な〝よく解らない〟〝神秘的かつ夢想的な一つの点〟フルクラムを考えざるを得ない。ということは、〝無内容〟の反照でリフレインするのは独断と言い得る、と思うからである。デカルト的クラルテ（光明）とは、結局は不明である、と言わざるを得ない。確固たる支点であるフルクラムは、ここでは不安定に点滅する線香花火の最期の落下寸前の火球である。或いは、明断・判明の精神（meditate 省察）からではなく、瞑想（contemplation）の凝念、禅定、三昧からしか、このアポリアの脱出口はみつからない、と思われる。

〝無内容〟の反照で、リフレインする独断は、また容易に反転され得る。独我論は、また容易に反転され得る。否定の網に覆れる。或は、少なくとも対等の主張権利の下におかれる。アンチノミー（二律背反）に陥らざるを得ない。更には、理性による権利問題だけでなく、その克服と言いうる直観的把握（レンマ、山内得立）によることとなる。従って、思惟は〝思う〟だが、〝思わざる〟こととも言いうるのである。常識は〝常識〟だが〝非常識〟によって始めて成立するように、また山と言うのは〝山〟だが、〝山でない〟谷、川、海などによって始めて成立するのと同様である。Aは非Aの「即非の論理」（鈴木大拙）のようにである。これは、総ての〝限定〟は〝否定〟であると言われることでもある。有名な龍樹の『中論』（第10、観燃可燃品）で考えるなら、〝どこまでも火は薪に縁って有るのであり、薪も火に縁って有る〟という。そのように〝思う（疑う）に縁って我あり、我あるに縁って思う（疑う）がある〟のである。作用・働きに縁り者あり、者に縁り作用・働きがあるのである。〝縁り〟てという相依性で、因縁生起（縁起）のこと、相依相関のことで空において成立する。

第一原理の「われ思う、故に我あり」は、先にみたように、「われ」の主語が「思う」と述語しているが、この主語の「われ」は根底的な実体ではない。主述関係で思考するのは、主語である実体 substance を根拠としていて、この場合、デカルトでは、根拠の第一原理を明らかにしようとしているので、従って、主語は正確にはあってならないと考えられる。文体の常識〈アリストテレスの思考伝統〉からか、je, ego, I, Ich と「われ」は表現されているが、正確には除かれるべきであろう。その意味で、ego のない cogito, ergo sum. が、より的確であると言えよう。燃すによりて火という如く、思うによりて我あり。このように作用によりて、作者あり、と解することが正当であろう。

ここで、「故に」ergoを再度、問おう。

「われ思う、故に我あり」は、まず「われ」egoは除かれ、「思う」cogito（cogitatio）、「故に」ergo、「我あり」（ego）sumである。「思う」は働き・作用である。その「思う」働き・作用が「我あり」（ego）sumを導く。このとき、導く「故に」ergoとは、どういうことか。

導く「故に」は「推理」ではない。先にガッサンディの例で考えた。導く「故に」は、むしろ働き・作用に依りて、次の「我あり」を顕わにしているのでないか。思うところの働き・作用に〝依りて〟「我あり」となる。それは、思う働き・作用に〝縁りて〟「我あり」とも同義である。相依は縁起と同義である。ということは、思う「故に」ergoは、「縁起している」こととなる。換言するなら「思うに縁《よ》り我あり」となる。或いは「われ思うに縁《よ》り我あり」となる。思う働き・作用に縁り、思う我がある。作用に縁り作者ある。「光る」に縁りて「光」あり、である。

しかし、これと同じく〝作者に縁り作が働く〟。つまり、当初に除かれた「われ」の回復もある。従って、この回路を、つまり主語実体の「われ」が先行・前提していないことを了解しているならば、「われ思う」も了解される。実体はない、あるのは縁起ゆえに、思う働き・作用を第一義とするものがあった。相依性である。その了解の後では、「われ」は回復してもよいであろう。〝作により者が表示され、者により作が示される〟（『中論』第9、観本住品）のであり、また再び〝作に縁り作者あり、作者に縁り作が働く〟（同第8、観作作者品）のである。その作という働きと、作者という体との間に先、後はない（「先住論」はない）。相応するcorrespondenceの同時に独立した作と作者の「相応論」もない（同第9、観本住品）。

そうすると、先に「われ思う、故に我あり」の「故に」を「すなわち」(即)と解したのは、この意義に限るなら正解と言えよう。

また、「われ思う、故に我あり」は「思う」cogito で縁りて起る「我あり」sum とも、「作」は縁りて「体」を起すとも言えよう。つまるところ、デカルトの「思う」は「縁起して」「我あり」であった。

デカルトの「思う」疑うという働き・作用は、そのことにより「我あり」の者(体)ありである。火の燃す働き・作用は、そのことにより火ありであるように。ナイフの切る働き・作用は、そのことによりナイフであるように、である。

根本的に異なるが、アリストテレスの所謂第二実体の本質 essentia をここでは考えさせるが、しかし、再度いうが、根本的に異なる。どう異なるか。西田幾多郎の「主語論理」批判、ラッセルの「実体否定」を想起されたい。更には、所謂第一実体のヒポテーシス(名詞 hypothesis で、ヒュポケイメノン。基体)の個物は本質に述語づけられて成立することを想起されたい。ここでは個物の実体(基体)が、まずあって、それを何かと問うて本質が、述語づけがくる。ローソク(の火)が、ここにまずあって、それは何かと問うて、それに答え、それは(油が)燃えるものだとなる。先のことと根本的に異なる、先のことは燃えるによって火あったのだから。

別言する。

デカルトは、〃存在の維持〃は、その時々刻々の創造にほかならない、とする。いわゆる「連続創造説」creation continue である。「すなわち、時間の本性に注意する者にとっては何等かのものがその持続する箇々の瞬間において保存せられるためには、そのものが未だ存在しなかったとした場合、それを新たに創造するために必要であったのとまったく同じだけの力と働きとが必要であることは、明白である。」(『省察』Ⅲ—31)。維持、保存されるためには、連続、持続の瞬間ごとに創造されることを必要とするという。これが無いと、維持、保存はないとデカルトは仮定していて、神の存在証明（分有、定理三）に支障をきたす。従って、連続して創造するのに維持、保存の考えを要した。

この「連続創造説」は、仮定しての考究だが、一旦は〝無に立ち帰り再び無から立ち現われ出てきている〟（所雄章）とも言えよう。そうすると〝無からの創造〟が、普段に絶え間なく連続していることとなる。ウパニシャッドで説く、創造神ブラフマンと破壊神シヴァの交代とも、その両者間である維持神ヴィシュヌとも連想させる考えである。

更に、時間の展開にだけ限定して考えるなら、次のようにも言えようか。

これは「無基底」アプラティスタ中に、縁りて起る因縁生起とも解される。道元では「つらなりながら、時々なり」である。連続するのは非連続からで、非連続を連続に連結するのは識のゆえであろう。瞬間の団子を刺し通す串のようにである。時の変化の識は連続の直観ではじめて可能となるのだから。識は意識が最も意識されるが、他にマナ識、アーラヤ識、眼識……を唯識説では挙げていて、全部で八識ある。この識の連結作用は忘れてはならない。縁起で世俗に繋ぐのだから。識は、また世俗性をたてるための依止物《えじ》で、「依託止住《えたくしじゅう》」（法華経涌出品）であろう。

〝時々〟に反射、リフレクトする「而今」で、意識に連結されての〝つらなり〟である。ミラー、鏡の〝それ自身〟で、シーソーの転回点である。

また、波多野精一では、「帰着無、再現有」にして、「呼応無、転回有」と言いうる「先験的同一性」（「先験的回想」）でもあろう。

三　「我あり」は「仮名《けみょう》・仮設《けせつ》」

デカルトは〝真なるもの〟を求めて、疑わしいものを排除する。一切を疑う。感覚で得られたものをはじめ、スコラ学、信じる習慣、そして自分自身をも疑う。疑いの深淵に落ち込んだようだとも言う。しかし、そのようにして飽くことなく疑いをかける、その働きはどうか。それはある。疑いをかける働きの向かう対象は如何に〝疑わしいもの〟で排除せざるを得ないとしても、当の疑いをかける働き、そのこと自身は疑い得ない。存在する。その働く存在は、〝三角形の内角の和が二直角である〟とする知性、理性、精神の働きと同様の存在である。例え夢の中でも、このことは同様に言いうる。その働きを還帰、反省して「一つの確固不動の点」を得た。かくて、cogito, ergo sum. で「われ思う、故に我あり」の第一原理が得られたとする。

しかし、本当にそうなのか。

ニーチェが打診するのは、「思う」その「疑い得ない」との主張こそ〝疑われねばならない〟ということである（『善悪の彼岸』第1章2・16・17）。思惟それ自身、思惟そのものが言明するのは Begriffrealismus つまり概念をリアル化、現実化したもので、いわばイデア idea を〝真なるもの〟とするイデア論である。後には実念論、更には観念論になる。それをニーチェは打診する。idealess でないか。idealess であるものを idea としたのでないか、と。

ハイデッガーは、近代の世界支配の意志はデカルトに始まるとして危惧を表明する。「思う」は「思われているもの」を定立し、措定する。この二分した主客の、主観から客を対象化〝前に・立てて〟vor-stellen して世界を征服しようとしている、とする。この「利用」意志による世界支配は、世界に歪みや修復不可能な事態をもたらす、かもしれないとする。地球温暖化などの環境問題を指摘していた、と言えよう（『世界像の時代』）。（この世界像とは、対象化され「像」Bildとして立てられた世界。）

フッサールは、ハイデッガーに影響を与えた師であるが、それはハイデッガーの主著『存在と時間』Sein und Zeit 一九二七年刊が未完結ながら、フッサールの現象学とキェルケゴールの単独者の信仰の研究であることから明らかである。前後するが、フッサールについて考えなければならない。というのは、フッサール晩年の主著は『デカルト的省察』（一九二九年のパリ講演がもと）で、「新デカルト主義」の主張とも言うべき、デカルト精神の復権を説いているからである。フッサールは、そこで「哲学そのもの」は「普遍的な自己認識の道」であり、「デカルト的省察」をとり戻すことであるとして、そのためにまず世界を判断停止（エポケー）によって失わねばならず、従ってこの判断停止なき「実証的な学問は、世界を喪失した学問である。」とする。判断停止による「普遍的な自己認識の道」は、かのデルフォイ神殿の言葉「汝自らを知れ」gnōthi seautonであり、ソクラテスの自らの無知を知っての魂の配慮であり、それに続くものとして、フッサール自身の「普遍的な自己認識の道」を位置づける。アウグスティヌスの言葉で補強もする。即ち「外に行こうとしないで、汝自身のうちに帰れ。真理は人の内部に宿っている。」（『真なる宗教』）。このフッサールの自己認識の道は、まずモナド的に、次いで間モナド的へと段階を踏み、「相互主観性」の他我構成へと至って、「感情移入」Einfühlungで共同主観の構成がなされる、とする。

このモナド的な、「普遍的な自己認識の道」で、「エポケー」で世界を失うことが、デカルトの一切を疑い、確実なものは何もない、ということに相当し、「意識」の絶対性に現象しているものを直観し記述しようとすることが、デカルトのコギトの展開に相当しよう。不確実で拠り所とならない、外へ行こうとしないで、自己へ帰り、そこから出発し、拠り所とせよという点で、デカルトの「コギト」は、フッサールの「意識」に継承されている。そこで、フッサールは「意識」はすべて、何ものかについての意識で、この基本性格を「志向性」とし、その作用（主観性）をノエシス、その内容（客観性）をノエマと名づけた。この意識に直接に現象しているものを、明証的に直観し、その本質の記述が、フッサールの現象学である。「意識」は従って、フッサールにとり『厳密な学としての哲学』を樹立させるための確実な礎石、コギトであった。しかし事志に反して、フッサールは晩年「厳密学の夢は見果てた」として放棄せざるを得なかった。この確実な礎石、コギトだけでなく、フッサールは、モナド的な「私」も、間モナド的な「相互主観性」へと移すことで、デカルトから離れる。デカルトを継承しながらも、否定して、克服しようとする。

ただ、この「意識」での継承は、デカルトのコギトを局限したもので私は採らない。ヤスパースの解釈する人的思惟の一つだがヤスパースも採らず、別途の実存への哲学を進む。

西田幾多郎は、デカルトの「思う」主観を〃人工的仮設〃として批判する。「思う」と「思われる」とが一体である本来で、人工的・作為的に設定し、いわば偽装したのが「思う」主観のエゴであるとする。主客未分の直接的な「純粋経験」の本来から出発した西田幾多郎には当然とも言えよう。

また、西田幾多郎は、デカルトはエゴの「主語論理」で出立し、進めていくが、「神の誠実性の基礎づけは、論理性を有《も》たない。」として、エゴの「主語論理の破綻《たん》だ」とする。（しかし、この「破綻」は「循環」とも解される。「破綻」は近代的自我（人神）のものとするなら、「循環」は中世的被造物（神人）の信仰に戻ることと受けとれる。ここに、近代ならぬ中世のトマス神学からの解釈が出てくる。）デカルトのエゴの主語論理を、むしろ徹底して貫いたのはスピノザで、この極に達した神では「神の様相として（世界は）コーギトーする。」と言う。

主語となっても述語とならないというヒュポケイメノン（基体）をデカルトはエゴで樹てながら、述語的な第二実体の本質 essentia にいわば救助を求めることで、アリストテレスと同じ難問に陥った、とする。アリストテレスのアポリアに囚われた、とする。これを「主語論理の破綻」として、その破綻を回避して、徹底貫徹したのが、ユダヤ人のスピノザだと西田幾多郎は考える。

と言いながら、西田幾多郎は晩年の論文「デカルト哲学について」（一九四四・昭和一九年）で、〝デカルトに帰れ〟と推奨して、〝問題と方法〟で学び、『省察』の熟読をするように推める。何故か。「意識一般」から外の客観世界を基礎づけたカントは〝科学の下婢《かひ》〟となり、哲学の本来を失ったとするからである。西田幾多郎の哲学とは〝自証するもの〟〝自証の学〟で「対象なき対象の学」であって、自覚を方法として、そこから外の科学は基礎づけられるもの、とする。

このデカルトを批判しながらも、継承しようとする態度は、西田幾多郎と共に、それに先だつ一五年前の先に触れたフッサールのデカルト精神の復権を唱えたパリ講演に通ずる。これらは、「新デカルト主義」の主張と〝デカルトに、問題と方法で帰れ〟の呼びかけである。昭和の初めヨーロッパのデカルト復権と一五年後の戦前、日本での呼応する、デカルト熟読推奨の主張である。

ヤスパースは、デカルトの根拠の確実性を信頼するならばと仮定した上でのことだが、まことに興味深いことを書いている。すなわち「確実性の対象が、ここでは同時に確信の主観でもあるから、客観と主観は相等しく、主観でも客観でもなく、かつ主観であると同時に客観でもあるところの唯一のものが存するのである。デカルトが cogito, ergo sum の内容を基礎づけている根源の確実性に、完全な信頼をもつ場合、彼は以上のことを考えていると思われる。」（『デカルトと哲学』）。

ここで、ヤスパースが〝確実性の対象が主観でもある〟というのは、客観と主観が同一であることで、主客の同一と言える。それは、異なる二つだが、同一ということ、異なって一つで、分別されて一如とも言える。同一で異なること。次に述べている〝主観でも客観でもなく〟は、共に否定する双《なら》んで否定と言える。双否のこと。そして、〝主観であると同時に客観でもある〟というのは、共に肯定する双《なら》んで肯定ととれる。双是のこと。

とすると、〝同一〟〝異なる〟〝双否〟〝双是〟の「四句分別」が浮かびあがる。ヤスパースは『ブッダと龍樹』の著述があり、「四句分別」の理解が当然あった、と思われる。

「四句分別」とは、ブッダが「十難無記」で用い、のち龍樹が『中論』（第1、18、22、25、27章）で用いた論理句である。この「四句分別」を『中論』の第18、観法《ほう》品に要約してみるなら次のようになる。〝一切は①ある、②ない、③あるでない、④あるでなく、ないでない〟の四句で表わされる。もとはブッダの①「我有る」と仮説し、②「無我とも」、③④「我無く、無我ない」のアートマン（我）の教説で、戯論は空に滅びる、に由来する。また、こうもいう。①「一切は（真実で）ある」、また②「一切は（真実で）ない」、③「一切は真あるで真でない」、④「一切はあるのでなく、ないのでない」と。一切は空 śūnya なので、縁起する。このために不生不滅、不常不断、不一不異、不来不去の八不が説かれる。それで「四句」は否定でも表わされる。

「四句否定」の「四句」は tetralemma と英訳される。四つのテトラと直観把握レンマのこと。このレンマをロゴスから浮きあがらせようと試みたのが『ロゴスとレンマ』の著作がある山内得立である。山内得立は、従来の形式論理学での同一律、矛盾律、排中律で、排中律を排し「容中律」を取り込もうとする。それは端的にイエスかノーのいずれかを迫るものに対し、いずれかを迫らない、いずれでもない「中」を容認するものである。これは私達の文化・教養に根づいた自然な論理で、強いられた欧米的ロゴスから解放された適切な論法であろう。〝ロゴスからレンマへ〟なのである。似たところの鈴木大拙「即非の論理」、西田幾多郎「絶対矛盾の自己同一」とは異なる、とも山内得立は言明する（『随眼の哲学』）。

ヤスパースは、このように考えると直接、「四句分別」「四句否定」に言及していないが、背後に、それらを浮かびあがらせる思考があった、と思われる。それを投影しての論述ゆえに、我々に興味深く感じさせるのである。

これまでのことを総合して考えるなら、ヤスパースは、デカルトのエゴ・コギトに、空思想の片鱗をみていたと、言えるのではないか。もとより、このヤスパースの論及は、〝完全な信頼〟という仮定上のことであり、直接的な空思想の言及、言明がないのだから、一端を仄めかした程度に停めるべきではあろう。

ヤスパースは、デカルトの真理の最終根拠が摑めない、としながらもデカルトの人的思惟を具体的に解釈して、二つ挙げる。一つは、点のような空虚な自己思惟であり、二つは、現実的な意識とする。後者の意識は、フッサールの意識の現象学へと継承される。注目したいのは、前者の点のような空虚な自己思惟で、ヤスパースはこれを神的思惟ではありうるが、人的思惟としては虚無へゆき、あり得ない、とする。神的思惟なら、思惟しつつ思惟されたものを創造するので、自ら一切の存在で一切を有する。それに反し、人的思惟は自ら充足することはなく、空虚な点を見出すだけで、点の虚無に落ち込まないためには他者（対象）を要する。かくて、他者に出合うために暗号解読という手段を講じて、究極の超越者に向う、ヤスパース哲学がここで説かれる。

この神的な超越者が想定できない、期待できない、またそうしない場合の処方ないし、別の回路はあるか。あり得ると思われる。それが空思想で、ヤスパースがデカルトに、その一端を読み込んだものである。

そうすると、デカルトの真理の最終根拠が摑めない、この当惑を少しなりとも見通しのよいものにするには、一つは空思想をより多く取り入れ解する道と、二つはイデア論で神的思惟の可能性を探る道と言えそうだ。

では、次に二つ目のイデア論で可能性を探り、その後に一つ目の空思想で解明をすすめていきたい。エゴはイデアか、それとも後に考える空の仮名・仮設か。

エゴをイデアとし、その否定を迫ったのが、先に挙げたニーチェである。疑い得ないとする「思う」こそ、疑わねばならず、「思う」観念は存在しない。ないしは対立概念に過ぎず、究極存在ではない。「アポロン的なもの」は、「ディオニュソス的なもの」と対立する。「アポロン的なもの」は、転倒されるべきであり、ソクラテス、プラトンにより原理とされた価値である。その誤った最高価値の転倒を迫った。それがニーチェである。それで、イデアではなく、イデアレスなのである。

このイデア原理は、しかしながら、ロゴスとしても使われた。ヨハネ書の「初めにロゴス（言葉）あり。」として使われたロゴスであり、それは、かのナザレの人イエスを意味した。イエスは人となった神として第二位格の意味をもち、地上と天国を繋ぐ仲介者である。イエスのロゴス（言葉）が、神のロゴスであり、信ずる者のロゴスであって、その意味でイエスは仲介者で第二位格である。地上に福音をもたらす、新しい約束である。かく、神の愛（アガペー）はイエスを介してもたらされた。それを信ずる者は幸い、とする。

この新しい約束、すなわち新約は、旧約に基づく。旧い約束はモーセの十戒として、シナイ山でヤーウェにより啓示された律法で、この律法でモーセはイスラエル民族と約束の地カナンを目指した。楽園へ導く掟で『出エジプト記』にある。モーセに率いられたユダヤ人（イスラエル民族）のエジプト脱出の旅は難行苦行であったであろうが、この苦しむ人に楽園である希望が必要であった。天国、そして、続くユートピア、共産主義社会など理想世界へ後々に展開されたものである。

このヘブライズムと、先のヘレニズムを結合させ、理論と行為を結晶化させたのが、先のヨハネと言えよう。ヨハネはイエスの弟子で、同時代人で、イエスの言行を記録した『ヨハネ書』を遺した。ナザレの人イエスの人間性と神の第二位格ロゴスの神性を示して、信ずる者に希望と楽園と永遠を伝えた。

イエスに結晶化させた人に、もう一人いる。アレクサンドリアのフィロンである。懐疑主義のフィロン（紀元前二世紀〜一世紀）と区分されて、出生地のアレクサンドリアを付して呼ばれる。アレクサンドリアのフィロン（紀元前二五／二〇〜五〇年頃）はユダヤ人哲学者で、ユダヤ教とギリシア哲学を結合させた。旧約聖書の注解で、プラトンやストア学派の哲学を用いて理論化した。予備学としてギリシア哲学を位置づけ、後のオリゲネスらのキリスト教神学・教義学に影響を与えた。新プラトン学派の先駆とされ、『創世記注釈』がある。

この新プラトン哲学（特にプロティノス）の流れを汲んだ神学者にアウグスティヌスがいる。『告白』や『神の国』の著作で有名である。この四〜五世紀の思想家で初期キリスト教、最大の神学者アウグスティヌスはプラトンのイデア論の哲学を受け継いだ。それに対し、一三世紀のトマス・アクイナスはアリストテレスの影響下で、カトリック哲学を発展させた中世最大の哲学者に位置づけられる。『神学大全』で、自然理性を尊重し、トミズム、今日のネオ・トミズムと連なる。スコラ学として中世ヨーロッパ、約一千年にわたる学問そのものであった。ガリレオ・ガリレイの地動説に有罪（放棄）の判決を下した宗教裁判は、このスコラ学による。また、デカルトもエゴを対峙させて、近代的思考を出発させたのは、このスコラ学・神中心に対してであった。ローマ・カトリック教会に対してであった。

このように凡そ振り返っただけでも、プラトンのイデア論は、弟子アリストテレスでエイドスとして、また神学のロゴスとして、ヨーロッパ思想史の骨格を占めていた、ということができよう。これを裏書きするように、西洋哲学史は、プラトン・イデアの〝一連の脚注〟とまで言われる（ホワイトヘッド）。西洋の哲学はイデアとして、その心髄要領は樹立されていて、それに続く哲学は、イデアの補足説明、本義解説に過ぎない、とさえ言われる。

イデアの定義は、よく言われるのが、〃～そのもの〃〃～それ自身〃で、超感覚的な真実在とされる。また、超越性、離在性で、超感覚的な理性により捉えられる、永遠の時空をこえた真実在（ontos on. ～そのもの）とされる。

古代ギリシア人の尊重したカロカガチア（善美）は、複合語であるが、前半のカロス（美）を求めて、例えば壺の製作者は、最高の名工なら神々に列せられる程の模範で、並の製作者と区分される。この模範を原型として理想型を追求してゆき、その似た像（似像）、模像の製作者が並の者を超えどこまでも模範を追求する。最高の名工の技に倣い越そうとする。多分、デミウルゴス（工匠の神）の信奉者であろうとされる。のちのマイスターへと続く。

これに、ピタゴラス学派の、例えば三角形〃そのもの〃が理性による超感覚的であることを継承して、超越性、離在性の真実在が、イデアとなったとされる（田中美知太郎ほか）。

このイデア（idea）は、もともと〃見えているもの〃〃姿〃〃形〃で、ideinに由来する語である。idein イディンは、identity 同一性に連なる語で、同一視する identify、確認する、のように使われる。例えば、identity card（IDカード）は身分証明書だが、パスポートに付帯する性格でもある。law of identity は、形式論理の三大原理（同一律、矛盾律、排中律）の第一の同一律で、肝腎の要である。アリストテレスの『形而上学』（第一、七章）に出てくる。

ヤスパースは『ブッダと龍樹』（ブッダの6）の著作で、次のように言う。アジアの思想は Distanz の dis（離れて）tanz（dāre 立つ）で、距離をもち、離れて「……犀の角ように一人歩め」「自灯明、（法灯明）」を伝えている、とする。それに反し、ヨーロッパの思想は、個人と個人の苛立たしい緊張関係を解消したいために、共通で同一なる永遠に関係づけられたい、とする。この対比をしている。この同一の永遠希求が、（対話で）同一律、自同性、そしてイデアの由来を一つ説明しているように思われる。苛立つ緊張をイデアで鎮めたい、と。

プラトンのイデアは、著書『国家』（第7巻）の〝洞窟の比喩〟でよく知られる。この比喩によれば、多くの人々は洞窟の暗い中で、入口から入る光でスクリーンのような壁面に映る影を見て、それが本物と思っている。実は背後に本物があるのだが、手足と首を縛られ動けず後ろも見えないので、影を本物とし、慣れ親しんでいる。実は、この影が〝現象〟で、背後の本物が〝実在〟だと喩えている。巧妙で、しかも〝現象界〟の常識を信じて疑わない多くの人々を不安に落し込む。震撼させる。と同時に、真とは何か、との問いに向わせもする。ヤスパースは〝哲学する〟動機づけ、モチベーションを三つ挙げている（『哲学入門』）が、その第一に「驚き」erstummungを、古代ギリシアの始源（アルケー）探求、そしてここに述べたプラトンのものの真の探究として挙げている。まさしく、この事態でもあろう（第二は「疑い」、第三は「限界状況」と続き、実存の哲学へと導く）。

プラトンのイデア論は、師のソクラテスの継承で、発展であるが、更にはヘラクレイトスのロゴスという万物即一の統べるものの源流によってもいる。戦いが万物の父であり、万物の王であるとするヘラクレイトスは〝戦い〟が〝矛盾〟を生むが、しかもそれは〝一つ〟である、という。その〝一つ〟であるヒポテーシス（仮）のロゴスを対話で求め続けること、冒険すること、矛盾を見出しながら一致（ホモロゲーマ）を仮としながらも見出すことが、知恵だとする（田中美知太郎『ロゴスとイデア』）。

プラトンのイデア論で、イデアはエイドスeidosとも表わすが、弟子のアリストテレスは、このエイドスを継承しながら、なおヒュレhyle（質料materia, matter）を材料とすることで、真なる存在、実体（ウーシアousia, substantia, substance）が具体する、と言う。それ自身によって存在するもので本体とも正体とも表わされる。主語となっても述語とはならない個物とも言う。例えば、この人、この馬をいい、「常に自ら主語（基体、ヒュポケイメノン）であって、他のなにものの述語（属性）ともならぬもの」と定義される。これが、有名な実体の定義で、実は第一実体とされる。（一）単純物体（水、火など）。究極の基体（個物）である。他に第二実体の別の定義がある。第二実体の定義は、「他のものの述語となる類、普遍すなわち述語形態としての実体」とされる。この述語形態の実体は、本質essentiaを意味し、アリストテレスは、（二）内在する原因の霊魂など（生物）、（三）内在する不可欠部分の面、線、数、（四）本質を表わす定義（ホリズモス）の三種を挙げる。第一実体の究極の基体（個物）を加えると四種〈（一）～（四）〉になる（以上は『形而上学』第8章の要点である）。

オントス・オン（真実在）は、プラトンのイデアであったが、アリストテレスでは実体ウーシアである。このイデア、ウーシアの思想系譜は、古代ギリシアで学問の中核にあり、更にヨーロッパ中世、一千年にわたり神学の中核であった。即ち、アウグスティヌス、トマス・アクィナスとして、それはまた普遍論争の実念論と唯名論の論争としてあった。論争としてありながらも、共通するものがあった。それがイデアである。ウーシア（実体）に、イデアはエイドス（eidos. 形相）として継承され、エイドスは材料であるヒュレ（質料）を限定することで、可能態（デュナミス）を現実態（エネルゲイア）とする。このようにして、イデアをアリストテレスは生かしながら、なおウーシア（実体）を真なる存在として主張した。従って、古代ギリシア、中世を通して、イデア思想の骨髄的意義は認めなければならないであろう。それ故、〝一連の脚注〟なのである。

しかし、現代、この実体を否定する代表的哲学者がバートランド・ラッセルである。ラッセルによると、実体とは、出来事を束にして集めた便宜的方法で、それは諸生起がひっかかっている、単なる空想の吊りかぎに過ぎないとし、主述の文章構造を、世界の構造に移行させた、形而上学的な誤りとする（『西洋哲学史』）。

このラッセルの実体誤謬論と同様に実体を認めないのが、空思想、空観である。ブッダにみられ、大乗仏教の般若経典で説き明かし、それを理論として展開したのが龍樹（ナーガールジュナ、一五〇～二五〇年頃のインド僧）である。般若経を含む大乗経典は紀元前後から約一〇〇年間に成立したとされ、よく知られるのが金剛般若経、理趣経等で、それに有名なエッセンスの般若心経がある。般若はパンニャの音写しで、梵語プラジュニャーのことで、知恵を意味する。知恵は空で、空を観るため、瞑想の坐禅がある。菩提樹下のブッダの瞑想、三昧が有名なのは、その故である。

空はシュニヤーで、語根のシュビはふくれることから、その中味が空虚、無いを意味する。実体が無い、実なるものが空虚であることを意味する。

ここに、ラッセルが実体は形而上学的な誤りとするのと同一の見方がある。ラッセルも龍樹の空観も共に、実体を認めない。ということは共にイデアを認めない、イデアレスとなる。

結論を急ごう。

プラトンのイデアは、次のように定義されている。①～して、②～こえ、③～たらしめる、ものと。例えば、カロカガチアのカロス（美）で考えると、人ならば、①美人をして、②美人をこえ、③美人たらしめる、ものが、美（カロス）のイデアである。①個の具体化した美人をして、②その個をこえ、③その美たらしめる、ノーブル、端麗、ファイン等をもつもの、それが美のイデアである。また、こうも言えよう。①音楽室にあるトライアングルをして、②そのトライアングルをこえ、③そのトライアングルたらしめる、内角の和が二直角をもつもの、それが三角形のイデアである。イデア（真実在、完全・完璧）と言うとき、それは、①具体の個の現象を通して（以って）、②その現象をこえ（超越、離在して）、③そのイデアたらしめる（充足、要素、性質をもつ）である。①現象、②超越、③属性（本質）のことである。また、プラトンの洞窟の比喩にとっては、①現象する影をして、②影をこえる真に実在する（オントス・オン）イデアで、③その本質（essentia）で定義される。かくして、アリストテレス的には①

②主語のヒュポケイメノン（基体）を、③述語づけ、意義を定めるホリズモスである。そこから、主述で世界を説明しようとした実体誤謬論のラッセル主張根拠が明らかとなろう。また、西田幾多郎の「主語論理」の誤謬指摘も、ここから理解されよう。

主眼は、次にある。

デカルトは、コギト・エルゴ・スムとし、「われ思う、故に我あり」とした。思う、考える我は存在する、と。思う、考えるとは、何か。それは我の本質エッセンティアで、定義（ホリズモス）でないか。我は、思う、考える本質として存在する、と。我が存在（エクジステンティア）するのは、その本質（エッセンティア）の思う、考えることによってである。

ということは、どういうことか。整理する。

デカルトは、他の人はいざ知らず、ルネ・デカルトたる一人称で固有の〝私〟を考えた。これは、〝私〟をして、である。現象した、今、軍に属し、ドイツの寒村の冬営の炉部屋で考え、思う〝私〟である。

その〝私〟をして、やがて、一般のエゴ、egoの〝私〟に向かう。〝私〟を普遍化させ、ルネ・デカルトだけでなく、他の〝私〟をも共通とする〝私〟を考え、思う。それ故に、エゴ・コギト・エルゴ・スム（われ思う、故に我あり）と言い得た。〝ルネ・デカルト〟コギト・エルゴ・スムだけでなかった。普遍的な〝私〟に到達した。そしてそれを定義（ホリズモス）した。考える、思うもの、と。それで、考える我の存在が、明晰・判明（明証）に真とした。ということは、原型は既に、少なくともこの点に関しては存在した、と言えるのでないか。

整理しよう。コギト・エルゴ・スムは、イデアである。〝私〟のイデアがコギト・エルゴ・スムである。理由は、①ルネ・デカルトの〝私〟をして、②その〝私〟をこえ（普遍化した〝私〟我）、③〝私〟たらしめる（本質、要素、属性）、考える、思う（思惟作用する）のが、〝私〟我の〝イデア〟である、からである。

デカルトのこの部分は、既に原型として存在した、といった。確かにプラトン、アリストテレス、そして中世の普遍論争での実念論か唯名論からは、そう言えよう。しかし、デカルトのデカルトたる所以は、根幹の天地転倒を問題において果たしたことと言えよう。〝私〟が問題であり、出発であったこと、神ならぬ人（それも〝私〟）が出発点であったことである。ここに、哲学の近代があるからである。神・中心から人・中心の天地転倒である。その上で、なおイデアを〝私〟の考える、思う、イデア・インネィト（生具観念）で継承しているとみるべきであろう。そして、デカルトが継承しているイデアを確認しながらも、ラッセルの実体の形而上学的誤り（実体のエイドスはイデア）批判を既にみた。それ以上の批判は、地をかえ空観にある。

先に、ヤスパースの仮定の上でのことだが、デカルトの思惟を表現していた「四句分別」に触れ、そこから龍樹の『中論』の八不に、そして空観に及んだ。

この空観からは、デカルトの「我あり」は仮名・仮設として言い得る。というのは龍樹は「いかなる法も縁起せるものでないものはない」で、その法が縁起するというのは、法である事象の一つである「我」は、従って縁起する。「縁起せるもの、われらはそれを空性と呼ぶ。かの縁起は仮名・仮設であり、それはまさに中道である。」（『中論』第24、観四諦品）。くり返すと、「我」は法（事象）であり、法は縁起する、縁起するものは空性で、仮名・仮設である。いかなる実体的なもの、イデア的なものはない。イデアレスなのである。「我」は縁起する法で仮名・仮設である。

この空観からは〝理〟についての解明と言えるが、〝識〟についての解明は「唯識思想」から可能でないか。空観の〝理〟から、「四句分別」で「我あり」は仮名・仮設と言い得たが、唯識の〝識〟から、「意識」で、「我あり」

は、俗諦たる縁起と言えよう。唯識は空観に裏打ちされ、俗諦は空観の真諦に裏打ちされている。唯識と空観は相互に依存する。我々日常の俗世界である俗諦は、唯識思想から解明され、直観の禅定・三昧である真諦（第一義諦）は、空観から解明されるからである。

その俗諦からの唯識思想で「我あり」はどう解明されるか。再び考える。

唯識思想は、空観と共に大乗仏教哲学の二大学派と言われる。義浄により、仏教は空観と唯識の「二大学派を出でず」とされ、それは定説となっている。また、空観と唯識は、法蔵の『華厳五教章』によって、中国へのインド仏教の激流時に「五教」として整理される。それによると、①小乗教（阿含《アーガマ》、アビダルマ）、②大乗始教（空観、唯識）、③大乗終《じつ》教（大乗起信論）、④頓教（維摩経など）、⑤円教（華厳経）として整理、秩序づけ、それを「教相判《はん》釈《じゃく》」と呼んだ。

その②大乗始教（空観、唯識）が、仏教の理論で二大学派を形成した。空観は種々ある般若経の〝論書〟として、代表的には龍樹（二～三世紀活躍）の『中論』が成立した。

それから、唯識は代表的には世親（四～五世紀活躍）の『唯識三十頌』が成立し、ここに「識一元論」ができた。「識一元論」とは、「識」のみによって、一元的に世界は捉えられるというもの。「識」は八つあり、それで「八識」という。「八識」とは、アーラヤ識、マナ識、の二識と、六識の眼識、耳識、鼻識、舌識、身識、意識のこと。六識は最後の「意識」に統べられている、という。外の世界は外境と言い、六識に応じて六境である。色境、声境、香境、味境、触境、法境で、最後の法境は六境を統べる。その外境を、あたかも受け入れるアンテナのようだが、実は逆に顕現しているのが六根である。眼（根）、耳、鼻、舌、身、意の六根である。この六根が原因で、六境を作るのが六識である。かく、六根で六境を作る六識で、能作で所作する作者となる。ノミ（六根）で木を彫《ほ》る（六境）彫刻家（六識）というようにである。

今日のこととしても考えてみる。感覚は主要なものとして「五感」がある。その感覚器官が「五官」とされる。眼は視覚を生じさせる。そのように、耳は聴覚を、鼻は嗅覚《きゅうかく》を、舌は味覚を、皮膚は触覚を生じさせる。もっとも今日の感覚には、平衡感覚などの内（部）感覚も加えられている。また、第六感として勘を表わしたりもする。しかし、主要な「五感」を生じさせる「五官」すなわち「五根」は揺るがない。例えば、眼根である眼の感覚器官が、視覚世界を作る。彫刻、絵画、テレビ等の世界である。それは他の、耳根である聴覚世界等も同様である。このように六根が六境（世界）を作る六識で、六識はいうなれば「心」である。

一切の根本にこの識がある。それで「識一元論」であり、外界はなく「唯識無境」である。識の八つの中で、種《しゅう》子《じ》（ビージュア）の一切を貯える識が、アーラヤ識（本識の蔵《アーラヤ》）で、最も根底的で隠れている無意識・根本識である。煩悩の本源をなし、この本源を浄化するのが課題となる。修行の実践とその証が問われる。

アーラヤ識の上にマナ識がある。これも無意識だが、自己防衛するような自我（アートマン）で恒審にして思量《マナス》している。睡眠時の夢もまたこのマナ識である。無意識で自己を守る。七番目の識なので第七識ともいう。八識は先の六識と、この第七識、それにアーラヤ識である第八識から成る。まとめて、三層八識だが、これが唯識思想である。

唯識思想は、この世界（境）を実在しないとする「唯識無境」であった。六根で六境を作る六識で、六識が六根を使い六境（世界）たらしめるのだから、顕現され作られたもので真には実在しない。であれば、実在するのは識であるのか。唯それだけで、識の「（唯）識一元論」だから、真に実在するのは、識であるのか。否である。唯識が空観を前提に説かれることを忘れてならない。先に少し述べた空観の縁起が、俗諦である識として説かれていると考えるからである。

古くは三法印の一つ「諸法無我」の「無我」は、「人法二無我」へ至り、更に「人法二空」そして「一切法空」へ至る。それは「一切の有為法は、夢、幻、泡、影の如く、露の如く、また電の如し。まさにかくの如き観を作すべし。」（『金剛般若経』32ａ、末尾）に継ながる。一切の事象（法・ダルマ）は夢、幻また雷のように空である、そのような観る方法を思想せよ、空観せよ、と教える。しかしながら、夢、幻もあるが、それは仮のもので、仮に名づけられ、仮に設けられたものとしてである。かく、仮名・仮設の縁起する、実在なき、実体なき、イデアレスの縁起する俗諦に毎日は凡そ営まれる。

華厳思想の「三界虚妄但是一心（作）」（羅什訳、十地中第六地、現前から）は、欲の世界、物の世界、心の世界、即ち欲界、色界、無色界の三界は虚妄とし、但し一つの心が作ったものとする。虚妄とは偽りでもあるが、その偽りは真実、事実に対立するものでもない。二項対立しない。従って、虚妄は真なし、偽なしのものなので、むしろ、先の「夢、幻」のように表現するのが適切なのであろう。「仮のもの」である。「我あり」は「仮のもの」であり、「仮名・仮設」と同義となる。

デカルトは、存在論（有論）の世界から、「我あり」としたが、我々は非存在論（空観）の世界から、有でなく、無でもない、仮の縁起する自我（アートマン）を考える。

デカルトは「われ思う、故に我あり」とし、「我あり」とした。他方、仏教の唯識、空観は我を「仮のもの」、「仮名・仮設」とした。併記あるいは比較は、思想を学問 wissenschaft としては意義あろうが、知的体系としては或いは知的探究としては意義あろうが、それを受けとる者としては、自己のものとして評価、比較検討を要するであろう。価値的な主体的選択が問われてくる。

そこで、私は、端的に「我あり」は仮名・仮設とする。デカルトの自我の〝イデア性〟の迷路へ迷い込んだのを是正したい。そして、迷路への分岐点で、別の路〝空観〟を選び進みたい、と思う。

この分岐点は、二回路と言えるので、大きな思潮流で〝イデア性〟はプラトン、〝空観〟はブッダで、これら二回路の矛盾を抱え保持していたのが、ヘラクレイトス（紀元前六世紀～五世紀）でないかと思っている。ヘラクレイトスは、ロゴスとしてイデアへの路を拓き、ソクラテスープラトンへの流れを作った。他方、ヘラクレイトスが矛盾として抱えながら（例、パンタ・レイ）、その後に消えたか行方不明になっていったものを、大きく別天地のブッダが花開かせていったと思われる。

若干の補足をしておきたい。

ブッダ（紀元前六／五世紀～五／四世紀）の教えは、アーガマ（阿含）と言い、伝承されて、原始仏教とされる。のち、アビダルマ（阿毘達磨）として、アーガマの研究がなされ理論としてまとめられる。代表理論は説一切有部で、説くところ一切は有（存在）とするところの一派で、それで有部とも言う。ただアートマン（自我）は無（非存在）だが、他の一切は有（存在する）とする。三法印の「諸行無常、諸法無我、涅槃寂静」の「諸法無我」で「無我」はこのことである。なお、「諸法」は要素で五位七十五法に分け、有るとした。この論書の中心が『倶舎論』で、小乗仏教の理論大成書である。小乗とは、小さな乗り物（ヒーナヤーナ）で自己だけ救われる（彼岸へ渡る）ことを目指していると、大乗（マハーヤーナ）の衆生済度を目ざす仏・菩薩道からの願いの違いを表わして言われた。また、小乗仏教は、「一切皆空」の大乗仏教から批判され、否定されたが、しかしその学理は継承されてもいる。俗に、僧になるため〝唯識三年、倶舎八年〟の、桃栗三年、柿八年の結実に擬えた、学業年数は、このことと言えよう。倶舎八年は基礎八年とも言える。

ブッダの教えはアーガマとして伝承されていると言ったが、それは『スッタ・ニパータ』（『経集』『ブッダのことば』）を最古とし、広く読まれた『法句経』（『ダンマパダ』『真理のことば』）などがある。いずれもパーリ語で遺され、後の仏典で使われたサンスクリット（梵語）にとり、マガダ方言とされるものによる。

アーガマ（阿含）の一つに『雑阿含経《ぞうあごんきょう》』があり、その歓喜目《かんぎもく》に有名な雪山偈《せっせんげ》がある。のち、大乗の『涅槃経』にも出る。「諸行無常、是生滅法、生滅滅已、寂滅為楽」という偈（頌、偈頌《げじゅ》で詩句のこと）である。意味するところは「諸行はまことに常なることなし。生じたるものは、また必ず滅す。生滅をもってその性となすゆえなり。その生滅の静まれることこそ楽しけれ。」である。ブッダが修行中に北部ヒマラヤあたりでか、雪山で羅刹《らせつ》（大力で悪鬼のこと）に教えられたのが前二段で、後二段を聞くため師に身を捨てて仕え（不惜身命）かつ修行し、やっと得て悟りを開いた。それで雪山成道《せっせんじょうどう》と言われる。その場所から雪山偈と言い、問いの中心から無常偈と言われたものと思われる。ブッダ過去世のこととされる。通説では、ブッダは六年間にわたる苦行、思索、瞑想を経て、三五歳のときブッダガヤーの菩提樹の下に坐り、悟り成道したとされている。

のち、空海は、大乗の『涅槃経』を和訳したとされ、それが、有名な「いろは歌」である。「色は匂へど散りぬるを我が世たれぞ常ならむ」（諸行無常、是生滅法）、「有為の奥山けふ越えて」（生滅滅已）、「浅き夢見じ、酔ひもせず」（寂滅為楽）、今日では、空海でなく、後の平安中期に仏教徒が和訳したとするのが有力である。ともかくも、倭語を表記するのに、漢字のままで表音した万葉仮名から、この平仮名（そして片仮名も）を独立、誕生させ、通用させたことの意義は大きい。

同じでなく、移り変る事象（法）は驚きである。無常で生滅し、流転する、この世の事象（法）は問いで、驚きである。そこで、人は、私はどう処するか。浮き世をどう捉えるか。何とか解決したい。抜け出したい（モークシヤ）。それに対し、答えは生じ滅することを滅せよ、そうすれば静かな、安心したニルバーナに至る、と応ずる。問いは、事象（法）を認める「法忍」（生滅の法を認める。忍は認）。対するところの、答えは流転する（サンサーラ）から離れる「無生」（生滅は已《すで》にない）である。まとめて「無生法忍」と受けとれる。ここには、苦しみという、外から、内から、結局は総て内からの、苦しみを作る「執着」を離れたいという、切実な思想展開がある。「執着」の哲学的、存在論的にみたときの「無基底」（アプラティスタ）がある。

総ては苦しみの内にある「一切皆苦」は、三法印に付け加えられた、もう一つの句である。それで四法印という。この一切は苦しみの内にあるところから解脱して、「涅槃寂静」たるニルバーナの安心に至りたい、渡りたい。アーガマ（阿含）には、ブッダの教えが、説かれる。その重要な一つが、四諦であり、八正道である。また十二因縁である。

四　おわりに

この小論の冒頭で、二つの執筆動機を掲げた。一つは、デカルト哲学の「無気味さ」で、二つ目は、デカルト哲学の「根拠の不明瞭」である。

一つ目の「無気味さ」は、全く不十分で、単なる仄めかし、端緒を開いたに過ぎないであろう。一七世紀デカルトの哲学は、今日二一世紀には、ハイデッガーの世界像 weltbild を経て、益々、知的・科学的態度を強め、対しての情意的・宗教的哲学的態度を弱めているように思われる。狂信的な一部宗教は問わなくてよいであろう。問うのは、端的に中世一千年を閲して、なお命脈を保つキリスト教のことである。神を殺した、その自責と共に、得たところの解放・自由に何がみられるようになったか。言ってしまえば、それは「無気味さ」でないか。増大・増幅した「無気味さ」ではないか。次の世紀に、或いはもっと先までも、引きずらざるを得ない課題であろう。その課題を忘れる工夫も重ねられそうにも思う。

二つ目の執筆動機である、デカルト哲学の「根拠の不明瞭」はどうか。

これが、メインであり、相当検討できたように思う。この検討のために、学部・院生時代のテキスト・ノートを再検討し、講義プリント、ノートを再考し、過去二〇歳代からの長年にわたるものの想起を度度にした。

まずは、デカルト哲学の第一原理をなす、コギト・エルゴ・スムの可能な限りの忠実な理解と表現をした積もりである。その上で、その哲学は、必然で確実か、と問い「根拠の不明瞭」に食い込んだ。度重なる同様な表現は、その都度の試みる穿鑿probeとして、ご寛容いただきたい。その上で、果して志どおりとなったか。更に、コギトの無自性を明らかにした。「われ思う」の疑うは疑わず、と無自性であることを明らかにした。更には「故に」は、縁《よ》りて働く、「我あり」は仮名《けみよう》・仮設《けせつ》として捉えた。つまり、デカルト哲学の第一原理である「われ思う、故に我あり」の根源・根拠を、浮き上らせて、必然とはいい難いし、確実とも言えないことを示した。浮き上らせたのは、空観である。それと共に、それを継承していると思われる道元の禅仏教と哲学である。多くは、空観を龍樹の『中論』から示すに留まり、道元には触れること少なかった。少なかったのは、その繋がりが未詳であり、追求するのに時間が不足したことによる。

それで、再度、デカルト哲学の「コギトの無自性」を要約しておきたい。その要約は『中論』の第八章にある「観作作者品」にある〝作〟（働き・作用）と〝作者〟（主体）の関連を〝観る〟〝品〟（章）によっている。要約内容（第八章の一二）は、〝作《さ》に縁《よ》り作者《さしや》あり、作者に縁り作が働く〟というもので、特に前半の〝作に縁り作者あり〟

である。これが、デカルトの〝コギト（思う）、エルゴ（故に）、スム（我あり）〟を、浮き上らせる。コギトの思う〝働き〟（作）に縁《よ》り（エルゴ）、スム（我あり）の仮名《けみよう》・仮設《けせつ》をする、と。仮に名づけられ、仮に設けられている、と。かく、仮のものを第一原理、根拠としている。囚われてはならない言葉に囚われ、我語取に囚われた。これでは、デカルト哲学の「根拠の不明瞭」と言わざるを得ないであろう。

〔デカルト〕

1596年０歳……３月31日、ルネ・デカルトはフランスのトウーレーヌ州ポワチェに近いラ・エイ（ラ・エー）に生まれる。父は高等法院官で、母との第三子として誕生。４月３日に洗礼を受ける。

1597年１歳……母との死別。母の肺が弱い虚弱体質を受けつぐ（20歳頃まで）。のち乳母に育てられる。

1607年11歳～1615年19歳……ラ・フレーシュの学院に学ぶ（寮生活）。８年間。

1616年20歳……ポワチェ大学で、法学士の資格を得る。

1618年22歳……この頃、デカルトは大叔母から小さな荘園を相続する。オランダで軍職につく。

1619年23歳……11月10日、南ドイツのウルム付近の小村ノイブルクに冬営中、かの炉部屋で〝３つの夢〟をみる。

1628年32歳～1648年52歳……オランダに移住し、隠れる生活を以後20年間つづける。移住24回、転地13回くり返す。

1634年頃38歳頃……エレーヌという女性と同棲生活。娘フランシーヌをもうける（５歳で他界）。

1637年41歳……『方法序説』（フランス語で出版）。自伝風。

1641年45歳……『省察』（ラテン語 のち仏訳される）。主著。

1644年48歳……『哲学原理』。体系書。

1649年53歳……『情念論』をオランダの王女エリザベートのためとして出版。スウェーデンの女王クリスチーネの重なる招きに応じ、ストックホルムに旅立つ。

1650年54歳……２月11日、肺炎でストックホルムに客死する。

没後13年1663年……教会はデカルトの著述を「禁書目録」に載せる。

没後17年1667年……遺体は母国フランスに移送される。

道元とデカルトの略年譜

〔道　元〕

1200年０歳……旧暦１月２日、京都（宇治にある母方松殿の木幡《こばた》山荘）に生まれる。

1207年７歳……冬、母と死別。父は内大臣・久我通親《こがみちちか》とすれば２歳で、その次男通具《みちとも》（育父）とすれば後の28歳で死別。

1213年13歳……４月、天台座主《ざす》公円により剃髪し、出家。

1214年14歳……春、比叡山を下り、建仁寺の栄西に相見したという。兄弟子、明全に学ぶ。

1223年23歳……２月、明全と京都を発ち、入宋の途につく。３月博多を出帆し４月上陸。７月、天童山景徳禅寺に入る。

1225年25歳……５月、天童山の如浄《にょじょう》に相見。のち、明全死去。夏安居《げあんご》中に、身心脱落の大悟を得る。９月、如浄より仏祖正伝の菩薩戒を受ける。

1227年27歳……天童山を辞して出帆帰国、京、建仁寺に入る。『普勧坐禅儀』を著す。

1230年30歳……深草に移る。翌年『弁道話』を著す。

1233年33歳……春、京の深草に興聖寺を開く。「現成公案」を書く。これより『正法眼蔵』の各巻を書きつぐ。

1243年43歳……７月、興聖寺を発ち、俗弟子波多野義重の勧めにより越前の志比庄に向かう。

1246年46歳……６月、大仏寺を永平寺と改める。

1247年47歳……８月、鎌倉に向かう。北条時頼に説法。翌年３月、永平寺に帰る。

1253年53歳……永平寺を懐奘に譲り、８月５日、療養のため上洛。８月28日、京、高辻西洞院の覚念邸にて入滅する。９月、懐奘、遺骨を抱いて永平寺に帰る。

初出一覧

第Ⅰ部

第一章　道元と波多野精一における時間構造——非連続の連続性——
『比較思想研究』第三〇号、二〇〇四年三月（二〇〇三年六月二八日発表、於・大正大学）

第二章　道元の『正法眼蔵』現成公案冒頭における解釈の比較考察——「始覚」新釈の試み——
『比較思想研究』第三一号別冊（抄）、二〇〇五年三月（二〇〇四年四月二四日発表、於・大正大学）

第三章　道元の「現在」構造における唯識的解明——而今と三法展転因果同時——
『比較思想研究』第三四号別冊（抄）、二〇〇八年三月（二〇〇七年五月二六日発表、於・大正大学）

第四章　道元の「而今」と華厳の「隔法異成」——「現在する永遠」としての試み——
『比較思想研究』第三五号別冊（抄）、二〇〇九年三月（二〇〇八年五月三一日発表、於・大正大学）

第五章　道元の言葉「前後ありといへども、前後際断せり」と「即非の論理」——時の空性を『金剛般若経』にたずねて——
『比較思想研究』第三七号別冊（抄）、二〇一一年三月（二〇一〇年一〇月一六日発表、於・大正大学）

第六章「四摂事」の倫理的性格——道元の解読を中心として——
『倫理学年報』第六二集（抄）二〇一三年三月（二〇一二年一〇月一三日発表、於・日本女子大学）

第Ⅱ部　デカルトの自我論……（二〇一四年一〇月脱稿）

あとがき

私達の日本は、西洋の近代国家として一応完成した基礎工事の上に建っている。森鷗外の心配した彼の小説『普請中』ではもうない。普請は終わり、防衛、安全保障、法制度、経済制度も整い、文芸、科学なども勿論、日本的にではあるが、一応の到達点に来ている。日清、日露の戦争と先の大戦を経てではあるが、ともかくも、これらは既知のことである。

しかし、どうだろう。制度や科学的知見などと異なり、そこに住む人の思想、精神において、西洋近代は日本人に根づいただろうか。近代の個人尊重である個人主義、近代的自我は、日本人に根づいただろうか。鷗外の『普請中』も、当人の留学中での恋人（『舞姫』）と日本伝統の封建的イエとの葛藤を伴っての、近代人の『普請中』でなかったか。国家の仕組みは普請を了えたが、個人は未だ『普請中』でないかの疑義である。

何も、ひとときよく耳にした、西洋近代の自我を基準として、〝だから日本人は遅れている〟〝だから日本人は駄目なのだ〟調の言を弄する積りはない。西洋の学問が、ほうき状で根が一つの原理・原則から成るササラ型で、由来と系統をもつのに反し、日本では分科輸入でタコツボの専門オンリーを生んでいるとの批評に組みする積りもない。凡そ、後発者はそうならざるを得ない。むしろ、雑種文化のハイブリッドの力強さを評価したい。

そうではなく、仮に西洋近代の自我のラフなコピーで、方途定まらぬ漂流状態で、孤絶の『氷島』にあることの継承だとしても、それはそれで否定される理由にはならない。

ただ、そこにこれがと言い得る独自の自己信頼、セルフ・コンフィデンスをもっているか、である。例えば、こう、ヘーゲル哲学からは言える、こう仏教では考える、こう儒教的には言われる……という随時の必要に応じた押せば答えるような回答検索では困る。そうではなく、これが、と言い得る独自の根本、根源的な哲学をもっているか、である。勿論、多数意見で決せられることではないし、権力、権威を背景に決せられることでもない。丁度デカルトが賭けたように、己を明らかにしていくこと、己の根源を探索することであろう。他に先例をあげるなら、ヘラクレイトスの言で「私は私自身を探究した」を始めとして、〝自らを灯明、拠り所とし、他を拠り所とするな〟即ち「自灯明」(「法灯明」)、「己事究明」。そして「汝自らを知れ」。「外に行こうとしないで、汝自身のうちに帰れ。真理は人の内部に宿っている。」「自ら真を求めずして、外に覓《もと》むれば、……是れ大痴(大愚)の人なり。」(慧能)、「脚下照顧」、「自己を習う」から「自己・他己の脱落《とつらく》」そして「普遍的自己認識の道」など繰り返し述べられてきたことである。そこからの意見相違は当然出るであろう。

しかし、そうであればこそ対話の意義がある。利益を前提とした、その誘導のためのネゴシエーションでない、自説誘導のプロパガンダでもない。困難ではあるが、己を虚しくした真の対話である。爽快感をもたらす真の対話である。明日死ぬかもの覚悟の上の、この一期のみの相見《しょうけん》での語りである。そして、相い面する対話だけでなく、歴史上の人物との本を通しての、作品を通しての対話でもあり得る。

しかし、この自信・確信は容易に得られることではなく、一生かかわっても達せられないかもしれない。けれども諦める必要もない。この場合、王道は正道である。ただ、その過程では、デカルトのように到達するまでは、「仮の道徳」即ちモラル・プロビザールで(法と)良き慣習に従うのが賢明であろう。あるいは、ブッダの四無量心の由来とした、有名な「慈しみと平静とあわれみと、解脱と喜びとを時に応じて修し、一切世間に背くことなく、犀の角のように一人歩め」の「一切世間に背くことなく」は、このデカルトの賢明さ、即ち、良き慣習に従うことに通じている、と思われる（この「仮の道徳」（暫定道徳）は、①良き慣習を守る、に続き、②意志を強くもつ、③自らに克つこと、克己せよ、の三格率として『方法序説』で述べられる。総じて保守的だが、中庸の教訓である。危うい冒険には安定した手摺、拠り所を要する）。

本書で私は何を、結局言いたかったのか。道元の時間論とデカルトの自我論を中心として、詮ずるところ何を表現したかったのか。引証、考察の諸々、付帯した説明の諸々、それらの総じて贅肉を削ぎ落して、リデュースし、リデュースを繰り返して骨髄のみに、帰結のみに留ったらどうなるか。結果、〃詩的なもの〃になってしまった。以下、その骨髄要領、主眼目である。

サヨナラだけの点滅のように
「時」はすぎ、
線香花火の火球のように
「我」はひらめく、
かくなる我を何と呼ぶべきか、
「自我」でなく、仮名《けみよう》・仮設《けせつ》の我、
「仮我《けが》」と呼ぶべきか、
はたまた
「吾我《ごが》」の心でなく、〃自己を習う〃から、

「自己・他己の脱落《とつらく》」さらに
「吾汝《ごにょ》」とすべきか。

過去を打ち捨て、未来を妄想せず、現在に集中して、今日なすべきことを熱心にせよ。よい眠りのために、とも言う。

あす死ぬかのように、今日を生きなさい。永遠に生きるかのように、学びなさい、とも言う。

やがて、人は死ぬと人は言う。（かつて私もそう言った）。その死の言の延長線上で、人は後の天国・極楽とか地獄・奈落とか、輪廻転生を造る。

さらに恐れる人は、地上にエデンの園の再来を夢見、また「乳と蜜の流れる」約束の地カナンを目指した大放浪につき、パラダイスを求め、ユートピアを共産主義社会を地上に造ろうと夢想する。永久革命のロマンを夢みる。

地上に理想を、来世に永遠を渇仰する。地上の業から、来世の永遠ともすべきものに賭ける。シジフォスの永劫の業罰を招き寄せる。神の影なる「ニヒリズムの死」をも宣告できよう筈なのに、人はかく賭け、かく招き寄せる。

「私」を計るのに「相手方」の尺度を要するという意見がある。それに対してこう言えよう。即ち「神は死んだ」で、なく、そこからの影である価値体系の尺度はない。それ故、「神の死」は、「ニヒリズムの死」でもある。ヨーロッパ・ニヒリズムはなく、その最高価値とそこからの体系はない。あるとするならアジア・シュピーレンの「遊戯《ゆげ》」であろう。「遊びをせんとや生れけむ」「この里に手毬つきつつ子供らと遊ぶ春日《はるひ》はくれずともよし」であろう。

願うことなかれ、望むことなかれ、という。一歩を為《な》せ。あることを喜び、楽しめ。疲れなき、垢《けが》れなき遊戯《ゆげ》にいそしめ。疲れたら眠りなさい。そこに、何の過不足あるであろうか、と。
あるとするなら、一期一会のめくるめく今、人が人に相見《しょうけん》し、菩薩が菩薩に相見し、仏が仏に相見（「吾汝《ごにょ》」）して、邪が邪に相見する。その一期一会の機縁にめくるめく今はある。今の永遠の而今はある。そうか。思うよりも世界は深い、深い深いめくるめく今はある、か。

始めなく終りなき、無始無終の修証一如のように、か。いつまでも前後に際断しての今にして、そこからの永遠か。

「自我」でなく、「吾我」でもなくして、しかし「仮我《けが》」、「自己・他己の脱落《とつらく》」には近い「これが我《われ》」か。「吾《ご》汝《によ》」か。「普遍的自己認識の道」にあろう。

そして、はからずも結果的に、この書名『時と我』は、三法印に符合していて、我ながら驚いた。つまり「諸行無常」の「無常」は常ない「時」の移り変りであり、「諸法無我」の「無我」は「我」の無いことで、「涅槃寂静」は、前二者の静まった安らぎのニルバーナのことであるからである。

そういえば、「一切皆苦」を加えた四法印の現代語私訳を試みてもいた。いわく「無常を常住と執着するゆえに苦生ず。苦生ずるは我なき我に執するゆえ。それ故、我ある我を捨つるは苦滅す」と。

ここで、私的な回想を綴ることを許していただきたい。それは、こう書くまでになった私を育くんでいただいた学恩を明かすことである。感謝の気持ちの表明でもある。

道元について、山崎正一先生（東大・名誉教授、法政大・教授。日本哲学会会長）で想い出すのは、若い時、もう四〇年程も前で朧げな記憶で恐縮だが、直接か間接かで確か東大の卒業論文で、〝カントの哲学を論じた中で、カントが肯定したもの総てを否定した論文〟と聞いた時には、あり得ないと思う程、驚いた。この人はカントを本当に勉強しようとしていたのか、何故そんな奇矯なことをしたのか、オカシイ、率直のところ不可解だった。この点の記憶は鮮明である。のちイギリスのヒュームなどの研究もされていて、哲学史的な正統の人かな、と思い直したりもした。

ところが、私が道元を勉強し、仏教が無自性の、生きる・働くところの「作」はあるが、五蘊構成の「者」はない（「既に自己は自分のものではない」）を知り、更にデカルトの疑い・働く「作」はありで、その主体「者」もあり（イデア）と解明できるようになって、ようやくというべきか、突然というべきかして納得したのである（デカルトの疑う・思惟は、カントの統覚に継承される）。何と四〇年前の先生にまつわる疑義の氷解である。山崎先生は東京・谷中にある禅寺の禅僧で、のち道元『正法眼蔵随聞記』の現代語訳をされていて、これも宜《むべ》なるかな、アリだ、と納得したのである。人は一筋縄で解らないことを改めて知る。それはまた、世界の一筋縄でいかないことでもあろう。

デカルトでは、佐藤信衛先生（法政大・名誉教授）の大学院のゼミで、『省察』（のち『モナドロジー』と続いた）を輪読していく中で、私から三木清訳で疑問ありと発言したのに対し、やんわりと〝そうかな……〟と受けとられ、大恥をかくところを免れた記憶がある。実のところ、私の理解不足をさらけ出しただけなのだが、後にそれが解り、由なき発言で失礼をしてしまった。佐藤先生のお宅は当時、鎌倉の稲村ヶ崎の山の上にあり、眼下に湘南海岸を見おろせる風光明媚なロケーションであったが、友人と二人で帰路につき偶々狭い山道で、小林秀雄にすれ違ったのも想い出の一つである。小林秀雄は佐藤信衛先生と同じエリアで交遊関係にあった。デカルトの邦訳では、古く戦前、創元社からの〝デカルト選集〟六巻の中で『哲学（の）原理』を担当された。

また、桝田哲三郎先生（法政大・教授、都立大・名誉教授）は、法政大・大学院、博士課程の短期間だったが指導教授になっていただいた。私的には〝（私）を利用していいヨ〟と言っていただき、大学紛争たけなわの中で励まされ、力をいただいた。先生は卓越した語学力で、キルケゴールのデンマーク原語からの邦訳をはじめ、数多の哲学紹介をなされ、デカルトでは『哲学原理』『省察』の邦訳をされた。三木清全集の編集にも弟子として当たられた。

少し戻って、学部生の時、松本正夫先生（慶大・名誉教授、日本哲学会会長）に、卒論指導で、お伺いした時、プラトンの話に及び、先生は〝プラトンは文学だ〟といわれビックリした記憶をもった。しかし、今にして考えるとプラトンには神話的な要素があり（それ故、偉大な側面もあるのだが）、先生のネオ・トミズムという、アリストテレス、トマス・アクィナスの確固たるスコラ（哲）学があっての発言で、学問はアリストテレスからにあるので、文学をないまぜにした哲学に批判的で、それ故、西洋中世一千年の伝統を強く印象づけられた。

今一つ、戦後アメリカの日本占領政策で、スリーエス（３Ｓ）ということを言われて、スポーツ、セックス、スクリーンに何度か言及し、それらで日本人の活力をスポイルして、コントロール下に置き、再びトラブルを起さない手立ての政策と知った。３Ｓは、凡そは成功したと言えようか。

院生の時代を通じての指導教授は、池島（嶋）重信先生（法政大・名誉教授、文学部長）だったが、法政の大学院を選んだ機縁は、先生の発表された論文にあった。先生はドストエフスキーやオルテガ、ディルタイ、三木清と関わって知られるが、私には個人的な話もあり、実らなかったが、恐縮したものだった。七〇年安保闘争の最中、学生運動も盛んで、学内も混乱し、先生にとり辛く切ないリタイアだったことをひしひしと感じた。

その頃、私が学内でドストエフスキーの拙論をコピーしていると、他の民青らしき学生に、〝何を、今どきドストエフスキーか〃と冷笑的な言いようをされた。何も答えなかった。騒然とした学内で、こうするのが私で、そしてこの姿勢を私は池島（嶋）重信先生から引き継いだことの一つと、今にして思っている。（のち拙著『時間と対話的原理』のⅢに「イヴン・カラマーゾフと長老ゾシマ」として収まる。）

先輩の法政大学で芸術、英語を教授されていた、原田熙史《ひろし》先生には長年、年に一回はお会いして、話しをしているが、その中で忘れられない言葉がある。それは〃インドとは側瀬さんにとって何ですか〃という主旨のもの。二人共、既にインド旅行をしていて、そこでの問いかけとも思ったが、一息つき結局〃わからない〃とお返事した。ガンガーの赤い炎、四〇度をこす灼熱、漆黒の深い闇、それらに言葉を与えるのは、未だ私には無理だったと思う。これからも、どうか。そして、何よりこの地から仏教が生い立った。

インドは、ブッダがはるか二五〇〇年程前とは言え、そこに生きられた。若き日、老人を見て、その苦しみを、病人を見て、その痛みを、死者を見て、その無常を感得して、出家を志したとされる（城の東南西北門の「四門出遊」。のちに、修行をし、後その方法を改め中道につく）。ここにも「普遍的自己認識の道」があった。〃これが我〃である、これ意外は我でない若きブッダがいた。現実の王子を無限小・ゼロにして（つまり王子の位と子と妻を捨て）、普遍の我（誰れでもの我）を無限大にする若きブッダがいた、というのは言い過ぎでないであろう。

幾つかの学会に属して勉強させて貰った。時に、非礼の質問をし、憤慨させられた方もおられたかもしれない。その方には、お詫びしたい。

特に、比較思想学会では、身を入れてここ十年余、仏教を中心として、学際的、東西思想比較など、草創の中村元先生の薫陶を受け、発表が活溌に行なわれ、ややアマチュア的な側面をもちながらも生活に基盤をもつ思考の強さが表わされ、色々と多様な方々に教えていただいた。その一人として参加できた私は幸いだった。この本の相当な部分は、この比較思想学会での仏教研鑽の賜とひそかに思っている。

最後になりましたが、出版にあたっては、北樹出版の木村哲也社長の悠揚迫らぬお人柄に感服し、直接担当くださった古屋幾子さんには、苦労多い原稿をこなし、見事な編集ぶりに感謝申し上げたいと思います。

二〇一五（平成二七）年一一月一一日

側《GAWA》瀬《SE》　登《NOBORU》

著者紹介

側瀬　登（がわせ　のぼる）

1942年（昭和17年）　北海道に生まれる
1974年　法政大学大学院・博士課程哲学専攻修了
1971－93年　法政大学指導講師（インストラクター）
1985－94年　法政大学講師
1973－1996年　群馬県立高等学校・教諭
　　－2002年　特別支援学校・教頭
2009－2015年　国立群馬工業高等専門学校講師
高崎市在住
〔著書〕
『ブーバー・哲学と教育思想』（八千代出版）1981年12月
『時間と対話的原理・波多野精一とマルチン・ブーバー』（晃洋書房）2000年11月
『ニーチェのニヒリズムと超人』（驢馬出版）2000年12月ほか
〔所属学会〕
「比較思想学会」「日本倫理学会」「法政哲学会」「日本哲学会」「西田哲学会」

時と我　道元とデカルトの哲学

2016年1月15日　初版第1刷発行

著　者　側　瀬　　登
発行者　木　村　哲　也

・定価はカバーに表示　　印刷　富士見印刷／製本　新里製本

発行所　株式会社　北樹出版

〒153-0061　東京都目黒区中目黒1-2-6
電話(03)3715-1525(代表)　FAX(03)5720-1488

ISBN 978-4-7793-0479-8